A ESCALADA
DO SUCESSO

A ESCALADA DO SUCESSO

As 100 maiores virtudes para alcançar o
sucesso na vida pessoal, social e profissional

ISMAEL GOMES NETTO

EDITORA
Labrador

Copyright © 2018 de Ismael Gomes Netto
Todos os direitos desta edição reservados à Editora Labrador.

Coordenação editorial
Diana Szylit

Projeto gráfico, diagramação e capa
Felipe Rosa

Preparação
Maria Isabel Silva

Revisão
Maurício Katayama

Imagens de capa
Bedneyimages / Freepik
Creativeart / Freepik

Dados Internacionais de Catalogação na Publicação (CIP)
Angélica Ilacqua CRB-8/7057

Gomes Netto, Ismael
   A escalada do sucesso : as 100 maiores virtudes para alcançar o sucesso na vida pessoal, social e profissional / Ismael Gomes Netto. -- São Paulo : Labrador, 2018.
   304 p.

ISBN: 978-85-87740-48-9

1. Técnicas de autoajuda 2. Autorrealização 3. Sucesso 4. Felicidade I. Título.

18-2029   CDD 158.1

Índice para catálogo sistemático:
1. Técnicas de autoajuda

EDITORA Labrador

Editora Labrador
Diretor editorial: Daniel Pinsky
Rua Dr. José Elias, 520 – Alto da Lapa
05083-030 – São Paulo – SP
Telefone: +55 (11) 3641-7446
contato@editoralabrador.com.br
www.editoralabrador.com.br

A reprodução de qualquer parte desta obra é ilegal e configura uma apropriação indevida dos direitos intelectuais e patrimoniais do autor.

A editora não é responsável pelo conteúdo deste livro. O autor conhece os fatos narrados, pelos quais é responsável, assim como se responsabiliza pelos juízos emitidos.

Quando eu estava me sentindo desesperada, sem achar um chão pela frente, este livro veio de maneira muito acolhedora para mim. Sofro de ansiedade e por vezes tenho pensamentos depressivos, mas com as palavras ditas aqui eu pude me permitir chorar, pedir ajuda, refletir, me acalmar e tirar pesos desnecessários que carregava. A cada virtude um novo ensinamento e uma nova ajuda. Por isso, sou muito grata por esta obra!

Carla Naíra da Silva, estudante universitária

Este livro não é mais um daqueles textos que diz "faça tantas coisas antes de morrer" ou "365 ideias para seu ano", que a gente lê e depois esquece. É realmente importante que pratiquemos ao máximo cada virtude aqui demonstrada em todos os momentos de nossa vida! Um livro tão realista, tão objetivo e de leitura tão essencial! Considero um excelente livro de cabeceira para sempre olhar, revisar e melhorarmos em cada virtude, para assim podermos ser bem-sucedidos em todas as áreas da vida.

Bruno Cunha, militar e empresário

Hoje, tanto no mercado de trabalho quanto na vida pessoal, é imprescindível aprender habilidades intra e interpessoais. Este livro dá dicas fantásticas que são aplicáveis de forma rápida na sua vida.

Pedro Helou, fundador do Instituto Verbalize

Uma prova de maratona é um grande treino de virtudes! Ao longo dos 42 km precisamos ser resilientes e nos adaptar às variações de condições que surgem a cada quilômetro. Há dias de sol, chuva, frio e calor; por isso, treinar em condições variadas nos prepara para correr em qualquer condição. Além do autocontrole, confiança, maturidade e paz interior, a maratona é um dos esportes individuais mais coletivos que eu já conheci; durante uma prova não é um indivíduo contra o outro, mas sim todos se apoiando para vencer a si mesmos. E neste livro você terá a chance de aprender como adquirir todas essas virtudes e ir em busca de seus sonhos.

Daniel Uehara, *life designer* **e maratonista**

A Escalada do Sucesso é um livro que te conduz a uma grande jornada de autoconhecimento, necessária para desenvolvermos as virtudes humanas. Aqui você aprenderá a focar no positivo, fortalecer suas forças de caráter e seus valores. E isso o deixará mais preparado para atingir resultados de alta performance e o sucesso tão desejado. Este realmente é um livro que recomendo a todos os meus clientes de coaching.

Adriana Amazonas, *master coach*

Num tempo em que os valores parecem ser ignorados para atender a interesses pontuais, este livro é uma dádiva que, a partir das cem virtudes elencadas, contribui para que as pessoas voltem a refletir sobre as suas atitudes, cresçam como seres humanos e assim transformem de maneira positiva suas vidas e também a nossa sociedade.

Eduardo M. R. Lopes, administrador e escritor

Este livro me levou a refletir sobre o meu modo de viver, e cheguei à conclusão de que, se mais tempo de vida tiver, muito terei de modificar, abolindo tudo o que não condiz com a maioria das virtudes abordadas. Nunca é tarde para melhorar a nossa maneira de ser, as nossas atitudes e comportamentos, principalmente em relação àqueles que nos cercam, os nossos irmãos em Cristo, e querer é poder!

Theresinha Lourenço, professora aposentada

Em minha vida profissional não só conquistei a "estabilidade", por meio de concurso público, como também fui promovido várias vezes. No entanto, abri mão dessa estabilidade por concurso para conquistá-la novamente por meio do empreendedorismo. Minha estabilidade hoje se dá por competência, meu gabarito é meu resultado, minha banca é minha consciência, quem homologa é a sociedade, quem me motiva é a minha missão social, e quer saber se estudo muito? Sempre que não estou dormindo ou trabalhando. E posso afirmar com propriedade que você só terá a estabilidade de fato quando souber trabalhar com inteligência emocional em um ambiente completamente instável; fora isso, estabilidade é ilusão. Por isso, recomendo fortemente este livro para quem deseja adquirir a sua tão sonhada estabilidade!

Julio Dario, franqueado Wise Up Uberaba e Wise Up Franca

À minha esposa, Tatyane, que foi a conquista mais preciosa de toda minha vida; ao meu filho, Eduardo, que é o maior presente que já recebi de Deus; aos meus pais, Maria de Lourdes e Aimar, meus maiores exemplos; à minha irmã, Marilú, e sua família, com quem sempre pude contar; e à minha avó Aida (*in memoriam*), que me deu a oportunidade de estudar em bons colégios. Amo vocês pela eternidade!

« SUMÁRIO »

PREFÁCIO 11
INTRODUÇÃO 13
VIRTUDE 1 **ABERTURA** 21
VIRTUDE 2 **ACEITAÇÃO** 24
VIRTUDE 3 **ALEGRIA** 29
VIRTUDE 4 **AMBIÇÃO** 32
VIRTUDE 5 **AMIZADE** 34
VIRTUDE 6 **AMOR** 37
VIRTUDE 7 **ARREPENDIMENTO** 40
VIRTUDE 8 **ASSERTIVIDADE** 42
VIRTUDE 9 **ATENÇÃO** 44
VIRTUDE 10 **ATITUDE** 48
VIRTUDE 11 **ATIVIDADE** 50
VIRTUDE 12 **AUDÁCIA** 53
VIRTUDE 13 **AUTOCONTROLE** 55
VIRTUDE 14 **AUTOESTIMA** 61
VIRTUDE 15 **CALMA** 63
VIRTUDE 16 **CARIDADE** 69
VIRTUDE 17 **COERÊNCIA** 74
VIRTUDE 18 **COMPAIXÃO** 75
VIRTUDE 19 **COMPREENSÃO** 78
VIRTUDE 20 **COMPROMETIMENTO** 82
VIRTUDE 21 **COMUNICAÇÃO** 86
VIRTUDE 22 **CONFIANÇA** 92
VIRTUDE 23 **CONSCIÊNCIA AMBIENTAL** 96
VIRTUDE 24 **CONSIDERAÇÃO** 100
VIRTUDE 25 **CONVICÇÃO** 102
VIRTUDE 26 **COOPERAÇÃO** 103
VIRTUDE 27 **CORAGEM** 107
VIRTUDE 28 **CORDIALIDADE** 109
VIRTUDE 29 **CRIATIVIDADE** 111
VIRTUDE 30 **CUMPLICIDADE** 115

VIRTUDE 31 **DECISÃO** 118
VIRTUDE 32 **DESPRENDIMENTO** 123
VIRTUDE 33 **DETERMINAÇÃO** 127
VIRTUDE 34 **DIGNIDADE** 131
VIRTUDE 35 **DILIGÊNCIA** 133
VIRTUDE 36 **DISCIPLINA** 135
VIRTUDE 37 **DISCRIÇÃO** 139
VIRTUDE 38 **ECONOMIA** 141
VIRTUDE 39 **EDUCAÇÃO** 146
VIRTUDE 40 **EFICIÊNCIA** 148
VIRTUDE 41 **EMPATIA** 152
VIRTUDE 42 **ENTUSIASMO** 154
VIRTUDE 43 **EQUILÍBRIO EMOCIONAL** 156
VIRTUDE 44 **ESPERANÇA** 158
VIRTUDE 45 **ÉTICA** 160
VIRTUDE 46 **EXCELÊNCIA** 162
VIRTUDE 47 **FÉ** 164
VIRTUDE 48 **FELICIDADE** 168
VIRTUDE 49 **FIDELIDADE** 171
VIRTUDE 50 **FIRMEZA** 173
VIRTUDE 51 **FLEXIBILIDADE** 175
VIRTUDE 52 **FORÇA** 177
VIRTUDE 53 **GRATIDÃO** 179
VIRTUDE 54 **HARMONIA** 182
VIRTUDE 55 **HONESTIDADE** 184
VIRTUDE 56 **HUMANIDADE** 185
VIRTUDE 57 **HUMILDADE** 187
VIRTUDE 58 **IDEALISMO** 190
VIRTUDE 59 **IMPARCIALIDADE** 192
VIRTUDE 60 **INDEPENDÊNCIA** 194
VIRTUDE 61 **INICIATIVA** 196
VIRTUDE 62 **INTEGRIDADE** 198
VIRTUDE 63 **INTROSPECÇÃO** 200
VIRTUDE 64 **JUSTIÇA** 203
VIRTUDE 65 **LABORIOSIDADE** 206
VIRTUDE 66 **LEALDADE** 210
VIRTUDE 67 **LIDERANÇA** 211

VIRTUDE 68 **MATERNIDADE/PATERNIDADE** 215
VIRTUDE 69 **MATURIDADE** 220
VIRTUDE 70 **MODERAÇÃO** 222
VIRTUDE 71 **MOTIVAÇÃO** 223
VIRTUDE 72 **OBJETIVIDADE** 228
VIRTUDE 73 **ORGANIZAÇÃO** 230
VIRTUDE 74 **OTIMISMO** 232
VIRTUDE 75 **PACIÊNCIA** 235
VIRTUDE 76 **PATRIOTISMO** 238
VIRTUDE 77 **PAZ** 239
VIRTUDE 78 **PERDÃO** 241
VIRTUDE 79 **PERSONALIDADE** 245
VIRTUDE 80 **PRECAUÇÃO** 247
VIRTUDE 81 **PROPÓSITO** 249
VIRTUDE 82 **PRUDÊNCIA** 253
VIRTUDE 83 **PUREZA** 254
VIRTUDE 84 **RACIONALIDADE** 256
VIRTUDE 85 **RENÚNCIA** 258
VIRTUDE 86 **RESILIÊNCIA** 261
VIRTUDE 87 **RESPEITO** 263
VIRTUDE 88 **RESPONSABILIDADE** 266
VIRTUDE 89 **SABEDORIA** 269
VIRTUDE 90 **SEGURANÇA** 271
VIRTUDE 91 **SIMPATIA** 274
VIRTUDE 92 **SINCERIDADE** 276
VIRTUDE 93 **SOCIABILIDADE** 279
VIRTUDE 94 **SUPERAÇÃO** 281
VIRTUDE 95 **TATO** 284
VIRTUDE 96 **TERNURA** 286
VIRTUDE 97 **TOLERÂNCIA** 287
VIRTUDE 98 **UNIÃO** 290
VIRTUDE 99 **VERDADE** 292
VIRTUDE 100 **ZELO** 294
ESCOLA DA INTELIGÊNCIA 301
REFERÊNCIAS BIBLIOGRÁFICAS 302

« PREFÁCIO »

De dentro para fora: melhorando a si para melhorar a sociedade
*Marcus Nakagawa**

Ouvimos o tempo todo que os políticos isso, as empresas aquilo, o meu vizinho isso e a minha família aquilo. E ao mesmo tempo fico pensando sobre todas essas piadas que nós brasileiros adoramos fazer após uma tragédia ou um fato relevante, e, mais rápido do que um super-herói, já existe um meme nas redes sociais apelando para o humor degradante. Dá um desânimo, uma desesperança...

Sempre me disseram que o ser humano tem jeito, tem como "consertar", que a melhor forma de a humanidade continuar a existir é viver em um coletivo harmônico, e não somente entre nós, mas também com o planeta como um todo. Eu acredito nisso.

Alguns colegas professores me dizem que isso é utópico, que, como grandes filósofos e sociólogos colocam, o homem é mau por natureza, "é o lobo do próprio homem", ou que "nasce bom, mas a sociedade o corrompe". Também já acreditei nisso, mas ainda tenho fé nesse ser que já chegou a 7 bilhões no planeta, sobrevivendo, se multiplicando e, também, evoluindo.

Em 2017, passei por uma cirurgia no ombro direito e tudo foi filmado com uma microcâmera. Chegamos em casa e assistimos ao vídeo. Parecia um céu, cheio de nuvens e coisas se mexendo, um céu avermelhado, um planeta novo. Minha filha perguntou o que eram aquelas nuvens.

Ou seja, temos um "céu" dentro de nós, com nuvens, planetas, fios ligados a essa base, rios de sangue. Isso porque era só o meu ombro; imaginem o cérebro, os outros órgãos, enfim. Calma, este não é o efeito dos remédios que tomei depois da operação, mas sim o prefácio deste maravilhoso e inspirador livro.

A ficha que me caiu foi uma frase que sempre parafraseio nas minhas aulas: a mudança está dentro de nós, e nós podemos fazer de dentro para fora, principalmente quando falamos em organizações, sejam elas empresas, ONGs, governo, família... Parece sonhador, como dizem alguns colegas e amigos, mas debater é sempre algo positivo e produtivo. É importante termos um contraponto para nos questionar e nos desenvolver.

Não temos a mínima ideia do que se passa dentro de nós, literal, física, química, psicológica ou espiritualmente (no sentido mais amplo da palavra), e ficamos criticando o outro, reclamando do entorno, dos políticos, das organizações. Achamos que não podemos evoluir, desenvolver, vencer! Desistimos dos nossos sonhos, trabalhamos e vivemos conforme a maré, em uma vida que os outros projetaram para nós.

Realmente, é muito mais fácil assim, mas será que crescemos com isso? Grandes líderes sempre alcançaram a "iluminação" quando se voltaram para si com muita meditação, questionamentos e reflexões. Mestres de influentes e importantes linhas espirituais, como Gandhi, Jesus, Buda e Maomé, descobriram o seu "eu" para só depois mobilizar outras pessoas e ir, aos poucos, mudando a sociedade. Mesmo grandes empreendedores tiveram primeiramente que se afundar em autoconhecimento para só depois criar suas magníficas empresas, produtos, serviços, vidas...

Talvez tenhamos que ver menos a "grama verde" do vizinho e começar a entender o que se passa na nossa casa. Conhecer mais os planetas e nuvens que temos dentro de nós. Com pessoas mais atentas emocionalmente, com a autopercepção ampliada e superconhecedora do próprio "eu", teremos uma sociedade menos alienada, menos controlada, menos focada nas necessidades impostas por alguns, com menos doenças mentais. E talvez com mais propósito, mais sonhos, entendendo que não tem outro jeito de viver em sociedade senão harmonicamente.

Espero que você leia com atenção estas 100 virtudes apresentadas pelo meu amigo Ismael e alcance o sucesso na vida pessoal, social e profissional. Muita pesquisa e dedicação foram envolvidas para chegar a este livro, para que você possa entender as virtudes e fazer uma autorreflexão, aumentar a sua percepção do mundo e sair do lugar-comum. Viver uma vida que realmente valha a pena ser vivida! Boa leitura, boa reflexão e um sucesso exponencial para você!

* **MARCUS NAKAGAWA** é professor da graduação e do MBA da Escola Superior de Propaganda e Marketing (ESPM); coordenador do Centro ESPM de Desenvolvimento Socioambiental (CEDS); idealizador e diretor da Associação Brasileira dos Profissionais de Sustentabilidade (Abraps); e palestrante sobre sustentabilidade, empreendedorismo e estilo de vida. É autor dos livros *101 dias com ações mais sustentáveis para mudar o mundo* e *Marketing para ambientes disruptivos*.
www.marcusnakagawa.com
www.blogmarcusnakagawa.com

« INTRODUÇÃO »

› **Você se conhece? Sabe aonde quer chegar e qual caminho deseja seguir?**

Imagine que você tem 80 anos, já passou por muitas experiências na vida, e, agora, a sua principal ocupação é contar para os mais jovens tudo o que vivenciou. O que você gostaria de dizer aos seus netos sobre sua vida? Qual seria o seu legado? E, depois que você se for, como gostaria de ser lembrado?

Talvez, se soubéssemos que este é o último ano da nossa vida aqui na Terra, pensaríamos duas vezes antes de agredir com palavras as pessoas que tanto amamos. Quem sabe não mudaríamos completamente nossa rotina, eliminaríamos algumas atividades desnecessárias e atitudes negativas e daríamos atenção ao que de fato importa para dedicarmos o nosso tempo.

A vida passa rápido, mas nunca é tarde para mudar. Todos nós erramos muito, e, por mais que busquemos o nosso desenvolvimento, a felicidade, a autorrealização e o sucesso em todas as áreas da vida, jamais chegaremos perto do maior exemplo de perfeição de que já se ouviu falar: Jesus Cristo. No entanto, não é porque somos imperfeitos que devemos nos acomodar.

Até o fim da vida, sempre teremos algo para aprender e melhorar, e, se olharmos com atenção o que fomos ontem, com certeza amanhã poderemos ser melhores.

Portanto, se você deseja ter sucesso pessoal, social e profissional, possui dúvidas de como alcançar seus objetivos, quer se organizar e não sabe por onde começar, quer educar os filhos para o bem, quer se livrar de um vício, tem alguma dificuldade na vida e precisa de uma transformação, este livro é para você e para todos os que estão dispostos a fazer valer a pena a sua jornada aqui na Terra.

É possível que você já tenha pago pelo menos cinquenta reais em uma única refeição. Estou certo? E, como resultado, você ficou satisfeito apenas por poucas horas. Agora, imagine o quanto vale eliminar os obstáculos que o impedem de atingir seus objetivos de maneira rápida e consistente, sentindo-se feliz durante todo o processo e beneficiando, ainda, todos que estão ao seu redor. Não chega nem perto do preço deste livro, não é mesmo?

› **Qual é o segredo do sucesso?**

O ser humano está sempre em busca de "segredos" para ter sucesso, ficar rico, emagrecer, ter um bom relacionamento conjugal, dar uma boa educação aos filhos, ser feliz e realizado, mas se esquece de que a solução para os maiores dilemas já está em si mesmo. Não existe uma fórmula mágica, nem uma receita para ser bem-sucedido na vida pessoal, social ou profissional. O segredo, que iremos desvendar juntos, está em nosso próprio comportamento, nas nossas ações e atitudes, em desenvolvermos bons hábitos e realizarmos uma boa gestão da emoção.

Aqui, você terá acesso a uma grande quantidade de conhecimento, o que vai lhe ajudar a subir os degraus que deseja na sua escalada do sucesso. E, para isso, você precisará estar disposto a eliminar vários hábitos antigos, pois não basta ter conhecimento, é preciso ter iniciativa para praticar novos hábitos! Portanto, prepare-se para suar bastante!

› **Como enxergar os problemas a partir de agora?**

Todos nós possuímos problemas ou dificuldades em alguma área, seja nos estudos, em relacionamentos amorosos, nas finanças, na saúde ou em qualquer outro aspecto da vida. Porém, enquanto um determinado problema pode ser motivo de preocupação e desespero para alguns, para outros pode ser uma oportunidade.

Se pararmos para refletir sobre os problemas, iremos perceber que nada acontece por acaso e que tudo tem a capacidade de gerar um grande aprendizado.

Costumo acreditar que se algo ruim está acontecendo em minha vida é porque preciso prestar atenção aos meus comportamentos e buscar eliminar minhas próprias imperfeições, ou seja, é uma oportunidade que tenho de melhorar como ser humano. Então, sempre me pergunto: o que preciso mudar em mim para que eu vença essa dificuldade e o problema não se repita?

Quando você perceber que para cada problema existe uma virtude a ser aprendida e vivenciada, estará a um passo de superar suas dificuldades. Além disso, gosto de pensar que, a cada problema ocorrido, outro pior foi evitado. Por exemplo, se você caiu de bicicleta na rua e arranhou o joelho, pelo menos não vinha um carro na hora para atropelar você. Assim, nas suas próximas pedaladas, você terá mais atenção para que não aconteça algo pior.

Quando você muda a percepção sobre o que chama de problema, descortina um mar de possibilidades. Até mesmo perder o emprego, que poderia ser visto como um problemão, na verdade é uma oportunidade para o indivíduo procurar fazer algo com o qual realmente se sinta bem e dar uma guinada em sua vida. Outro exemplo é o de uma doença grave: uma pessoa apática pode se transformar diante dos desafios que o problema de saúde oferece e se tornar mais feliz, arrumando um sentido para continuar vivo por meio da caridade e do amor ao próximo.

› **Falar é fácil, difícil é agir!**

Às vezes, quando ainda não adquirimos determinada virtude, podemos falhar em uma situação e nos sentirmos chateados por prejudicar a nós mesmos ou a outras pessoas. Porém, errar faz parte do processo! Por isso, o treinamento diário é fundamental para criar hábitos positivos. E, com esse intuito, devemos estar sempre atentos aos nossos comportamentos e nunca baixar a guarda.

Sei bem que não é nada fácil, ainda mais quando nossos objetivos são muito desafiadores, ou quando convivemos com pessoas difíceis de lidar, que estão sempre testando nossa paciência, nossa aceitação e nosso autocontrole. Porém, é possível contornar tudo isso, e só depende de nós mesmos desenvolvermos as virtudes adequadas.

Para eliminar seus defeitos e fortalecer suas qualidades, antes de qualquer coisa, não devemos nos rotular dizendo: eu sou impaciente, medroso, ansioso, rancoroso, desorganizado, etc. O rótulo é imutável e demonstra a falta de interesse pela mudança, pois reafirma a condição de falha, tornando mais difícil o processo de crescimento pessoal.

Troque o seu rótulo ultrapassado por "eu estou treinando a paciência, a coragem, a calma, o perdão, a organização, etc.". Desse modo, a sua mente estará direcionada positivamente para a virtude, e não para o defeito, e, cada vez que sentir vontade de tomar uma atitude negativa, você se lembrará do desejo de acabar com esse mau hábito.

Portanto, se quiser contar coisas boas e ser um exemplo para seus netos quando tiver 80 anos, basta adquirir mais virtudes a cada dia! Com pequenos passos você conseguirá conquistar tudo aquilo que deseja!

> **Mas qual é o conceito de virtude?**

Vou contar um breve histórico sobre o que tem se estudado sobre as virtudes humanas desde a Antiguidade até os tempos atuais, para que você possa entender a sua importância e os vários conceitos e denominações existentes.

A evolução moral, intelectual e espiritual tem sido valorizada pelo homem desde o surgimento das grandes religiões, a exemplo do hinduísmo (século VI a.C.), do budismo (século IV a.C.), do islamismo (século VII d.C.), além do maior exemplo de virtudes da história, o próprio Jesus Cristo, que deu origem ao cristianismo.

Porém, os conceitos e estudos sobre as virtudes humanas remontam à época dos grandes filósofos (séculos V e IV a.C.), tendo Sócrates como o primeiro a iniciar o estudo das virtudes humanas e buscar algumas definições universais. Logo depois de Sócrates, vieram Platão e Aristóteles, que definiram a virtude como uma qualidade moral ou intelectual, que nos leva para o caminho do bem, pessoal e coletivo, e que se aperfeiçoa com o hábito. O estado ideal da virtude, para eles, seria obtido com a moderação, que se encontra no meio-termo entre a ausência e o exagero.

Platão imaginava que, por serem sábios, os filósofos é que deveriam cuidar do governo da cidade e serem responsáveis por promover todas as atividades necessárias para o bem comum. Nesse contexto, ele definiu que as virtudes básicas de uma cidade deveriam ser: sabedoria (prudência), fortaleza, temperança e justiça. Posteriormente, ele vinculou essas quatro virtudes à conduta humana, definindo-as a partir daí como as quatro virtudes cardeais (fundamentais), onde todas as outras se apoiam. Outros conceitos foram trabalhados ao longo da história, como o estudo do filósofo Immanuel Kant (século XVIII), que dizia que a virtude não é o que nos torna felizes, mas o que nos deixa dignos de ser felizes.

Em tempos mais atuais, em 1983, o psicólogo e escritor Howard Gardner criou a teoria das inteligências múltiplas, que descrevia que o ser humano é capaz de possuir até nove tipos de inteligência: linguística (escrita ou oral), corporal, musical, lógico-matemática, espacial (visual), naturalista (sensibilidade ao meio ambiente), intrapessoal (gestão das emoções), interpessoal (compreensão das pessoas) e existencialista. Dessa forma, ele entendeu que os antigos indicadores de inteligência (como o quociente de inteligência, o famoso QI), que analisavam apenas a inteligência lógico-matemática e espacial, não representavam completamente a capacidade cognitiva e não cognitiva das pessoas.

Na década de 1980, foi criado também um campo de estudo da psicologia chamado de Psicologia Positiva, que busca desenvolver as virtudes e forças do caráter com o intuito de alcançarmos a felicidade, o sucesso e a autorrealização em vez de tratar as patologias psicológicas, como ocorre na psicologia clássica.

Já em 1995, tornou-se popular o conceito de inteligência emocional, com o livro do psicólogo e escritor Daniel Goleman *Inteligência emocional*. Ele definiu essa inteligência como a "capacidade de identificar os nossos próprios sentimentos e os dos outros, de nos motivarmos e de gerir bem as emoções dentro de nós e nos nossos relacionamentos", sendo ela composta por habilidades intrapessoais e interpessoais e a principal responsável pelo sucesso das pessoas. A partir de então, foi criado o quociente emocional (QE), em substituição ao quociente de inteligência (QI), para que a nossa inteligência fosse medida considerando não apenas as capacidades lógico-matemática e espacial, mas também a intrapessoal e a interpessoal.

Perceba que a inteligência emocional nada mais é que uma expressão mais atualizada do que chamamos de virtude, que também se divide em virtudes intrapessoais, voltadas à gestão de nossas próprias emoções ("intra": dentro de), e as virtudes interpessoais, que dizem respeito à nossa compreensão das pessoas e do nosso comportamento com elas ("inter": entre).

Outros autores já se referiram às virtudes como "leis do sucesso" (William Douglas e Rubens Teixeira em seu livro *As 25 leis bíblicas do sucesso*) e como "códigos da inteligência" (Augusto Cury em *O código da inteligência*). Em contrapartida, no mercado de trabalho, normalmente são chamadas de competências pessoais ou pontos fortes.

Nos dias de hoje, existem até programas educacionais para crianças (como a Escola da Inteligência, de Augusto Cury, que, além de escritor, é psiquiatra e pesquisador), os quais visam desenvolver a educação da inteligência emocional no ambiente escolar. Também estão amplamente difundidos os processos de *coaching*, em que o *coach* auxilia os clientes, de forma colaborativa, a desenvolver as virtudes e competências necessárias para alcançar algum objetivo desejado, utilizando, para isso, o autoconhecimento do cliente.

› **E o que significam princípios, valores e moral?**

Ao longo do livro, além das virtudes, você verá também uma referência a princípios, valores e moral, e, para não haver dúvidas nesses conceitos, veja a seguir o significado de cada um:
- Princípios: preceitos ou leis universais básicas e incontestáveis pelos quais qualquer sociedade civilizada deve se orientar. Por exemplo: não roubar, não matar, etc.

- Valores: conjunto de características que cada um de nós possui e que guiam a nossa vida, a nossa forma de agir e interagir. Por exemplo: honestidade, fé, compaixão, responsabilidade, poder, fama, *status*, etc. Perceba que os valores não são necessariamente virtudes.
- Moral: conceito relacionado com o nosso interior, com quem somos, com nossas emoções e costumes. Ao desenvolver a nossa moral, estamos na verdade desenvolvendo o nosso lado humano e emocional, porém relacionado ainda com aspectos culturais, que podem ser virtuosos ou não. Por exemplo: existem países que exigem que as mulheres se vistam cobrindo o corpo inteiro, já em outros lugares menos rígidos é comum e moralmente aceito que as mulheres usem *shorts*, enquanto em tribos indígenas elas costumam andar até mesmo nuas.

› **Qual é a importância das virtudes no mercado de trabalho?**

Com o avanço da tecnologia, em que a máquina já possui tanto a capacidade lógico-matemática quanto a espacial muito superiores às dos seres humanos, e com a linguística já em desenvolvimento (detecção de voz e *telemarketing* automatizado), a previsão é que muitas profissões entrem em extinção.

Estima-se, inclusive, que sessenta por cento dos jovens estão aprendendo profissões que serão extintas. Dessa forma, o grande diferencial para o mercado de trabalho no futuro não será o conhecimento técnico, mas, justamente, a inteligência emocional.

Percebe-se há algum tempo, nas novas contratações, que as empresas valorizam muito mais as virtudes do profissional que o conhecimento técnico, como a honestidade, o espírito de equipe, a liderança, a responsabilidade, o comprometimento, o interesse pelo aprendizado, a proatividade, a atitude para fazer a diferença, o tato, a dedicação, a ética, a paciência, o autocontrole, entre outras virtudes. Afinal, o conhecimento técnico necessário para desempenhar bem uma função é muito mais fácil e rápido de obter que promover a melhoria das competências intrapessoais e interpessoais de seus funcionários. Além de ser agradável ter alguém ao seu lado com uma inteligência emocional bem desenvolvida.

Lembre-se, ainda, que os jovens de hoje serão os políticos e gestores de amanhã. E, se a juventude tiver uma educação voltada também para as virtudes, desenvolvendo as competências socioemocionais, em longo prazo, poderemos ter uma mudança em toda a estrutura social, econômica e governamental do país, com menos corrupção e pessoas muito mais felizes e menos ignorantes emocionalmente.

> Sobre o livro

Como você perceberá nesta nossa jornada, todas as virtudes se correlacionam entre si ou possuem outras como pré-requisito. Algumas até já devem ser de conhecimento geral e talvez você já saiba sua importância, mas simplesmente não pratica ou não percebe que está falhando.

Assim como as pessoas com o colesterol alto vão ao médico ou ao nutricionista para ouvir o óbvio (que precisam fazer exercícios e melhorar a alimentação), igualmente somos nós com nossos hábitos comportamentais. Precisamos ler ou ouvir dos outros o que fazer, mesmo que já saibamos, pois isso nos permite organizar melhor nossos pensamentos para promover uma atitude de reforma interior.

Milhares de livros sobre desenvolvimento pessoal, social e profissional se aprofundam bastante em apenas um tipo de habilidade ou comportamento. Porém, o meu intuito com este livro não é me aprofundar apenas em uma virtude, mas sim trazer para você as principais virtudes de modo bem objetivo, descrevendo o conceito de cada uma, a sua importância e como adquiri-las na prática. E, com isso, fazer você repensar toda a sua vida, identificar qual é o seu estado de evolução atual, saber o que pode fazer para passar para a próxima fase no jogo da vida, e ir em busca de todos os seus objetivos, por maiores que sejam.

Este livro não foi feito para você ler uma vez só e depois deixar guardado na estante. A leitura deve ser feita com tranquilidade, como um estudo, sozinho ou em grupo (religioso ou familiar). E, por ser um livro de consulta para toda a vida, você pode ler e reler quantas vezes achar necessário até adquirir cada virtude.

Durante a leitura, o ideal é que faça uma autoanálise, reflita sobre suas atitudes e tire suas próprias conclusões sobre o que é possível fazer para desenvolver novas competências. Utilize a ferramenta PDCA (planejar, executar, verificar, ajustar/agir), que explicarei na "Virtude 10: Atitude", e se dedique a praticar pelo menos três novas virtudes por mês. Pode parecer um número pequeno a princípio, mas, ao final de apenas três anos promovendo a sua melhora contínua, será possível mudar em você muito mais do que conseguiu em sua vida inteira, o que lhe permitirá conquistar todos os seus objetivos.

Se tiver dificuldades em realizar uma autoanálise, converse com um familiar ou amigo e pergunte o que eles acham que você deveria melhorar em cada virtude, sem medo de ouvir as sinceras críticas.

Embora não seja um livro religioso, você lerá algumas vezes sobre Deus. Isso porque entendo que a ciência, a filosofia e a religião devem andar sempre juntas, e nunca separadas. Assim, caso você seja judeu, muçulmano, etc., basta trocar para o que for mais adequado para você: Jeová, Alá, etc.

Por fim, caso este livro faça sentido para a sua vida e você acredite que poderá ser importante também para outras pessoas, divulgue, compartilhe ou adquira outro e dê de presente. Esta é uma corrente do bem que verdadeiramente vale a pena dar continuidade!

VIRTUDE 1
« ABERTURA »

Para iniciar esta jornada rumo à felicidade, à autorrealização e ao sucesso pessoal, social e profissional, responda às seguintes perguntas: Você costuma ser aberto a mudanças e novas ideias ou acha que não precisa mudar? Você é receptivo ao que lê e ouve ou acha que a sua opinião é a única que vale?

Considerando que você está lendo este livro, creio que não seja tão conservador assim. Portanto, já deve saber que o primeiro passo para adquirir e fortalecer qualquer virtude é compreender que sempre temos algo a mudar e melhorar. Por isso, como estratégia, analise cada virtude do livro com atenção para que possa tirar bom proveito e encontrar o sucesso que tanto procura em todas as áreas da vida.

Algumas pessoas são tão cabeças-duras e fechadas a tudo que seja diferente daquilo que pensam que só chegam à conclusão de que é importante haver uma mudança de comportamento após muitas discussões e autoanálise e após ter passado por muitas dificuldades na vida.

Para quem ainda não desenvolveu a virtude da abertura, é comum querer se mostrar superior aos outros, fazer de tudo para se sobressair em conversas e não querer mudar de pensamento sobre qualquer assunto, pois acredita que a sua ideia é sempre a melhor e que apenas o seu jeito de executar determinada atividade é o correto. As pessoas que possuem a dificuldade de serem abertas à opinião dos outros são também reativas, intolerantes, não prestam atenção ao que lhes falam e querem mostrar que o outro está sempre errado em suas colocações.

Sem dúvida, é importante que cada um tenha a sua própria opinião, fale sobre suas ideias e as defenda quando for preciso. Mas também é necessário aprender a ouvir, analisar e considerar a opinião das pessoas, mantendo um diálogo aberto, e, caso existam divergências mesmo após análise mais detalhada, devemos sempre aceitar e respeitar o semelhante, evitando criar inimizades.

Praticar a virtude da abertura, como você deve ter percebido, consiste em parar para ouvir com atenção a quem quer que seja, sem reagir de modo contrário à ideia antes mesmo de entendê-la. Ou seja, abrir a mente para o que os outros têm a dizer, sem pré-julgamentos e sendo bem receptivo, mudando de opinião caso seja o mais racional a se fazer.

Outro aspecto a ser observado é que ninguém gosta de ouvir "você está errado!". As discordâncias são inevitáveis em qualquer tipo de relação, porém existem diversas maneiras de criticar com tato e sem machucar as pessoas com suas palavras. Afinal, muito do que falamos é apenas uma opinião pessoal, e não uma verdade absoluta.

Na vida de um casal, por exemplo, ambos devem ter a mesma importância na relação e precisam ser igualmente valorizados e considerados. Ninguém é dono da verdade e não é possível ter um bom relacionamento se não houver uma abertura e um consenso.

Quando não há abertura de nenhum dos lados, não existe relação que se sustente. Como diz o ditado: "dois bicudos não se beijam". E, mesmo que apenas um dos dois tenha esta virtude, é cansativo nunca ser ouvido e atender apenas aos interesses do outro. Desse modo, o relacionamento também acabará desgastado.

Quando o assunto é entre pais e filhos, percebe-se que é um pouco mais difícil a prática da abertura, principalmente quando estão na adolescência. Nessa fase da vida, tida como a fase da rebeldia, muitos acham que os pais são antiquados, que não entendem nada da atualidade e que não devem ser ouvidos. Se você for adolescente, deve saber que a busca pela autonomia e pela independência é normal e necessária, porém é importante entender que os pais possuem muito mais experiência de vida que você e que a opinião deles deve ser sempre bem recebida, afinal, eles só desejam o melhor para os seus filhos. Portanto, ouvir com abertura é o mínimo que os filhos podem fazer para respeitar os pais, mesmo que não concordem com o que dizem.

Se você for pai ou mãe, lembre-se de que toda fase é passageira. Por isso, saiba lidar com paciência, carinho, aceitação e abertura. A melhor educação, nesse caso, é o bom exemplo dos pais. Então, se as ideias do adolescente não forem irresponsáveis, e os riscos forem aceitáveis, é possível dar um crédito a ele. Nessa fase, aprende-se mais com a própria experiência do que ouvindo a orientação dos outros.

Já em nossa vida profissional, é fundamental saber escutar ativamente, sem interromper, respeitando a hora de falar e a hora de ouvir, e estar aberto às sugestões e às ideias dos nossos pares, subordinados e gestores. Passamos a maior parte do dia com eles, e o ambiente de trabalho deve ser o mais saudável possível para termos prazer naquilo que fazemos.

Se, por exemplo, as opiniões de duas pessoas para solucionar algum problema no trabalho produzem um mesmo resultado, nenhum dos dois precisa insistir em usar apenas a sua. Podemos treinar nossa abertura utilizando a ideia do outro ou fazendo uma mistura das duas. Lembrando que não devemos nos desvalorizar, descartando sempre as nossas ideias.

Outra maneira de nos habituar a ter abertura é ser grato ao receber um *feedback* ou críticas de alguém. Devemos agradecer pela sugestão e pelo apoio, mesmo que não tenham sido com boa intenção. E, quando fizermos críticas a alguém, que o foco seja na solução, e não no problema. Pois, quando só relatamos os problemas, isso pode ser interpretado como se não estivéssemos tentando ajudar, e sim apenas humilhar apontando os erros.

Uma boa estratégia para dar um *feedback* é a técnica conhecida como *feedback burguer* (técnica do sanduíche), em que se começa com um elogio – para gerar receptividade por parte do ouvinte –, em seguida relata-se um ponto de melhoria e, por fim, conclui-se com uma frase motivadora. Por exemplo, em vez de dizer "não gostei do seu trabalho, ficou de péssima qualidade", podemos afirmar "ficou bom o relatório feito desse modo, inclusive – nunca fale "mas" para não criar uma barreira – acredito que, se você der uma atenção maior a tal ponto, o resultado ficará excelente, e tenho certeza de que você é capaz disso".

Podemos utilizar essa virtude não só no relacionamento interpessoal, mas também no intrapessoal. Mudando um pouco a pergunta que fiz inicialmente, como você se comporta diante das novidades tecnológicas? É conservador ou gosta de estar por dentro dos avanços?

Na área tecnológica, tudo é muito dinâmico e a cada minuto surgem coisas novas. Se não acompanharmos, corremos o risco de ficar perdidos no tempo e até mesmo ter dificuldades de acompanhar as conversas dos amigos ou das pessoas mais novas. Por isso, devemos estar abertos aos avanços da tecnologia, analisar se o que é novo pode melhorar nossa qualidade de vida e se realmente precisamos disso. Não existe idade-limite para aprender a usar um novo equipamento ou aplicativo. No entanto, devemos também buscar um equilíbrio, pois estar sempre atento a toda atualização tecnológica pode criar um fanatismo desnecessário e doentio. Portanto, se, por exemplo, o seu celular atende às suas necessidades, não é necessário trocar de aparelho a cada nova versão que for lançada, não é mesmo?

Você quer se desenvolver e crescer como pessoa? Então, seja aberto ao mundo, mantenha um diálogo aberto com as pessoas e seja adepto das mudanças de comportamento, atitude e forma de pensar. O seu sucesso depende disso!

VIRTUDE 2
« ACEITAÇÃO »

Somos todos diferentes, e essa é exatamente a graça da vida. Se fôssemos iguais, a vida seria muito monótona, não é mesmo? Mas nem todo mundo pensa assim, principalmente quando a questão é aceitar as pessoas com suas qualidades e defeitos.

Muitos transtornos emocionais e problemas de relacionamento surgem quando não aceitamos as diferenças pessoais ou as adversidades das circunstâncias, como doenças, perdas materiais ou afetivas, dificuldades financeiras e diferenças de comportamento com quem nos relacionamos. Não quero dizer que precisamos aceitar tudo sem resistir e sem lutar, pelo contrário, é preciso aceitar para poder resistir. Afinal, se ficarmos imóveis diante de qualquer dificuldade, nunca iremos superá-la.

O segredo para praticarmos a aceitação é entender que existem coisas que fogem do nosso controle, e não adianta se lamentar e se revoltar, pois só causará mais desgaste. O único elemento que podemos mudar é a nossa própria reação, que deve ser carregada de otimismo e pensamento positivo, para soltar as amarras da tristeza, da frustração e da decepção.

Uma das maiores certezas que temos é de que não podemos alterar o passado e as suas consequências no presente. Então, para que ficar ruminando algo de ruim que aconteceu com você? Isso só causa tristeza e mau humor, e tenho certeza de que esse não é o seu desejo.

A virtude da aceitação, portanto, é fundamental para tirar o nosso foco de algum problema e libertar a mente para seguir em frente. Com isso, o indivíduo deixa de ficar preso ao passado ou ao problema e se projeta para o futuro, criando as condições favoráveis para obter forças e vencer as dificuldades.

Na situação de uma doença grave, por exemplo, a pessoa doente pode escolher sucumbir, achando que merece sofrer e que não tem mais jeito, ou aceitar a sua condição e seguir com a vida, transformando o problema em oportunidade para aprender a ser uma pessoa melhor, com resiliência, determinação, paciência e fé.

Quando temos consciência dos nossos defeitos e das nossas virtudes e compreendemos o motivo do sofrimento, a dificuldade deixa de ser um simples padecimento e se transforma num aprendizado precioso. Assim, evitamos desperdiçar energia com lamentações e aproveitamos para aceitar, suportar e superar os problemas.

Em casa, se o cônjuge, por exemplo, é desorganizado e deixa a toalha molhada em cima da cama, o banheiro sem papel higiênico ou a roupa suja jogada em qualquer lugar, é pouco provável que ficar se queixando e resmungando resolva alguma coisa. Não podemos esperar que o outro mude tratando-o com grosseria, até porque nem todo defeito é fácil de corrigir, e, sem uma conversa franca, torna-se mais difícil ainda. É necessário aceitar a dificuldade que o cônjuge possui de realizar certas atividades e procurar uma solução conjunta para que ele melhore seus hábitos com o tempo.

As pessoas devem se lembrar de que uma das funções do casamento é o crescimento conjunto, ambos se apoiando mutuamente. Portanto, se um não tem uma habilidade importante para a boa convivência, o outro, que tem essa habilidade, deve ajudar a desenvolvê-la. E, para que isso aconteça, deve existir um diálogo sincero, deixando claro que a pessoa não se sente bem com a desorganização e que está disposta a ajudar a melhorar.

Uma opção é o casal combinar de fazer juntos algumas mudanças na casa, como deixar papel higiênico reserva no banheiro, colocar suportes para pendurar roupas ou toalhas de maneira mais adequada, posicionar um cesto de roupa suja em um local mais estratégico, organizar juntos a casa, etc.

Muitos homens ainda acreditam que apenas a mulher é responsável por cuidar da casa e dos filhos, seja ela dona de casa ou não. Porém, é muito importante que os casais dividam as responsabilidades de cada um dentro de casa, pois não é justo sobrecarregar nenhum dos dois.

Para distribuir as responsabilidades, pode ser analisado quem consegue ser mais eficiente em cada atividade, para então incluí-la em sua rotina. E, mesmo que o combinado não seja cumprido por um dos dois, o outro pode auxiliar na tarefa. Caso alguém continue não cumprindo suas tarefas, um novo acordo de responsabilidades poderá ser necessário.

O fundamental é não esquecer que a vida a dois deve ser uma parceria, e não um ambiente cheio de cobranças e grosserias! No casamento, ambos devem procurar viver em sintonia, como em uma engrenagem, e a aceitação é o primeiro passo para que os maus hábitos sejam eliminados.

Em relação à educação dos filhos, a falta de aceitação é uma realidade para muitos pais que desejam que os filhos sigam fielmente os seus exemplos, ou que um filho seja igual ao outro. Perceba que a comparação e a exigência de mudança não são saudáveis para o desenvolvimento dos filhos, pois podem gerar um complexo de inferioridade, impossibilitando-os de transpor certas barreiras emocionais. Cada um tem a sua personalidade, e devemos aceitar os filhos do jeito que são, educando-os para serem pessoas de bem. Além disso, o comportamento de cada um depende de suas vivências individuais e pode ser um reflexo, inclusive, da ordem cronológica de nascimento. Por exemplo, o mais velho pode ser mais independente e realizador, o do meio mais pacificador e o caçula, mais brincalhão.

Nutrir bons hábitos é a melhor maneira de ser um exemplo a ser seguido pelos seus filhos. Não é porque os pais são advogados, médicos ou engenheiros que os filhos precisam ser também. Os pais são responsáveis por dar educação e mostrar as diversas possibilidades de como os filhos podem levar a vida, porém, a decisão e a responsabilidade sobre uma escolha profissional devem ser dos filhos.

O sucesso profissional está relacionado ao sucesso pessoal, e vice-versa; se um pai não aceita as decisões dos filhos, obrigando-os a fazer escolhas contra o próprio interesse, isso poderá ser uma condenação a uma vida infeliz, sem prazer e sem qualidade.

Já em nossos grupos de amizades, sempre existe alguém que não entende as piadas, alguém que acha que possui as melhores ideias, alguém que é muito religioso, etc. Todos querem ser bem-vindos em um grupo, mas muitos não sabem aceitar os vícios, as manias ou a personalidade do outro e costumam excluir, fazer *bullying* ou maltratar essas pessoas. Mesmo que um grupo de amizade seja formado por pessoas com características afins, com o mesmo nível intelectual, social, econômico, político ou religioso, ninguém é igual a ninguém e sempre existirão divergências, portanto, é imprescindível praticar a aceitação.

Esta virtude também é necessária no relacionamento com pessoas de fora do nosso convívio, como os prestadores de serviço de lojas, mercados, etc. Na condição de clientes, não podemos exigir que os vendedores ou atendentes tenham o mesmo nível de educação, comprometimento, cordialidade e eficiência que nós temos. Portanto, se formos mal atendidos, por exemplo, podemos agir com a maior cordialidade e gratidão possíveis, para que o atendente perceba que suas atitudes deveriam ser diferentes. Inclusive, às vezes, um mau atendimento pode significar que a pessoa esteja passando por algum problema, e que precise de uma conversa amigável para ajudá-la a superá-lo.

Vemos ainda muita falta de aceitação com pessoas de baixa renda ou que estão em situação de rua. Essas pessoas frequentemente sofrem com a humilhação, a discriminação e a violência física. Não é natural alguém escolher morar na rua, e se ele está nessa situação precisamos agir com compaixão, e não com agressividade ou indiferença. É melhor ser pobre de dinheiro que de espírito!

Durante a vida profissional, também passamos por muitos problemas que poderiam ser contornados se desenvolvêssemos a aceitação. Um deles é a limitação de recursos, pois não é toda empresa que possui condições ou interesse em dar conforto aos funcionários. Pode ser, por exemplo, que não haja material de escritório suficiente, cadeiras confortáveis, computadores novos e bons serviços de limpeza.

Se quisermos continuar no trabalho, devemos procurar entender e aceitar algumas limitações. Não é o ideal, mas nós mesmos podemos ser a solução para a falta de recursos, por exemplo, mantendo o próprio ambiente de trabalho limpo e organizado, comprando com o próprio dinheiro materiais de escritório (como lápis, papel, agenda) e preservando o que já possui para que não se deprecie rapidamente. É possível, ainda, fazer economias ou cortes de coisas supérfluas para que a empresa tenha dinheiro suficiente para comprar ou manter os equipamentos e itens mais importantes. Sei que isso pode soar estranho para algumas pessoas, mas, para quem ama o que faz e se sente útil e realizado com o trabalho, ter esse tipo de atitude não é nenhum sacrifício.

Para quem trabalha em empresa privada, há também uma certa instabilidade no emprego, e não tem como fugir disso. Porém, embora seja necessário aceitar essa condição, várias ações podem ser tomadas para não vir a ficar desempregado por muito tempo. Entre as ações, a principal é buscar constantemente o desenvolvimento pessoal, social e profissional, por meio de estudos e treinamentos, e criar uma grande rede de contatos, pois é ela que nos dará uma boa referência para oportunidades futuras.

Em casos de crise na economia do país, momento em que muita gente fica desempregada, a aceitação se faz necessária para não permitir que a tristeza e o desespero tomem conta dos pensamentos. Dependendo da crise, é melhor aceitar um emprego com salário inferior ao que possuía antes que passar meses sem conseguir uma recolocação no mercado.

Nenhum emprego deve ser considerado uma humilhação, todo trabalho nos dá experiência de vida e é importante para a sociedade, e, mesmo não ganhando o salário dos sonhos, com ele temos a oportunidade de desenvolver novas virtudes. Com o tempo, a crise passará e você terá a chance de crescer até mais do que cresceria se continuasse no emprego anterior ou desempregado.

Sabemos que a maior parte das adversidades no trabalho é causada pelo próprio gestor. Existem muitos gestores mal preparados que são autoritários e que assediam moralmente, impondo o medo aos funcionários para conseguir o que querem. Um gestor ruim não orienta bem os colaboradores e coloca indevidamente toda a culpa neles quando não obtém um bom resultado. Em princípio, pode ser difícil encontrar motivação para continuar num emprego com esse tipo de gestor, porém, pode-se usar da virtude da aceitação para entender que esse gestor pode ser uma pessoa frustrada ou traumatizada, o que contribuiu para que se transformasse numa pessoa amarga. Em vez de sentir raiva, é preciso ter compaixão para com esse tipo de chefe. Pode-se até mesmo se esforçar para tirar a cara carrancuda desse tipo de gestor e amolecer seu coração, mostrando o seu lado virtuoso.

Observe que, independentemente do emprego, devemos sempre valorizá-lo, pois é ele que nos dá o sustento diário! E, certamente, muitas pessoas gostariam de estar em seu lugar.

É importante ter em mente, ainda, que a empresa não é formada só pelos gestores, e sim por todos os funcionários. Dessa forma, mesmo não tendo uma boa gestão, devemos fazer nossa parte para que a empresa continue tendo bons resultados e para que todos os colegas de trabalho continuem empregados! Cada um tem uma família para sustentar, e, se a empresa vai bem, todos também estarão.

O nível de aceitação é diferente para cada tipo de emprego. Cada profissão possui suas características: o engenheiro às vezes precisa se mudar para onde há mais demanda de construções; o médico precisa fazer plantões; o operador precisa trabalhar em turnos. Se você tem dificuldades em aceitar o que é inerente a uma determinada profissão, analise melhor se está tomando a decisão certa continuando onde está, ou verifique com atenção o que é necessário para, possivelmente, trocar de área ou até mesmo de profissão. Nunca é tarde para mudar e aprender novas habilidades profissionais.

Portanto, seja o que for, na sua vida pessoal, social ou profissional, se você não tem controle sobre algo e a aceitação não prejudicará ninguém, aceite logo e pule para o próximo degrau, em que é você o único responsável pelo seu bem-estar e crescimento.

VIRTUDE 3
« ALEGRIA »

Ter a virtude da alegria é diferente de ter momentos alegres na vida. O objetivo desta virtude é *ser* alegre e não apenas *estar* alegre, em que um é permanente e o outro é momentâneo e passageiro. A pessoa que é alegre consegue enfrentar quaisquer problemas e situações de sufoco com um bom ânimo, sem deixar a tristeza se instalar.

Com tantos problemas que nos cercam, é bem difícil manter esse hábito, mas não é impossível, assim como todas as outras 99 virtudes deste livro. Lembrando que ser alegre não significa que nunca existirão momentos de tristeza, cansaço e estresse. A tristeza é uma das emoções que fazem parte da vida, e não é possível eliminá-la por completo. No entanto, quando a alegria predomina em nossa vida, temos muito mais facilidade de nos livrar dos sentimentos negativos. Por isso, essa grande virtude é tão importante.

Mesmo que existam muitas tribulações e provações em nossa vida pessoal, social ou profissional, são elas que provocam a transformação em nós, que nos aperfeiçoam e nos ajudam a sermos perseverantes. É lógico que não vamos ficar alegres com o problema em si, porém, a cada crise e dificuldade que passamos, temos a oportunidade de ficar mais resistentes e virtuosos, e é com esse resultado que devemos ficar alegres.

Talvez você conheça exemplos de pessoas que são alegres e animadas apesar de possuírem alguma deficiência física, terem baixa renda ou trabalharem pesado nas ruas para sustentar a família. Ou seja, não é a saúde perfeita, o dinheiro e a comodidade que nos faz ser alegres, o que nos faz concluir que o mais importante não são os bens materiais, mas sim os espirituais.

Muitas pessoas acreditam que serão alegres e felizes depois de adquirir algum bem material ou de conquistar um cargo profissional ou um bom relacionamento. Às vezes, passam a vida inteira esperando algo acontecer para serem alegres, e, quando por fim acontece algo desse tipo, percebem que o seu estado de espírito simplesmente não muda. Isso ocorre porque as conquistas e sucessos representam apenas momentos de alegria durante a nossa vida, e não uma alegria permanente.

Exemplificando, ao comprarmos o nosso carro dos sonhos, no início, ficamos muito contentes com ele, mas, depois de um tempo, ele se torna parte da rotina e a vida volta à normalidade. Ao receber uma promoção a um cargo gerencial, a princípio, ficamos muito alegres e empolgados, mas, em seguida, torna-se um trabalho comum e com mais responsabilidades que antes. Ao ganharmos muito dinheiro na loteria, a princípio ficamos eufóricos e alegres, mas, com o tempo, nos acostumamos com esse dinheiro e voltamos ao nosso estado psicológico anterior. Nada disso enche a nossa alma e tem o poder, por si só, de nos provocar uma alegria duradoura.

Mas, então, do que precisamos para sermos alegres? Devemos ter em mente que o nosso maior patrimônio é a nossa vida, nossos familiares e amigos. Portanto, quanto mais valorizarmos a vida e os nossos relacionamentos, mais teremos ânimo para viver, vencer as dificuldades e manter o sorriso no rosto. A alegria só depende de nós mesmos, e não podemos responsabilizar ninguém por sermos pessoas tristes e amargas.

Tendo isso em mente, podemos realizar algumas ações que nos auxiliem a nos tornarmos alegres, como: desenvolver aceitação, fé e otimismo; manter hábitos saudáveis de alimentação e de sono; realizar atividades de lazer; praticar exercícios; ter boas conversas; praticar a caridade; sorrir com sinceridade e com frequência; e contemplar a beleza da natureza diariamente.

Quem não possui alegrias na vida, ou alegria de viver, deve tomar muito cuidado para não apresentar um quadro clínico de depressão. Algumas pessoas passam por tanto sofrimento psicológico que se deixam tomar conta por uma tristeza constante e profunda, ficando às vezes incapazes de ter atitude para sair da situação. Nesse caso, é importante procurar um profissional de saúde mental para auxiliá-lo a ter forças para se reerguer.

Coloque alegria na sua vida e você estará ajudando a transformar não só o seu mundo interior, mas também o das pessoas ao seu redor. E, por falar nisso, você já percebeu que uma pessoa alegre acaba sendo um propagador de bem-estar? Veja, por exemplo, um motorista de ônibus que, mesmo na hora do *rush* e em pleno sol escaldante, deseja um "Bom dia!" tão alegre aos passageiros que entram que consegue modificar o humor até dos mais estressados. Ou seja, quando transbordamos de alegria, passamos a distribuí-la e, assim, ajudamos os outros a terem também o mesmo sentimento.

Vamos combinar então o seguinte: a partir de amanhã, a primeira coisa que você pensará logo ao acordar será: "Obrigado, meu Deus, por mais um dia de muita disposição e alegria!". Não coloque o dispositivo de alarme no modo soneca e se levante imediatamente com um sorriso no rosto. No final do dia, antes de dormir, pense: "Obrigado, meu Deus, por todas as bênçãos e oportunidades de crescimento. E que eu consiga ser cada dia ao menos um por cento melhor!".

VIRTUDE 4
« AMBIÇÃO »

Muita gente considera a ambição um defeito, mas, como toda virtude, o problema está na dosagem errada. Quando a ambição é exagerada, ela pode nos levar à cobiça, à ganância e ao egoísmo, e, como consequência, podemos machucar física ou moralmente quem estiver em nosso caminho para atingir nossos objetivos.

Como uma virtude, a ambição é importante para todos! Sem dúvida você deve possuir anseios de obter sucesso na vida pessoal, social e profissional. E é isso que nos move e dá sentido à nossa vida. Caso contrário, se não estabelecemos objetivos e metas específicas, ficaremos parados vendo a vida passar.

No entanto, a ambição vai muito além de ter simples metas. Ela está relacionada a grandes objetivos de vida, como crescer profissionalmente e se tornar sócio de uma empresa, ser reconhecido em sua profissão como um dos melhores especialistas, abrir uma rede de lojas próprias, etc.

O forte desejo pela conquista é o que nos motiva a assumir riscos e despender esforços todos os dias. Porém, não basta ter ambição para alcançarmos o sucesso, são necessárias muitas outras virtudes, como fé, confiança, determinação, disciplina, motivação, entusiasmo e sabedoria.

Quando fazemos as escolhas certas, realizando algo que realmente faça sentido para nossa vida, que nos dê satisfação de dedicar nosso tempo a isso, e praticamos atitudes virtuosas, alcançar o sucesso é só uma questão de tempo.

No entanto, se a ambição visar só o poder ou o enriquecimento próprio, satisfazendo apenas a si mesmo e sem considerar o próximo, as chances de sucesso ficam bem reduzidas. Pode até ser que consiga, mas quando chegar lá provavelmente estará infeliz.

Se o objetivo for alcançar o poder para promover o crescimento da empresa e de seus funcionários, assim como o desenvolvimento da economia da sua região, a ambição, nesses casos, é uma virtude, pois o egoísmo não está associado a ela. E, por ter um motivo nobre, o indivíduo terá mais facilmente o apoio das pessoas e conseguirá reunir mais forças para enfrentar as dificuldades.

Não tenha vergonha de dizer que é uma pessoa ambiciosa, desde que sua ambição seja para o bem! O mundo está repleto de pessoas conformadas com o mediano, que não buscam ir atrás de grandes sonhos. Nunca deixe de pensar grande e nunca desista de seus sonhos, afinal, se você quer chegar à lua, no mínimo você chegará até o céu, e quando estiver no fim da vida não se arrependerá de não ter saído nem um metro do chão.

VIRTUDE 5

« AMIZADE »

Viver em sociedade, pelo próprio significado da palavra, significa fazer parte de um grupo, atuando em colaboração mútua com os integrantes e seguindo normas em comum. Assim como muitos animais andam em grupos para sobreviver, o ser humano também precisa viver em sociedade.

Mesmo que moremos sozinhos, nunca seremos autossuficientes. Dependemos de outras pessoas para ter o que comer, ter o que vestir, ter energia elétrica, cuidar de nossa saúde, e também para interagir e compartilhar nossas experiências. O ser humano precisa ter contato com outros para poder contar seus problemas e compartilhar suas alegrias. Esse contato é o que chamamos de amizade, e serve para não nos sobrecarregar com nossos problemas e promover uma melhora em nossa qualidade de vida.

Considerando que a nossa vida é sustentada pelo tripé pessoal, social e profissional, é fundamental desenvolvermos os três por igual, caso contrário, o lado que estiver fraco pode derrubar os demais.

Entre as virtudes importantes para desenvolver o nosso lado social, a amizade possui um papel fundamental, ela nos ajuda a ter relacionamentos mais profundos e duradouros, envolvendo sentimentos de afeição e apreço. E, para nos tornarmos amigos verdadeiros, é preciso que tenhamos abertura, aceitação e outras tantas virtudes interpessoais que veremos neste livro, para que, dessa maneira, evitamos ser um amigo de fachada, falso e fingido.

O amigo verdadeiro, como se costuma falar, sabe ouvir com atenção e sem pré-julgamentos; ele alerta quando vê uma atitude errada; e não o abandona em nenhum momento, principalmente diante das dificuldades. O amigo verdadeiro fica feliz com as conquistas dos amigos, e não com inveja; ele te puxa para cima quando você leva um tombo; e sabe perdoar.

O que mais atrapalha a construção de uma amizade é o egoísmo e a inveja. Muitas pessoas só se aproximam de outras por interesse próprio, e ficam ao seu lado apenas durante a bonança, para aproveitarem o que a sua amizade lhes pode oferecer. Para esse tipo de "amigo", quando o seu dinheiro acaba, a amizade acaba também. Às vezes, quando não estão por perto, os falsos amigos ainda falam mal de você pelas costas. Por isso, repare se quando estão com você falam mal de outros "amigos", pois podem estar fazendo o mesmo com você.

É nos momentos difíceis da vida, quando mais precisamos de um ombro amigo para nos acalentar, que sabemos quem são nossos verdadeiros amigos, pois eles não nos abandonam. Assim, na busca por essa virtude, é importante também aprender a selecionar bem nossas amizades. Todos nós precisamos de pessoas que se importem conosco na mesma proporção do que temos a oferecer.

Geralmente, pessoas mais jovens possuem mais dificuldades em escolher boas amizades, pois ainda têm pouca experiência de vida e pouca percepção do que faz mal para si. Porém, em qualquer idade sempre nos deparamos com um "amigo" cuja amizade é mais destrutiva que construtiva. Nesses casos, precisamos ter muito cuidado, pois a má influência pode causar danos irreparáveis, tanto físicos e psicológicos quanto sociais e financeiros.

Dizem que somos a média das cinco pessoas com quem mais convivemos, portanto, selecione bem suas companhias!

A amizade é um bem muito valioso, e, quanto mais amigos verdadeiros nos rodearem, mais chances teremos de ser felizes. Conforme o tempo vai passando, podemos mudar de moradia, de trabalho, fazer novos cursos, participar de uma doutrina religiosa e mudar algumas vezes de academia de malhação. Ou seja, sempre existirão oportunidades para estabelecermos novos laços de amizade, por isso, nunca é tarde para fazer novas amizades! Mas não se esqueça dos amigos de longa data. É sempre bom rever os velhos amigos e relembrar os bons tempos!

Para identificar se você possui amigos verdadeiros, experimente relatar seus problemas para eles e observe como se comportam. Se não houver qualquer interesse por parte da outra pessoa, é um sinal de que a sua amizade não é tão importante assim. Mas tome cuidado para não focar apenas nos seus problemas, pois todo mundo tem problemas e não devemos encher a cabeça do outro só com os nossos. Além disso, as conversas não podem ser apenas sobre nós, elas devem ser um diálogo e uma troca de experiências.

Não podemos nos esquecer de nossos pais, que para muitas pessoas são os amigos mais importantes, pois só eles possuem a capacidade de amar os filhos incondicionalmente, e são com quem os filhos podem contar durante toda a vida. Você pode sair de casa, passar um bom tempo sem vê-los, mas sempre que precisar estarão disponíveis para ajudá-lo, nem que seja apenas com uma palavra de consolo ou um abraço.

Quanto ao relacionamento conjugal, a amizade também é fundamental para que os casais não sejam eternos estranhos morando sob o mesmo teto. É importante que se conheçam e se tratem com a profundidade que esse tipo de relação exige. Isso significa que precisamos conhecer não só os fatos ocorridos com o outro, mas principalmente os seus sentimentos, suas emoções e interesses, dando o apoio necessário em todos os momentos da vida.

É muito importante buscarmos fazer amizades também no trabalho, uma vez que estamos em nosso emprego diariamente por pelo menos um terço do nosso dia, o que representa boa parte do nosso tempo em companhia dos colegas de trabalho. Para promover uma boa ambiência e gerar resultados com mais qualidade, precisamos ser unidos e comprometidos em realizar um bom trabalho. Tais atitudes são percebidas em quem valoriza não apenas o serviço, mas também as pessoas. Onde há amizade, não existe competição nem pessoas querendo passar a perna umas nas outras.

A amizade, nesse caso, não deve ficar apenas dentro do trabalho. É importante que se estenda também para fora do ambiente corporativo, com a realização de encontros periódicos para descontrair e estreitar as relações. Se você for um gestor, fomente os encontros com a sua equipe. Os funcionários o terão também como amigo, e será muito mais fácil conseguir inspirar neles o respeito, a responsabilidade e o comprometimento.

Se você não valoriza ou nutre suas amizades, está se esquecendo de uma importante base do tripé que sustenta nossa vida, a base social, que está ligada diretamente à nossa felicidade. Cuide bem de suas amizades, e nunca precisará de remédios para levantar o seu astral.

VIRTUDE 6
« AMOR »

O primeiro e mais importante dos Dez Mandamentos é "Amar a Deus sobre todas as coisas e ao próximo como a si mesmo". Mas, infelizmente, muita gente ainda não sabe o que significa. Não se deve confundir essa virtude com o sentimento de amor que temos por nosso cônjuge, nossos familiares ou amigos. Possuímos o sentimento do amor apenas com quem nos sentimos bem em estar junto.

Ao interpretarmos o primeiro mandamento, a parte referente a "amar a Deus sobre todas as coisas" significa que devemos ter Deus dentro de nós e viver com base nos ensinamentos de Jesus Cristo, que nos convidou a sermos pessoas boas e virtuosas. Quanto ao restante do mandamento, quem ama a si mesmo deseja o seu próprio bem, portanto, "amar ao próximo como a si mesmo" é querer o bem das pessoas da mesma maneira que queremos o nosso. Para isso, não precisa gostar de todas as pessoas, o importante é não desejar o mal ao outro, mesmo que seja alguém de má índole, e ainda desejar que ele aprenda com os percalços da vida, desenvolvendo suas virtudes, e que se arrependa de seus erros. Ou seja, praticar o amor fraterno, como se todos nós fôssemos irmãos, sendo uns mais velhos e experientes, e outros mais novos e com muito ainda a aprender sobre a vida.

Como você já deve ter percebido, a lei da ação e reação que existe na física também existe em nossas vidas, uma vez que as leis da natureza são como as leis de Deus. Portanto, se desejamos ou praticamos mal a alguém, algum mal acontecerá com nós mesmos, além de intoxicar nossas emoções. Assim, se alguém nos fez algum mal, devemos deixar que a vida se encarregue de dar o retorno que cada um merece, e só pensar e agir para o bem do próximo.

Muita gente curte, principalmente nas redes sociais, quando policiais matam um criminoso. É fato que o mundo seria bem melhor se não existissem crimes, mas não temos o direito de tirar a vida de ninguém, nem diante das leis dos homens, nem diante das leis de Deus. Infelizmente, existem situações que obrigam os policiais, por legítima defesa, a paralisarem o criminoso de alguma maneira. No entanto, a morte de um criminoso não deve ser motivo para alegria, e sim para indignação por uma pessoa ter chegado ao extremo de ser morta por conta da própria maldade. Cabe a nós apenas os sentimentos de indignação, justiça e misericórdia, em vez de ódio, desejo por vingança e assassinato.

Muitos ainda pensam: como posso querer o bem dos criminosos? Calma, isso não significa que eles devam ficar soltos para continuar praticando atos abomináveis. De forma alguma! A justiça deve ser feita, e, se alguém pratica um crime, deve ser preso e julgado por seus atos. Porém, o nosso desejo não deve ser de que sofram e apodreçam na cadeia. O papel da justiça é socializá-los, e não piorar ainda mais o ódio e a maldade desses criminosos. Lamentavelmente, aqui no Brasil as prisões, em vez de promover a sociabilização dos criminosos, acabam por torná-los ainda mais criminosos. Porém, embora o sistema penitenciário tenha seus defeitos, isso não significa que devemos agir igual e combater o mal com o mal.

Referenciando mais uma vez a Bíblia, existe uma narrativa que relata que não devemos reagir com a mesma moeda, "olho por olho, dente por dente", pelo contrário, "se alguém nos bate na face esquerda, devemos dar também a face direita". Essa passagem bíblica nos mostra, por meio de uma metáfora, que devemos amar nossos inimigos mesmo que alguém nos trate com maldade, devemos sempre lhes conceder a bondade e compaixão em retorno. Por exemplo, se recebemos grosseria e agressão verbal, devemos retribuir com carinho, piedade e tranquilidade, sem atiçar ainda mais a ira do agressor, e assim poderemos fazer com que ele se paralise e perceba que poderia agir educadamente.

Na maioria das vezes, a pessoa que é agressiva não teve amor e afeto desde a sua infância. E, como não é acostumada com isso, quando alguém lhe dá amor, ela se assusta e paralisa. Exemplificando com um caso real: em certa ocasião, entrei sem perceber na frente de outra pessoa numa fila e prontamente fui recebido com grosseria, como se estivesse praticando intencionalmente algum mal. No entanto, desculpei-me com calma, informei que não havia percebido o erro e ofereci que passasse na minha frente. Porém, como fui tão solícito e educado, a outra pessoa falou que não tinha problema, que poderia continuar na sua frente.

Quem ama e deseja sinceramente o bem das pessoas também não inveja o próximo. Se um amigo, por exemplo, vai bem no casamento, consegue uma promoção no trabalho ou possui um bom patrimônio financeiro, devemos ficar contentes por ele e desejar que continue assim. O invejoso gosta de praticar o mal para que ninguém esteja melhor que ele, mas não percebe que está apenas se autossabotando: enquanto poderia promover seu próprio desenvolvimento, fica estagnado na vida perdendo tempo e se preocupando com a situação do outro.

O ideal é utilizar os bons exemplos das pessoas para se inspirar, e não para invejar. Cada um tem o seu merecimento conforme suas atitudes ao longo da vida e as oportunidades que surgem. A única comparação que devemos fazer é com nós mesmos, desejando que amanhã estejamos melhor que hoje, sempre em busca da melhoria contínua.

A inveja é muito comum também entre colegas de trabalho, gerando a competição. As pessoas escondem informações, para que só elas tenham o conhecimento necessário para desempenhar determinada atividade; fazem acusações injustas, culpando o outro até pelo que ele não fez; falam mal de seus pares pelas costas; e discutem por qualquer motivo, fazendo inimizades. Ao perceber que alguém é assim em nosso trabalho, devemos ajudá-lo a enxergar que a equipe unida gera resultados melhores e todos crescem juntos, sem medo de perder o seu lugar. Não precisamos competir e fazer o mal para ganhar uma promoção ou ser reconhecido. O melhor reconhecimento é aquele que vem naturalmente e por merecimento, nunca passando por cima dos outros.

Mas como querer o bem e ajudar quem só quer nos prejudicar?

Em princípio, é papel do gestor identificar esse tipo de funcionário e promover a união e o apoio mútuos dos seus subordinados. Uma das ações que o gestor pode tomar é fomentar o trabalho em equipe e orientar os funcionários para que se ajudem de forma recíproca.

A melhor arma contra a competição no trabalho é a generosidade e a promoção da amizade. Porém, se não for possível ter amizade e o relacionamento for puramente profissional, mesmo assim devemos compartilhar os conhecimentos técnicos, ajudar nas tarefas do dia a dia e fazer elogios quando algum resultado for obtido. Com essas atitudes, a pessoa pode se sentir importante e benquista na equipe e poderá mudar sua forma de agir com os demais.

Somos todos iguais perante Deus, mas cada um em um degrau de evolução diferente. Quando temos um bebê em nossa família (filho ou irmão), sabemos que ele ainda não tem a evolução necessária para perceber que o universo não gira em torno dele, e o amamos mesmo assim. Portanto, ame a todos como se fossem seus irmãos, e tire de cima de você essa carga negativa pesada que só deixa os seus dias menos alegres.

VIRTUDE 7
« ARREPENDIMENTO »

Como diz o cantor Raul Seixas em sua música "Metamorfose ambulante": "Eu prefiro ser essa metamorfose ambulante do que ter aquela velha opinião formada sobre tudo". Estar aberto à mudança de opinião e de atitude é justamente a premissa básica para cultivarmos a virtude do arrependimento.

O verdadeiro arrependimento acontece quando se tem um profundo sentimento de que não deveria ter falado ou agido de forma inadequada, acompanhado do compromisso de não repetir mais o mesmo erro e de se retratar diante de quem sofreu com nossa falha, inclusive nós mesmos. Lembrando que, para nos retratar, não é suficiente reconhecer os erros e pedir perdão, é preciso demonstrar que mudamos de fato a nossa atitude, ou que estamos comprometidos em mudar.

Muita gente até reconhece seus erros, mas não faz nada para mudar. Nesse caso, não se pode afirmar que houve um arrependimento, nem que a pessoa sentiu remorso. Provavelmente já deve estar tão acostumada que não enxerga mal algum em permanecer errando.

É comum existir certa dificuldade para perceber que erramos e que a consequência de nossos atos não é positiva. Na maioria das vezes, inclusive, são as outras pessoas que apontam nossas falhas, em vez de nós mesmos chegarmos a essa conclusão sozinhos. Isso acontece porque é muito difícil para uma pessoa refletir sobre suas ações com imparcialidade, reconhecer que estava equivocada, que causou algum mal a alguém ou a si mesma, e despender esforços para se retratar e mudar de atitude.

Algumas pessoas até acreditam que nunca estão erradas. Se alguém lhes aponta suas falhas, elas não se responsabilizam pelas próprias ações ou reações, não reconhecem que erraram e ainda brigam invertendo as coisas, como se o erro na verdade fosse do outro. Caso você tenha dificuldade em perceber os próprios erros, a primeira coisa que precisa fazer é refletir sobre suas ações, mas de um modo diferente do que está acostumado. Uma opção é se visualizar sob a ótica de uma terceira pessoa, que não participou da ocasião, como se estivesse assistindo a um filme, e então se pergunte: o que as pessoas do seu filme mental fizeram foi adequado? O que poderiam ter feito de diferente? Como elas poderiam se retratar? Outra forma é inverter os lados, visualize que você é a outra pessoa e se pergunte: como seria a sua reação se estivesse em seu lugar?

Perceba, ainda, que o nosso arrependimento não deve depender do arrependimento dos outros. Arrepender-se e demonstrar que mudou deve ser um sinal de humildade, mesmo que o outro também tenha feito algo inadequado e não tenha se arrependido ou se desculpado.

Adote a filosofia de ser melhor a cada dia e verá o quanto ainda precisa melhorar, mudar de opinião e agir diferente. Não é vergonha nenhuma dizer que já não é mais o mesmo de ontem, ao contrário, isso demonstra que você está sempre em busca do seu crescimento e faz com que as pessoas queiram estar ao seu lado.

Seja com quem for, com a família, os amigos, os colegas de trabalho, o chefe ou subordinados, o arrependimento, além de transformá-lo em uma pessoa melhor, já que reconhece seus erros e se compromete a não reincidir, fará com que seu relacionamento se fortaleça e as pessoas tenham mais confiança em você.

Contudo, melhor que reconhecer seus erros e se arrepender é pensar bem antes de agir ou falar, para não se arrepender depois. Nesse sentido, se aguardássemos cinco segundos a mais antes de reagirmos a algum acontecimento, evitaríamos muitos desgostos futuros.

Além de nos arrepender do que fizemos, existe também o arrependimento do que deixamos de fazer. Nesse caso, se não quisermos ficar velhos e arrependidos de não ter nos dedicado ao que realmente era importante, de não ter cuidado bem dos filhos, de não ter valorizado nossos relacionamentos, de não ter buscado novas experiências engrandecedoras, de não ter perdoado as pessoas que amamos, então precisamos começar a agir agora para fazer tudo aquilo que gostaríamos de lembrar quando estivermos mais velhos.

Descasque desde já todas as suas camadas, olhe pra dentro de si e se pergunte: "Era isso mesmo que eu deveria ter feito em meu relacionamento, em meu trabalho ou em minha vida pessoal?". Saiba que ainda dá tempo de pedir desculpas ou de ajustar a sua rota rumo ao sucesso, só não há mais tempo para quem já está morto. Arrependa-se, faça diferente e viva bem com você mesmo e com os outros!

VIRTUDE 8
« ASSERTIVIDADE »

Muitas pessoas se enchem de orgulho para dizer "Sou curto e grosso!", no entanto, isso não é um bom motivo para se ter orgulho. É muito importante, no dia a dia, ir direto ao ponto, sem ser rude e grosseiro, basta ser uma pessoa assertiva. Ser assertivo, por definição, é fazer afirmações de forma categórica, contundente e definitiva, por entender que o que se fala é verdadeiro.

Quem possui a virtude da assertividade, portanto, tem a habilidade da argumentação, não enrola nem é pedante em seu discurso, ou seja, comunica-se de forma clara e objetiva utilizando palavras brandas e argumentos fortes. Esta virtude é muito importante em situações de conflito em que é necessário defender algum ponto de vista. O assertivo consegue realizar boas argumentações, defendendo suas ideias sem agredir, magoar ou desrespeitar a opinião do outro.

Existem certos momentos, no entanto, em que ser assertivo é o mesmo que estar falando com um ser irracional. É o que acontece quando, por exemplo, o nosso interlocutor está agressivo e o cérebro dele deixa de processar com lógica as coisas que ouve, perdendo completamente a razão. Ao identificarmos uma situação dessas, é preciso analisar se de fato é o momento adequado para falar o que deseja. Nesse caso, num primeiro momento, pode-se buscar abrandar o interlocutor com a pergunta: "Vamos sentar para conversar melhor e resolvermos juntos esse problema?". Podemos até colocar a mão no ombro da pessoa para demonstrar que se pretende ter uma conversa amigável. Em algumas situações, é até melhor deixar os ânimos se acalmarem e conversar sobre o assunto em outro momento, talvez em outro dia, quando a ferida psicológica da pessoa tiver cicatrizado.

Para treinarmos nossa argumentação na busca por esta virtude, existem alguns cuidados que devemos tomar: não ser sarcástico, dando risada e zombando do problema; evitar manipular o outro por meio de indiretas; não opinar demais sobre a vida alheia; e não achar que pode resolver os conflitos apenas defendendo seu ponto de vista. Deve-se lembrar de que a aceitação e o respeito pela opinião do outro são fundamentais. É importante que outras virtudes também sejam desenvolvidas, como a comunicação, a segurança, o tato, a empatia e a firmeza.

A linguagem corporal ou comportamental, como você já deve ter percebido, também é importante na assertividade. Podemos, por exemplo, nos portar de forma estável, mas não rígida; evitar gestos que demonstrem incerteza ou falta de interesse, como colocar a mão na frente da boca ou ficar de braços cruzados; pedir para as pessoas com quem conversamos se sentarem, para se criar um clima mais amistoso; olhar diretamente nos olhos da pessoa, mas não excessivamente, para não hostilizar.

A assertividade não garante que um conflito será resolvido, mas contribui para expor melhor as ideias que lhe fazem mais sentido. Tudo depende do momento e da pessoa com quem se fala: se o interlocutor for também assertivo e racional, os dois podem chegar a um consenso com facilidade, ou simplesmente respeitar e ouvir a opinião um do outro.

Quer melhorar a qualidade de suas argumentações, desenvolvendo a assertividade? Leia bastante, converse sobre assuntos da atualidade, relatando suas opiniões, e não se esqueça de estar aberto ao que os outros têm a dizer. Quanto mais consideramos a opinião alheia, com respeito e senso crítico, melhores argumentos teremos para defender as nossas ideias.

VIRTUDE 9

«ATENÇÃO»

A falta de foco, concentração e atenção tem se tornado um problema cada vez mais comum. Somos bombardeados diariamente com informações vindas de aplicativos de mensagem e redes sociais, e-mail, sites de notícias, rádio, televisão, etc., que, embora sejam ferramentas muito úteis para nosso entretenimento, comunicação, e até mesmo para o trabalho, são as principais vilãs na perda da concentração, tanto no trabalho quanto com a família ou com os amigos. Uma cena muito comum de se ver hoje em dia é a de um grupo de amigos reunidos, em que a maioria, em vez de interagir um com o outro, fica com a atenção fixa no celular. Infelizmente, a improdutividade no trabalho e a falta de socialização cara a cara foram o preço que pagamos pelo avanço tecnológico dos *smartphones*.

Cada uma dessas distrações concorre com o que de fato é importante darmos atenção. Mas a solução para isso é bem simples: precisamos praticar a nossa capacidade de decisão e nos habituar com uma metodologia diferenciada que nos auxilie a ter foco.

Você sabe quais são suas prioridades para o momento? O que você está fazendo no hoje está alinhado com o que deseja para o seu futuro? Se você não der prioridade ao que é importante hoje, qual será o prejuízo que você terá no futuro? Quais serão as consequências da falta de atenção e de concentração no que precisa fazer hoje? Você estará saudável? A sua conta bancária vai estar no positivo? A sua família estará feliz com você?

Essas perguntas servem para que você perceba que tudo é questão de escolha. Por exemplo, você escolhe se deseja estudar para um concurso hoje, para ter condições de estar preparado para a prova, ou se deseja passar a noite toda assistindo à Netflix e correr o risco de não ter estudado o suficiente para passar no concurso. Faça essas perguntas nos momentos em que perceber que está começando a perder o foco, elas irão ajudá-lo a escolher o que deve priorizar.

Não se esqueça, porém, que o descanso e a diversão também são importantes no nosso dia a dia, mas no momento adequado. A nossa mente também sente esgotamento, e quando chega nesse nível não conseguimos manter a mesma atenção. A vista fica cansada, podemos ter dor de cabeça e ficar sonolentos.

Então, se estivermos muito focados em alcançar algum objetivo pessoal, não devemos deixar de considerar no planejamento de tarefas diárias o tempo para se distrair e relaxar a mente.

Conseguiremos ter essa virtude quando aprendermos a manter o estado de atenção focado, envolvendo-nos totalmente na atividade planejada. Isso é possível quando nos distanciamos das possíveis distrações, por exemplo, deixando o celular afastado ou desabilitando as suas notificações. Ao ficarmos susceptíveis às distrações, corremos o risco de perder qualidade e tempo na execução, além de atrapalhar o alcance do objetivo almejado.

O caso mais preocupante é quando a distração implica no risco à sua segurança, como falar ao celular enquanto se dirige um automóvel. No geral, precisamos ter algum nível de atenção nas atividades que executamos, mesmo que seja por lazer. No caso do lazer, como nosso objetivo é a diversão e o bem-estar psicológico, para cumprir com esse objetivo devemos ter atenção com nossa segurança física, para não nos machucarmos, e também com o bem-estar de quem está conosco, tratando as pessoas com consideração e respeito.

Existem alguns métodos que podemos experimentar para evitar perder a concentração: ouvir uma música tranquila, em ambientes de trabalho ou de estudo muito ruidosos; desligar a internet do celular ou deixá-lo distante enquanto realiza uma atividade; caso seja possível, retirar do ambiente os objetos que podem causar alguma distração; praticar a meditação todos os dias; e estabelecer intervalos específicos, durante a realização de uma atividade que seja prolongada, para distrair e relaxar a mente, mas sem estender uma pausa que deveria ser de cinco minutos em uma hora.

Algumas pessoas apresentam falta de concentração mais acentuada que os demais. Nesse caso, pode ser necessário realizar um diagnóstico médico para identificar se é portador do transtorno do déficit de atenção com hiperatividade (TDAH). Quem tem esse transtorno pode necessitar de tratamento e acompanhamento para que outros sintomas, como depressão e ansiedade, não apareçam.

A atenção é necessária também em nossos relacionamentos, principalmente dentro da família, para evitar desentendimentos, demonstrar que valorizamos o outro e auxiliar na educação dos filhos. Se não soubermos ouvir nossos familiares e dar atenção à mensagem que querem passar, seja ela verbal ou corporal, não conseguiremos compreender as necessidades de cada um nem manter um diálogo mais profundo.

Um bebê, por exemplo, pode chorar por diversos motivos, por isso, decifrar o que o está incomodando é uma tarefa árdua que exige bastante conhecimento, dedicação e atenção. Se os pais forem atentos aos mínimos detalhes, sem desespero e com paciência, a criança logo receberá o que necessita e irá parar de chorar. Um ouvido atento dos pais permite também que se entenda a linguagem dos filhos quando estão começando a se comunicar, auxiliando no desenvolvimento da fala.

Na fase da adolescência, quando os filhos ainda estão se descobrindo e buscando novas experiências, os pais devem ter atenção redobrada ao comportamento deles em casa ou na rua. É nessa idade que a má influência pode levar a adquirir vícios e maus hábitos, que podem ser difíceis de eliminar dependendo de quando forem percebidos pelos pais. E, para ter essa atenção, os pais devem estar sempre presentes na vida dos filhos, em qualquer idade, dedicando uma parte de seu tempo diário para ficar com eles.

Com os amigos, se quisermos permanecer com as amizades, é importante dar atenção também ao outro e não falar somente de si. Muita gente, quando vai interagir com outras pessoas, gosta de monopolizar a conversa com os seus assuntos individuais. Por exemplo, se alguém lhe fala "fui promovido no meu trabalho a gerente de...", a pessoa não espera nem acabar de falar e já responde: "ah, mas no ano passado eu quase que ia ser promovida, e blá-blá-blá...", ou seja, não se importa em dar seguimento à conversa que o outro iniciou, não consegue se concentrar, interrompe a fala do outro e puxa o assunto para si e, em vez de ouvir atentamente o outro, fica pensando apenas no que irá dizer em seguida.

Caso você seja assim, treine ouvir mais as pessoas, procure permanecer na conversa buscando maiores informações sobre o assunto. Quando lhe contam sobre problemas pessoais, só em prestar atenção e fazer perguntas você poderá estar ajudando seu amigo a encontrar a solução que precisava. Quando lhe contam sobre seus sucessos, elogie, dê os parabéns, pergunte como foi a sua jornada até alcançar o sucesso.

Quando nos interessamos pelo assunto do outro e ficamos atentos ao que ele tem a dizer, a conversa fica muito mais interessante e você se torna uma pessoa mais amigável.

Para sermos bem-sucedidos, é fundamental também desenvolvermos a atenção tanto na vida acadêmica quanto na profissional. Não é nada legal, por exemplo, um chefe ter que explicar a mesma coisa para um funcionário, duas ou mais vezes, porque ele não prestou atenção ou não fez questão de anotar para não se esquecer. Isso demonstra falta de comprometimento com o trabalho.

É comum vermos nos ambientes corporativos o interesse por funcionários multitarefa, que consigam realizar várias atividades ao mesmo tempo. Porém, nem sempre isso é algo bom, pois gera distração para o que talvez seja mais importante naquele momento, e a qualidade do resultado não é tão boa quanto seria se houvesse uma dedicação exclusiva a uma única atividade. Por exemplo, atender ao telefone no meio de uma reunião ou responder uma mensagem de texto atrapalha o andamento das discussões e perde-se tempo da equipe, pois os outros também precisam parar para esperar a ligação chegar ao fim.

Desenvolva a sua atenção, ajuste o foco para o que realmente precisa, e você enxergará com muito mais clareza todos os passos que precisa dar em direção aos seus objetivos, mesmo que existam vários obstáculos durante o percurso.

VIRTUDE 10

« ATITUDE »

Todos nós temos muitos sonhos, desejos e vontades, queremos ter bons relacionamentos, ser pessoas melhores, ter sucesso profissional, uma boa qualidade de vida, mas de nada adianta querer se não temos atitude para planejar e colocar em prática o que for necessário para alcançar esses objetivos.

A atitude é justamente a virtude que nos impulsiona a darmos o primeiro passo em direção a algum objetivo, e ao longo de nossa escalada ainda precisaremos de muitas outras virtudes, como determinação, disciplina, entusiasmo, superação, fé, motivação, entre outras.

Quem estuda Administração provavelmente conhece uma ferramenta muito utilizada na gestão da qualidade para o controle e melhoria contínua de processos chamada PDCA (planejar, executar, verificar, ajustar/agir, do inglês *plan, do, check, adjust/act*). Essa ferramenta consiste em planejar, executar, avaliar os resultados obtidos e melhorar, corrigindo algo se necessário. Faço referência a essa ferramenta porque, da mesma maneira que é utilizada em negócios empresariais, podemos aplicá-la também na maior empresa do mundo: a nossa própria vida.

Os quatro passos necessários para promovermos nossa melhoria contínua, utilizando a ferramenta PDCA de forma simplificada, são:

1. Planejar: definir um objetivo, dividi-lo em metas e selecionar o método ou as ações que serão utilizados para alcançá-las.
2. Executar: colocar o plano em prática.
3. Verificar: analisar os resultados obtidos, verificando o cumprimento das metas, e identificar os pontos de melhoria.
4. Ajustar/agir: melhorar ou corrigir e ter atitude para mudar, mesmo que a experiência anterior mostre que seja difícil.

Algumas pessoas possuem a síndrome da Gabriela: "Eu nasci assim, eu cresci assim, e sou mesmo assim, vou ser sempre assim", da música "Modinha para Gabriela", de Dorival Caymmi, ou a síndrome do "Deixa a vida me levar", da música de mesmo nome, de Zeca Pagodinho. Quem pensa assim está fadado à estagnação, ao conformismo, e nunca sairá de sua zona de conforto para respirar os ventos da mudança, do desenvolvimento e do sucesso.

Não podemos esperar que nossos problemas se resolvam por si só. Nunca conseguiremos alcançar grandes objetivos de vida se não dermos o primeiro passo em sua direção. O sucesso depende essencialmente de nossa atitude para fazer o que for necessário para resolver os problemas.

Muitas vezes, as pessoas sabem o que é preciso fazer para que não tenham problemas financeiros, pessoais ou de relacionamento, mas não conseguem ter uma atitude para evitar ou se livrar da montanha de problemas. De acordo com a lei da inércia, do grande físico Isaac Newton, um corpo em repouso tende a permanecer parado, e um corpo em movimento tende a permanecer em movimento. Portanto, devemos estar cientes de que rever o nosso percurso e mudar de rota dá trabalho e exige esforço, mas são exatamente essas características que uma pessoa de atitude deve possuir: estar disposta a suar a camisa e fazer diferente.

Apesar da mudança de hábito não acontecer de um dia para outro, se tivermos a atitude de pelo menos sair da inércia, estará dado o pontapé inicial para conseguirmos ter uma vida melhor.

Repita mentalmente a expressão automotivacional: "Eu quero, eu posso, eu consigo!", para ter a sensação de empoderamento e de domínio sobre a situação. Tenha atitude de fazer diferente, e, se não der certo de primeira, pelo menos você estará em busca do que deseja. É com o erro que se adquire experiência e conhecimento, e na próxima vez a possibilidade de ter sucesso será bem maior. Quem não se mexe e não sai do lugar não cresce e fica estagnado pelo resto da vida.

VIRTUDE 11
« ATIVIDADE »

Enquanto agir com atitude nos permite dar o pontapé inicial para sairmos da inércia, para dar continuidade ao que foi iniciado é necessário ser ativo, atuante e estar em constante movimento.

Os requisitos básicos para sermos ativos são o envolvimento, a disposição e a constância. A pessoa ativa, portanto, é aquela que se envolve efetivamente no que for necessário para atingir seus objetivos, e não tem preguiça durante a sua jornada. Ela gosta de estar sempre em movimento, e, quando encontra um problema, prontamente busca trabalhar na sua solução.

Com o tempo, a pessoa ativa também pode desenvolver uma visão antecipatória, tomando a iniciativa de agir antes de acontecer um determinado problema, para impedi-lo de acontecer ou minimizar seu impacto. Essa atuação antecipatória é chamada de proatividade. Em outras palavras, o ativo reage aos problemas e o proativo age com antecipação.

Muitas vezes, temos atitude para eliminar algum mau hábito e ficamos muito ativos por um determinado tempo, mas depois de acontecer algum problema não avançamos mais, perdemos a disposição para continuar e voltamos ao estado de inércia. É o caso, por exemplo, de quando começamos a fazer exercícios numa academia ou começamos uma dieta. Isso acontece porque ainda não conseguimos adquirir essa virtude. Portanto, é importante trabalhar também a nossa determinação, disciplina e motivação, para que possamos nos tornar ativos.

São muitos os fatores que influenciam nossa disposição e que podem nos derrubar, como os fatores emocionais, que podem ser minimizados se desenvolvermos as demais virtudes intrapessoais contidas neste livro, e os físicos, aos quais devemos dar a mesma importância e que vou detalhar a seguir.

Para termos disposição física, precisamos manter alguns hábitos saudáveis, que preservem a saúde do corpo e da mente e nos deem energia naturalmente, como praticar exercícios físicos, que melhoram a nossa resistência, força e capacidade cardiorrespiratória; ter um sono de qualidade à noite e, se necessário, tirar algum cochilo durante o dia; tomar um pouco de sol todos os dias, pois isso ajuda a regular o ciclo do sono, além de trazer outros benefícios; realizar atividades mais relaxantes antes de ir dormir, para não levar as preocupações e agitações do dia para cama; ouvir músicas estimulantes quando for realizar determinadas atividades (exercitar-se, arrumar a casa, deslocar-se para o trabalho, tomar banho); e eliminar vícios, como álcool, cigarro, energéticos e café.

A questão do uso ou não do café é um pouco controversa. Muitas pessoas bebem esse estimulante para ficarem mais dispostas e ativas, porém, embora ele dê energia para ficar acordado, ela vem com um preço alto para a saúde. Em princípio, se um indivíduo acha que precisa de cafeína para poder ficar acordado e disposto, isso, por si só, já significa que ele não está tendo hábitos saudáveis de sono e exercício físico. O café não resolve problemas de indisposição, ele é apenas um paliativo. A cafeína, inclusive, é considerada uma droga psicotrópica ou psicoativa, assim como o álcool, a maconha e a heroína, pois atua no sistema nervoso central, provocando a injeção de hormônios na corrente sanguínea, que temporariamente mudam o humor, o comportamento, a percepção e a consciência.

No caso da cafeína, os hormônios liberados são a adrenalina, que nos prepara para uma situação de estresse e perigo, deixando-nos prontos para fugir de um tiroteio, por exemplo; e a dopamina, que nos dá uma sensação de prazer e motivação. A pessoa que recebe uma carga de adrenalina no sangue sem que exista nenhuma situação de emergência acaba apresentando uma certa irritabilidade e ansiedade. Além disso, ela pode apresentar taquicardia, aumento da pressão arterial, elevação do nível de estresse, transtornos de atenção, insônia, fadiga, tensão muscular, indigestão e azia. A cafeína, assim como a maioria das drogas psicoativas, também causa dependência física e psicológica. E, se tentar eliminar o vício do café, a abstinência pode causar dores de cabeça, tontura, tremedeira, fraqueza e ansiedade.

Não precisamos de adrenalina para responder e-mails, participar de reuniões de trabalho, arrumar a casa e educar os filhos. O ideal é que esse hormônio seja liberado no sangue apenas nos momentos que o corpo de fato precisa, como durante um exercício físico ou em situações de emergência. Já a dopamina, embora seja um hormônio importante no nosso dia a dia, pode ser liberada naturalmente de diversas maneiras, não necessitando de drogas estimulantes.

Uma ótima forma de aumentar nossos níveis de dopamina é subdividir nossos objetivos e metas em tarefas menores. A cada conclusão dessas pequenas tarefas, teremos a sensação de sucesso, de que nosso esforço está sendo recompensado. Essa comemoração das pequenas vitórias gera um aumento da dopamina, que nos deixa mais animados e ativos, gerando um círculo virtuoso.

Corte do seu vocabulário a palavra preguiça, dedique-se a ter uma vida equilibrada, dosando bem o sono, a alimentação e os exercícios físicos e injete bastante dopamina no seu corpo naturalmente, comemorando seus pequenos avanços e sendo grato por todas as conquistas. Só assim você poderá ser uma pessoa ativa, seguindo sempre em frente em sua escalada do sucesso.

VIRTUDE 12

‹‹ AUDÁCIA ››

A maioria das pessoas não sabe o potencial que possui, e arrisco dizer que somos muito mais capazes do que pensamos. O problema é que o ser humano se acomoda muito facilmente com o ordinário e o mediano, que não trazem alegria, satisfação nem autorrealização.

Existem muitas maneiras de viver a vida, porém, algumas pessoas ficam presas a uma única, reclamando do que fazem, não se permitindo sair de sua zona de conforto e agindo segundo a lei do mínimo esforço. Para atingirmos o sucesso, precisamos de ousadia, audácia e sempre buscar novos desafios. Isso é o que dá tempero à nossa vida, não é mesmo?

Ter a virtude da audácia é não se contentar com uma vida mediana, medíocre e sem crescimento. A pessoa que é audaciosa ousa ir além do que uma pessoa comum costuma ir, ela vai atrás dos seus sonhos e, não importa o que os outros digam, ela continuará a sua escalada, porque isso é o que faz sentido para ela. Uma pessoa mediana faz apenas aquilo pelo que é paga para fazer no seu trabalho, muitas vezes com pouca qualidade, sem se importar com o resultado, e ainda reclamando do que faz. Quem tem esse perfil provavelmente permanecerá na mesma função, não irá se sobressair em meio aos demais e não irá crescer profissionalmente. Caso exista uma crise financeira na empresa, facilmente pode ser demitida e ainda terá dificuldades para uma recolocação no mercado.

Sei o quanto é difícil se sustentar nas grandes cidades, cuidar dos filhos, pegar vários transportes para ir trabalhar e enfrentar horas de trânsito. Mas, para quem quer crescer e se destacar, não faltam oportunidades de fazer cursos de especialização, de se dedicar no trabalho fazendo mais do que é responsável, de atender as pessoas com cordialidade, educação e empatia. Tudo isso faz com que a gente se sobressaia aos olhos dos empregadores, ou de outras empresas que possam ter interesse nos nossos serviços.

Conheço o exemplo de uma pessoa que teve seu primeiro emprego na adolescência como gari, mas ousou ir além. Ele diz que varria o chão todos os dias como se fosse o de sua casa, enquanto os demais garis executavam o trabalho sem cuidado, sem prazer e sem motivação, reclamando que no dia seguinte teriam de varrer tudo de novo. Ele cumprimentava os pedestres e moradores das ruas que varria e era benquisto por todos, ganhava presentes, roupas, lanches. Em pouco tempo, foi considerado o melhor gari e logo foi promovido a auxiliar de serviços gerais em outra instituição. Com seu perfil audacioso, conseguiu terminar os estudos e hoje é professor.

Quantas pessoas que trabalham com atendimento ao público dizem: "Estou apenas seguindo o procedimento", ou "Estou apenas seguindo ordens". Seguir procedimentos não é errado, pelo contrário, é importante e nos torna mais eficientes, mas não podemos ficar bitolados apenas ao que nos mandaram fazer. Não somos robôs que seguem apenas as instruções do programador, devemos raciocinar e buscar soluções criativas para novos problemas que surgirem, flexibilizando os padrões da empresa se achar que o resultado será positivo. Lembrando que podemos também sugerir e questionar os gestores se há a possibilidade de agir de maneira diferente do que foi orientado; possivelmente eles irão gostar de sua sugestão para não perder um cliente.

Devemos ter cuidado, porém, com a ousadia em excesso. É preciso ser cauteloso e nunca experimentar a profundidade de uma poça d'água com os dois pés juntos. Antes de ter uma atitude audaciosa, reflita se ela vale realmente a pena, e, caso haja algum problema no meio do caminho, que você consiga sobreviver bem a ele.

É fundamental, ainda, não dar passos mais largos que a perna. Embora a pressa possa fazer você chegar mais rápido ao seu objetivo, talvez chegue lá sem saúde física ou mental, e, se cair no meio do percurso, a queda será bem mais violenta, pois não construiu uma base firme.

A virtude da audácia deve, ainda, andar junto com a coragem, a confiança e a prudência. E, para desenvolvermos essa virtude, precisamos decidir não nos conformar com o mediano, sendo esse inconformismo de modo construtivo, e não passivo, buscando agir para ir além do que esperam de nós, em vez de permanecer parados nos lamentando.

É necessário ter ciência, no entanto, de que, em determinadas situações da vida, a audácia pode envolver certo grau de risco, como em investimentos financeiros ou na abertura de empresas. Por isso, é importante analisar bem antes de tomar uma decisão, conforme falarei mais adiante, na "Virtude 31: Decisão".

Você pode até não ter sucesso em algumas ocasiões em que for ousado, porém, todo fracasso faz parte do aprendizado, e a lição aprendida o levará mais rápido até o sucesso. Com o tempo você saberá dosar o quanto pode ser audacioso em cada área da vida. Arrisque-se a ir além do que esperam de você!

VIRTUDE 13

« AUTOCONTROLE »

Se uma pessoa deseja perder peso, parar de fumar, parar de fazer dívidas, parar de roer as unhas ou ter equilíbrio emocional para enfrentar conflitos, certamente ela precisará ter autocontrole. Perceba que esta virtude é a base para muitas outras, como a calma, a paciência, a tolerância e o equilíbrio emocional. Ela permite que tenhamos o controle sobre nossas emoções, assim como das reações diante de tentações ou situações desagradáveis.

Diariamente, vemos notícias de brigas que acabam em morte, discussões no trânsito sem necessidade e pessoas gritando e reclamando em filas por conta da demora. O que há em comum entre essas pessoas é que elas agem por impulso, quase automaticamente, sem refletir sobre as consequências de seus atos antes de uma reação. Nesse contexto, se um indivíduo sem autocontrole tiver uma arma ao seu alcance, por um simples impulso poderá acabar matando alguém.

Quando treinamos o autocontrole, grande parte de nossos problemas possivelmente irá sumir. Isso acontece porque, conforme identificou Stephen Covey no livro *Os 7 hábitos das pessoas altamente eficazes*, existe uma relação de noventa para dez por cento sobre o que podemos e o que não podemos controlar, respectivamente.

Segundo Stephen Covey, não são os eventos externos que determinam como será a nossa vida ou o nosso dia, embora eles possam interferir no resultado. De tudo o que acontece em nossa vida, só não temos controle sobre dez por cento, ou seja, temos total controle sobre os outros noventa por cento, sendo que o resultado final será positivo ou negativo a depender de como reagimos aos fatos.

Somos nós que decidimos, por exemplo, se iremos gritar com um filho porque ele quebrou algum objeto importante, e como consequência receber uma bronca do cônjuge, que não concorda com essa reação, e passar o resto do dia chateado e brigado com o cônjuge e o filho; ou então reagir de modo controlado, perguntando ao filho se ele se machucou e, se estiver tudo ok, questioná-lo sobre como poderia ter evitado isso, para ajudá-lo a perceber que deve tomar cuidado na próxima vez que brincar. No segundo caso, a criança aprende com sua própria experiência, e não com o medo do sermão dos pais, e a família toda permanece unida, sem discussões e aborrecimentos.

Portanto, se quisermos viver bem, devemos parar de responsabilizar os outros pelo nosso mau humor, pela nossa irritação e agressividade e passar a nos perguntar: o que posso fazer para estar bem comigo mesmo e com os outros?

Uma boa técnica para desenvolver o autocontrole é, primeiramente, identificar em quais situações você é tomado por um impulso negativo; planejar que tipo de reação positiva você deveria ter; e, quando perceber que esse tipo de situação vai acontecer, dê a si mesmo um tempo para pensar melhor antes de agir, de dois a cinco segundos, e então reaja conforme o planejado. Com o tempo, essa reação se transforma em hábito e você terá adquirido o autocontrole.

No início do tratamento para eliminar esses vícios emocionais, caso você seja uma pessoa que se irrita com facilidade e sente muita raiva, procure deixar claro para as pessoas, em momentos de descontrole, que não se sente confortável para tratar sobre o assunto e que em outra oportunidade, quando estiver com a cabeça fria, retomará a conversa. Após adquirir esse costume, chegará um momento em que não precisará aguardar para esfriar a cabeça, pois não se zangará mais.

Quando os pais, por exemplo, costumam perder a cabeça com os filhos e gritar com frequência, as crianças percebem esse comportamento como sendo normal e seguem seu exemplo. Mas, a cada grito dos filhos, esses pais costumam gritar mais alto ainda, criando-se assim um círculo vicioso. É importante que os pais não percam o controle de suas emoções, principalmente na frente das crianças. Se elas gritarem por birra, os pais devem falar baixo e não satisfazer a vontade delas no momento, pois estariam premiando uma atitude negativa, fortalecendo esse tipo de comportamento. Algumas estratégias para lidar com isso é deslocar a atenção da criança para outra coisa, falar que só irá conversar quando ela se acalmar e, se necessário, sair do ambiente para que ela perceba que essa atitude não chamará a atenção dos pais, como ela deseja.

É importante também alertar os filhos, desde pequenos, sobre os vícios, os impulsos e as compulsões, explicando as consequências que esses comportamentos podem acarretar na vida, na família e na sociedade. Dessa maneira, eles poderão crescer já com as virtudes necessárias para evitá-los.

A bebida alcoólica, por exemplo, que infelizmente é bastante presente na sociedade e socialmente aceita, mesmo que consumida em pouca quantidade pode trazer consequências devastadoras ao longo dos anos. Para desmistificar a ideia equivocada de que está tudo bem se beber com moderação, diversas pesquisas afirmam que beber álcool em qualquer quantidade é prejudicial à saúde, aumentando o risco de câncer, principalmente nas mulheres.

Estudos realizados há mais de quarenta anos sugerindo que ingerir álcool ocasionalmente seria saudável ao coração já foram desmentidos pela comunidade científica há algum tempo. Porém, pouco se tem propagado, ao menos aqui no Brasil, sobre os erros estatísticos tendenciosos nesses estudos, que consideravam como abstêmias, ou abstinentes, as pessoas que tinham parado de beber em consequência de alguma doença ou da idade, em vez de pessoas que nunca beberam. Ou seja, pessoas que bebiam foram comparadas com pessoas que pararam de beber e, portanto, já estavam propensas a ter ataques cardíacos.

Segundo o professor Tim Stockwell, diretor do Centro de Pesquisas sobre Dependência Química da Universidade de Victoria, no Canadá, não há nenhuma vantagem bioquímica no hábito de beber álcool. O consumo moderado dessa droga traria apenas eventuais benefícios sociais, por deixar a pessoa mais desinibida. Ainda segundo Stockwell, existem pelo menos sessenta formas diferentes de o álcool fazer mal ou matar, além das doenças mais comuns, como as de fígado. Nas mulheres, as consequências do consumo do álcool podem ser até piores que nos homens, pois qualquer quantidade de consumo já aumenta o risco de desenvolver câncer de mama, e ainda prejudica a fertilidade.

Como já mencionei na "Virtude 11: Atividade", o álcool é uma droga psicoativa que deixa a pessoa com pouco reflexo, afeta o raciocínio e a capacidade de tomar decisões, além de ser prejudicial para muitas partes do corpo, podendo causar câncer na boca, na laringe, na faringe, no esôfago, no estômago e no fígado. Até as pernas e as mãos podem sofrer, a exemplo da síndrome de Wernicke-Korsakoff, frequentemente causada pelo consumo excessivo do álcool, que causa uma progressiva dificuldade para andar, perda de massa muscular e falta de coordenação. O álcool ainda afeta a capacidade de o organismo combater infecções virais, diminui a quantidade e a qualidade do esperma no homem. Uma única dose excessiva numa mulher grávida pode resultar em anomalias nas crianças, provocando inclusive deficiências mentais.

Conforme estatísticas, no Brasil, o álcool ainda é o maior culpado pelas mortes no trânsito (60%) e pelos homicídios (72%), sem contar as milhares de mortes causadas pelo câncer. Portanto, o consumo de álcool é, cada vez mais, um problema de saúde pública.

Considerando que o álcool é uma droga que reconhecidamente faz mal para a saúde e causa milhares de mortes por ano, mesmo que o indivíduo não se preocupe com os malefícios para a sua saúde, deveria ao menos se importar com a educação dos filhos. A criança ou o adolescente que possui pais que consomem bebidas alcoólicas provavelmente também irá querer beber, e ninguém terá controle sobre ele e sobre a quantidade que irá ingerir. Portanto, será corresponsabilidade dos pais os problemas que os filhos tiverem com o álcool no futuro.

Segundo o médico especialista em fígado e professor Luís Caetano da Silva, autor do livro *O fígado sofre calado*, qualquer pessoa que bebe sofre danos em seu organismo, seja a quantidade que for. Ele relata que, como o álcool é tóxico, ele agride o fígado, o pâncreas, o músculo cardíaco e o coração como um todo, o sistema nervoso central, os nervos periféricos, as glândulas, os testículos, e assim por diante. As lesões vão surgindo devagarinho, e, quando menos se espera, é diagnosticado com algum problema sério, a exemplo da cirrose hepática. Infelizmente, muitas pessoas só largam o vício do álcool quando já estão com a saúde debilitada.

Existem muitos outros prazeres na vida que não precisam de uma injeção forçada de dopamina pelo cérebro para nos dar prazer e que não envolvem riscos à saúde física e mental. Como falei anteriormente, nosso cérebro libera dopamina quando comemoramos nossos sucessos, e isso nos motiva a continuar firmes com nossos objetivos. É por isso que, nos grupos de alcoólicos anônimos, as pessoas ganham medalhas de acordo com a quantidade de dias, meses ou anos que estão sem beber. Para que comemorem as pequenas vitórias e sintam prazer em permanecer sóbrias.

Em vez de ensinar que a bebida só deve ser utilizada após os 18 anos, os pais deveriam educar seus filhos para nunca consumirem o álcool. Embora existam as leis proibitivas, a maioria das pessoas começa a beber justamente na adolescência, e, por ser a fase da rebeldia, na qual há muita inconsequência, alguns acabam perdendo a vida cedo. Sejamos bons exemplos, de saúde e de virtudes, e não nos arrependeremos do resultado de uma boa educação.

Existem algumas estratégias que ajudam a ter autocontrole quando o objetivo é eliminar algum vício (cigarro, bebida alcoólica, drogas, jogos de azar, compulsão por comida ou por compras):

1. Estabeleça metas realistas. Um mau hábito não se muda de uma hora para outra, e uma mudança brusca tende a falhar logo no início, ocasionando uma desmotivação prematura. Ou seja, evite atitudes drásticas.
2. Imponha limites aceitáveis. Para quem quer emagrecer, por exemplo, pode estabelecer que no máximo duas vezes por semana e em dias específicos pode sair da dieta. Quem deseja acabar com algum vício pode diminuir pela metade o uso na primeira semana, na segunda semana diminuir novamente pela metade, e assim sucessivamente até estar totalmente livre (essa tática pode ser acompanhada de auxílio médico, se necessário).

3. Não desanime se não estiver obtendo sucesso. Suas estratégias podem ser modificadas, e o importante é nunca desistir. Faça exercícios mentais imaginando que irá conseguir, sendo sempre otimista e seguro de que alcançará o sucesso.
4. Use sistemas de recompensa ou penalidade. Como recompensa, o dinheiro que foi economizado com determinado vício pode ser utilizado para um passeio ou uma viagem. Como penalidade, poderia doar uma quantia de dinheiro proporcional aos erros que cometeu.
5. Evite a má influência. Temos amigos ou familiares que, infelizmente, nos incentivam a seguir um comportamento destrutivo, o que não é uma atitude amiga. Fique atento e converse com eles sobre os seus objetivos. Se houver insistência, analise a possibilidade de se afastar momentaneamente dessas pessoas.
6. Fuja das tentações e conte aos amigos sobre seus objetivos. Eles poderão ajudá-lo e assim poderá diminuir a quantidade de tentações. Se você tem impulso por compras, por exemplo, em vez de continuar com o costume de passear no *shopping*, mude o ambiente e faça um passeio ou uma caminhada num parque.
7. Mantenha-se ocupado com outras atividades. Em vez de ficar pensando o tempo todo no seu vício, arranje outra atividade, envie mensagens para um amigo que sente saudades, estude, faça cursos. Faça também meditação diariamente, fechando os olhos por alguns minutos, e preste atenção apenas na sua respiração para esvaziar a mente.
8. Retire do seu vocabulário a frase "Só mais esse" e passe a dizer "Não preciso mais disso!".
9. Analise a causa do vício ou da falta de controle e atue sobre ela. Às vezes, quando você acredita que está livre de um vício, apenas o substituiu por outro. Isso acontece porque a causa não foi tratada. As causas mais comuns são os sentimentos de abandono, rejeição, tristeza, ansiedade e estresse.
10. Pesquise textos técnicos que tratem sobre o vício que possui. Será uma boa motivação entender melhor sobre os malefícios que ele traz, e os benefícios em acabar com ele.
11. Entenda que as suas ações do passado produziam consequências negativas para o corpo ou para a sociedade e reafirme diariamente que você não as repetirá.
12. Espere pelo menos 24 horas para decidir se algo é realmente importante e necessário para ser comprado, caso seja um comprador compulsivo.

13. Procure auxílio médico especializado ou de instituições. Se for necessário, consulte um especialista da área ou participe de grupos de apoio (nutricionista, psicólogo, psiquiatra, *coach*, grupos como o dos alcoólicos anônimos, clínicas de desintoxicação).

O trânsito é o local onde mais vemos as pessoas perderem o controle emocional. É impressionante como ele mexe com as emoções do ser humano tão negativamente, como se a vida fosse um jogo de videogame. Além do impulso em desrespeitar o próximo (jogar-se na frente das pessoas) e do egoísmo exacerbado (não dar passagem para ninguém), constantemente vemos motoristas gritando nas ruas, fazendo gestos obscenos e ainda partindo para a agressão física. Às vezes, quando se está atrás de um volante, o indivíduo esquece que do outro lado existe um ser humano, que também possui sentimentos, e não uma máquina. Se você se sente agredido no trânsito, ou se costuma ser o agressor, quando for dirigir, coloque uma música que goste e cante para relaxar e, nos momentos de incômodo, utilize a estratégia que falei no início do item, planeje com antecedência quais seriam suas reações e, em seguida, pare por um instante para decidir como irá reagir, e aja conforme o planejado.

Já no trabalho, o autocontrole aparentemente é mais fácil de exercer, tendo em vista que o principal motivador é a necessidade de permanecer empregado. Porém, qualquer um pode fingir ter autocontrole e, por dentro, estar se roendo de raiva, com as emoções em caos. Embora esteja controlando suas reações, o mais importante é controlar o nosso interior. Se soubermos acalmar nossas emoções internas, não precisaremos fingir nada para ninguém e não estaremos somatizando problemas que possam se transformar em doenças psicossomáticas, ou seja, doenças orgânicas causadas por nosso psicológico abalado.

Quando um funcionário perde o controle, normalmente é porque já aguentou calado muita coisa e em certo momento acaba explodindo por impulso. Isso acontece porque não desenvolveu bem seu autocontrole, nem as virtudes da aceitação, da paciência e da justiça.

Você deseja viver de bem com a vida e com saúde física e mental? Pare de transferir a responsabilidade pelo seu bem-estar para os outros ou colocar a culpa do seu insucesso nas adversidades das circunstâncias. Assuma as rédeas da vida, se dê um tempo para pensar antes de qualquer reação e seja o gestor de suas próprias emoções!

VIRTUDE 14

« AUTOESTIMA »

Quando sentimos carinho e apreço por alguém, significa que temos uma estima por essa pessoa. Com a autoestima, conhecida também como amor-próprio, o sentimento é equivalente, mas a diferença é que esta virtude está relacionada com nós mesmos. Ela depende de uma autoavaliação sobre nossa vida, nossos sentimentos, nossas emoções e nossas experiências, por isso, pode variar de muito baixa (autoavaliação negativa) a muito elevada (autoavaliação positiva). A autoestima pode ser considerada uma virtude quando essa autoavaliação for elevada, ou seja, quando nos amamos em primeiro lugar, não de modo egoísta, mas nos valorizando, vivendo a nossa vida, sendo o autor da própria história, e não um mero coadjuvante que segue o que os outros mandam fazer. Quem vive apenas para agradar os outros esquece-se de si, fica com a autoestima baixa e possui dificuldades para ser feliz.

Desenvolver esta virtude, portanto, significa nos aceitar como somos, com nossas virtudes e imperfeições, sem nos considerarmos superiores ou inferiores a ninguém; valorizar-nos e ter a vida que queremos e não a que os outros desejam para nós; acreditar em nós mesmos e em todo nosso potencial; e entender que o que fizemos no passado é o que estava a nosso alcance no momento, mas, com o conhecimento que possuímos hoje, temos muito mais capacidade para fazer diferente e sermos melhores que antes.

A baixa autoestima é um dos motivos para os principais problemas emocionais da atualidade: depressão, ansiedade, insegurança, compulsão alimentar, falta de equilíbrio emocional, uso de drogas. E pode ser causada em razão de diversas circunstâncias e situações da vida, como fracassos, vergonhas, perdas financeiras, falta de reconhecimento, falta de afeto e amizades, abuso físico ou sexual, rejeição e críticas pessoais. Porém, todas essas circunstâncias podem ser contornáveis, como você já está aprendendo neste livro.

Quando a autoestima está muito elevada ou inflada, o indivíduo pode se tornar excessivamente egoísta, convencido e narcisista. Ele acaba se achando muito superior aos outros, e o fato de "se achar" já demonstra que possui tantos defeitos quanto qualquer outra pessoa. Normalmente, uma pessoa com essas características aprende a descer do pedestal da pior maneira possível, por meio de perdas de coisas importantes para ela (relacionamentos, emprego, dinheiro). Se você está com esse nível de autoestima, não espere perder o que tem para aprender com a experiência. Procure alterar seus comportamentos desde já, adquirindo, principalmente, a humildade.

Além disso, somos seres muito influenciáveis pelo ambiente e pelas pessoas. Devemos aprender a tirar proveito apenas das coisas boas, que nos permitem crescer, e não focar no que nos faz sentir menosprezados, derrotados ou sem prestígio.

Não devemos deixar a família, os amigos, os colegas do trabalho ou quem quer que seja influenciar negativamente nossa autoestima. Não precisamos da aprovação das pessoas para nos sentirmos bem com nós mesmos. Certamente, devemos ficar insatisfeitos com nossos erros e defeitos, mas apenas a ponto de essa insatisfação provocar uma mudança comportamental, e não de nos martirizarmos e nos considerarmos inferiores aos outros.

Enquanto lê este livro, você deve estar se perguntando qual seria o "eu" ideal, quais virtudes deseja trabalhar, em quais momentos da sua vida ou do seu dia a dia tem errado constantemente e no que precisa mudar a partir de agora para alcançar seus objetivos. Quanto mais vontade e atitude você tiver para se desenvolver e chegar perto desse "eu" ideal, mais elevado estará o seu nível de autoestima. Isso porque, normalmente, ficamos muito satisfeitos em seguir pelo caminho que acreditamos que faça mais sentido para nossas vidas.

Outra estratégia importante para melhorarmos nossa autoestima é alinharmos nossas ações e atitudes com o nosso propósito e nossa missão de vida. Se você não sabe ainda quais são, ao longo do livro você terá a oportunidade de defini-los, principalmente na "Virtude 81: Propósito".

Você já parou para pensar sobre como se enxerga hoje? Ao ler o sumário deste livro e ter uma prévia das 100 virtudes que serão descritas aqui, você já consegue fazer uma lista de suas virtudes e defeitos atuais? Pode desenhar um ponto ao lado das que acha que já possui, e um "x" ao lado das que precisa se dedicar para mudar (faça com um lápis, para poder revisar sua lista ao longo da sua vida).

Se você só enxerga defeitos, pense mais um pouco. Não deixe que algumas situações ruins da vida ou comentários de pessoas negativas diminuam a sua percepção de si mesmo. Não se cobre demais, busque diariamente a sua melhoria contínua e, com isso, já possuirá o suficiente para ter uma autoestima elevada.

VIRTUDE 15

« CALMA »

A calma está posicionada no meio-termo entre a ira descontrolada e a apatia ou omissão. Quem tem calma, tranquilidade, serenidade ou mansidão não se desespera nos percalços da vida, não fica irado diante das dificuldades nem foge dos problemas.

Você já ouviu o ditado "Quando um não quer, dois não brigam"? Esse é o lema das pessoas que são calmas. Porém, não brigar não significa ser passivo, omisso ou conformado. Se flagrarmos uma injustiça, por exemplo, não devemos ficar calados. A indignação não contraria esta virtude, desde que seja controlada. Mas, antes de mostrar sua indignação, é necessário realizar uma análise de risco do ambiente para escolher o momento certo. Você não vai reagir a um ladrão armado, pois poderá se machucar.

O mundo possui muita corrupção, desigualdade, discriminação e falta de respeito pelo próximo. Sejamos brandos, mas nunca omissos, pois isso significa ser conivente com as injustiças. Como disse Aristóteles, devemos nos indignar "com a pessoa certa, na medida certa, na hora certa, pelo motivo certo e da maneira certa".

É necessário ter muita prática e passar por diferentes situações de conflito para conseguir adquirir esta importante virtude. E, para você começar a treiná-la, poderá utilizar o método que eu chamo de "Os 4 Rs" para se recompor e se tranquilizar em qualquer situação:

1. Respirar: se você sentir que está ficando contrariado, pare por um momento para raciocinar e respire calmamente, de dois a cinco segundos.
2. Rezar/reafirmar: caso seja religioso, peça a Deus que lhe ajude a acalmar os ânimos nas situações extremas e lhe permita gerir bem suas próprias emoções. Ou, se preferir, reafirme a si mesmo "Eu sou a calma e ficarei tranquilo com isso".
3. Refletir: reflita se vale a pena dar continuidade a uma discussão que não trará solução e causa apenas mais contrariedades. As pessoas brigam por problemas tão pequenos que poderiam se resolver com uma simples conversa. Pense bem antes de falar ou agir, principalmente com pessoas sensíveis, para não as machucar e se arrepender depois.

4. Relevar: não adianta se desesperar, proferir palavrões ou gritar, nada disso resolve o problema. Pelo contrário, só faz aumentá-lo, pode causar ainda mais desconforto emocional e gerar mais brigas. O melhor a se fazer é aceitar a situação, parar de resmungar e focar na solução com tranquilidade. Não dê valor a bobagens e picuinhas e nunca levante o tom de voz.

Somos responsáveis pelo nosso equilíbrio emocional e ainda podemos ser corresponsáveis pelo dos outros. Por isso, devemos evitar provocar a ira de outra pessoa, pois estaríamos falhando com esta virtude. Se mesmo assim causarmos a ira de alguém, intencionalmente ou não, devemos ser humildes e pedir perdão por fazê-lo perder a calma.

Ao ser menosprezado, desvalorizado ou humilhado por alguém, é importante procurar resolver o conflito de modo elegante, sem agredir ninguém. A violência só gera mais violência. Em vez de reagirmos da mesma forma que fomos tratados, podemos nos impor com respeito, tranquilidade e assertividade. Quando agimos de maneira educada e cordial com alguém que quer entrar em embate, conseguimos desarmá-lo na mesma hora. Assim, estaremos mostrando que o outro não conseguirá tirar a nossa tranquilidade e ele deixará de nos incomodar.

Infelizmente, nem todos possuem capacidade de entender que está agindo de maneira inadequada, ou falando alguma besteira. Às vezes, precisamos aceitar essa dificuldade do outro e relevar com brandura. Inclusive, o problema da falta de compreensão pode estar em nós mesmos, uma vez que ninguém é dono da verdade.

Existem algumas situações no dia a dia em que desejamos ter tranquilidade, mas inconscientemente nosso corpo responde de modo inverso. A ansiedade e o nervosismo, por exemplo, podem tomar conta de nós sem termos tempo para controlar. Se você costuma sofrer de ansiedade com frequência e de modo excessivo, converse com um profissional especializado (psicólogo ou psiquiatra) para ele analisar se você possui algum transtorno, como síndrome do pânico, transtorno obsessivo-compulsivo (TOC) ou transtorno de ansiedade generalizada (TAG).

No entanto, para vencer a maioria das ansiedades você pode tomar algumas providências sozinho, sem precisar utilizar calmantes ou outros remédios controlados, e vou explicar sobre isso um pouco aqui. Lembrando que, se quiser se aprofundar nesse assunto, há uma literatura extensa que ensina a lidar com cada tipo de ansiedade.

Primeiro, identifique em quais momentos você sente os sintomas da ansiedade e do nervosismo, como coração acelerado, tremor nas mãos, fala trêmula, sensação de calor acompanhada de suor, rosto vermelho, gosto ruim na boca, tontura, desmaio, pressão alta, dor de barriga, formigamento nos dedos, perda de força nas pernas, embrulho no estômago. Em seguida, analise os motivos que o levam a ficar nesse estado, para então lidar diretamente com as causas.

Algumas das situações ou medos que mais nos deixam nervosos e ansiosos são: trânsito; falar em público; medo de injeção; medo de viajar de avião; medo de ver sangue; timidez para falar com as pessoas; realização de alguma prova decisiva.

No que diz respeito ao trânsito, uma boa medida para mantermos a calma nos engarrafamentos é ouvir audiolivros (*audiobooks*), *podcasts* ou músicas que lhe agradam. Com isso, você ficará tão entretido que nem perceberá que passou tanto tempo preso no trânsito.

Para reduzir a ansiedade causada pelo medo, uma das coisas a se fazer é buscar o máximo de conhecimento a respeito. Por exemplo, no caso do medo de viajar de avião, compreender que estatisticamente é o transporte mais seguro, com uma probabilidade de 0,00001 por cento de dar algo errado, então o trecho mais perigoso da viagem é o trajeto da sua casa até o aeroporto. Também é possível se preparar previamente quanto aos tipos de movimentos e sensações durante o voo, para não se assustar e piorar a ansiedade.

No caso de uma prova, para um concurso, por exemplo, quanto mais conhecimento sobre os assuntos você tiver, mais capaz se sentirá de ter um bom resultado, e isso diminuirá a ansiedade.

Para falar em público e não ter medo de críticas, do que os outros vão pensar em relação a você, de ser ridicularizado, e de achar que não possui capacidade, deve-se ter ciência de que muita gente possui esse medo, incluindo atores de cinema e apresentadores de televisão; isso é mais comum do que se imagina. Você não precisa ter a desenvoltura de um ator nem falar bonito, devemos nos aceitar como somos, e, caso possua domínio sobre o que vai falar, já tem o que precisa para se sair bem. Outra técnica é, antes de começar o assunto da apresentação, falar algo para descontrair e sorrir com o público; ninguém vai perceber sua ansiedade inicial e ela logo irá embora. E, como no início da fala a adrenalina está alta em nosso organismo, precisamos dissipá-la justamente com a nossa voz, colocando potência nela.

Existe também uma ferramenta poderosa que pode ser utilizada em qualquer momento em que precisamos nos acalmar: a chamada "âncora". Ela pode ser induzida por meio de uma mentalização, ou ser física (algum objeto). Como o próprio nome diz, a âncora é algo que nos ajuda a estabilizar, prendendo a nossa atenção a um objeto ou a uma imagem mental que nos faça ter sensações positivas para o momento.

Cada pessoa deve definir suas âncoras de modo que faça sentido para si e tenha o poder de mexer com suas emoções. Normalmente elas são baseadas nas próprias experiências do passado, alguma situação agradável que a fez se sentir muito bem e tranquila.

Assim, se quisermos uma âncora para nos ajudar a sentir calma no trânsito, ela pode ser, por exemplo, o anel de casamento. A cada vez que houver uma situação que precise de calma, pode tocar na aliança e pensar no significado do objeto para você: "existe uma pessoa em casa que me ama e precisa que eu volte calmo e com saúde".

Uma boa âncora para as situações mencionadas em que ficamos ansiosos é imaginar que você está num ambiente controlável, em que já tenha estado antes e que tenha sido num momento maravilhoso, com ótimas sensações. Nesse caso, para você criar uma cena mental bem real, imagine o ambiente em detalhes: está em casa ou na rua, o céu está claro, chuvoso ou com nuvens; com quem você está nessa cena (sozinho ou com a família, amigos, filhos, etc.); o que vocês estão fazendo (relaxando na praia, tomando água de coco, batendo um bom papo, se abraçando, etc.); quais sons são percebidos (sinos, pássaros, ventania, fogos de artifício, ondas do mar, etc.). Quanto mais informações do ambiente você conseguir juntar na sua cena mental, e quanto mais forte você conseguir imaginar, todas as sensações que você sentiria nesse ambiente controlado se tornarão realidade no momento atual. Um outro recurso associado às âncoras é respirar fundo e devagar, para auxiliar no relaxamento.

A calma também é muito importante em nossos relacionamentos afetivos. Muitas famílias são desfeitas devido à ignorância, à estupidez, e à ausência de calma, paciência, compreensão e tolerância com que se trata o cônjuge. As divergências, que são comuns em todos os relacionamentos, acabam se transformando em discussões pesadas e constantes. E, como a agressão verbal pode ferir mais que um punhal no peito, isso termina fragilizando a união. Para cada divergência ou conflito familiar, é importante que haja um consenso pacífico, principalmente em relação à educação dos filhos. O fundamental, no entanto, mesmo que não exista um consenso imediato, é que exista brandura no tom da voz e nas ações. Isso demonstra que cultivamos o amor e o bem-estar da família.

Ao longo da vida são criadas várias inimizades por falta de calma e tato para falar. Às vezes, uma discussão política acalorada faz com que dois amigos nunca mais se falem. Quando conversamos por meio de mensagem de texto, as consequências são ainda piores, já que as palavras normalmente são frias e sem sentimentos. Percebo que as pessoas possuem mais dificuldade de ponderar a escrita do que a fala, o que deveria ser o contrário, pois ao escrever temos mais tempo para pensar em como tratar as pessoas.

Infelizmente, vemos com alta frequência agressões gratuitas na internet, em sites de notícias, nas redes sociais ou em grupos de mensagem de WhatsApp. Isso acontece porque, como a pessoa não mostra a sua cara, ela se sente mais à vontade para mostrar quem ela realmente é, com todos os seus defeitos. Cito como exemplo os grupos de WhatsApp de moradores de um condomínio, em que o nível de discussão é tão intenso que mais prejudica que ajuda. Às vezes, é melhor sair de grupos assim para não perder o nosso tempo com discussões bobas e não criar inimizades com vizinhos.

Seria ótimo se participássemos apenas de grupos construtivos, que nos engrandeçam e nos deem alegria, e não de grupos baixo-astral que atrapalham o ritmo positivo de nosso dia. Digo o mesmo de outras atividades, como assistir a programas de televisão. Deveríamos evitar os que só trazem desgraça e nos deixam com ódio, ansiosos e revoltados.

No trabalho, também é muito importante desenvolvermos a tranquilidade, para evitar o cansaço ou estresse de nossa rotina diária e as pressões inerentes às atividades.

Na época de nossos pais e avós não existia telefone celular, computador, congestionamentos diários no trânsito. Eles viviam com mais tranquilidade e tinham mais tempo disponível para outras coisas. Porém, com a modernidade, veio um turbilhão de informações a serem processadas por nós diariamente. Nos grandes centros urbanos vemos os funcionários viverem praticamente em função do trabalho, ficando pelo menos doze horas por dia fora de casa, contando o tempo do translado, almoço e trabalho.

Estima-se que a quantidade de informações que uma criança de 7 anos possui hoje é equivalente ao que um imperador na época da Roma Antiga possuía. Esse é um dos motivos da síndrome do pensamento acelerado, identificada pelo Dr. Augusto Cury em seu livro *Ansiedade*, que resulta do excesso de atividades e estímulos sociais a que somos submetidos diariamente e dificulta o desenvolvimento de nossa inteligência emocional, de como refletir antes de reagir, de expor, e não impor, ideias e de se colocar no lugar do outro.

Evitar ou minimizar estresse é uma tarefa difícil, mas que conseguiremos se formos organizados e desenvolvermos as técnicas para ter autocontrole e calma. O ideal seria que as empresas percebessem o nível de cansaço e estresse dos funcionários e buscassem automatizar algumas atividades, contratar mais funcionários e eliminar tarefas e burocracias desnecessárias. Mas, como o trabalhador não tem controle sobre isso, o que pode fazer é se organizar, utilizar lista de prioridades para trabalhar e outros métodos de organização, como o GTD (*getting things done*), criado por David Allen em seu livro *A arte de fazer acontecer*, para aumentar sua produtividade.

Devemos nos dedicar ao trabalho e buscar a eficiência, mas sem agonia e com serenidade. A saúde deve estar sempre em primeiro lugar, e nenhum dinheiro paga a perda da saúde que o estresse causa, como a pressão arterial alta e os problemas cardíacos. Se um chefe, por exemplo, lhe demanda algo com urgência, dizendo que "é para ontem", é porque ele não foi organizado suficientemente para pedir com antecedência, então, ele deve ter compreensão caso não seja possível atendê-lo.

Seja no lado pessoal, social ou profissional, não perca a sua tranquilidade por conta de bobagens; a vida é muito curta para perdermos tempo sentindo raiva, irritação ou ansiedade por algo que ainda nem aconteceu. *Carpe diem*, aproveite o seu dia da melhor forma possível e não permita que nada tire a sua paz!

VIRTUDE 16

« CARIDADE »

Enquanto "amar" é querer o bem do próximo, a caridade é a demonstração desse amor. Assim como devemos amar a todos, a caridade também deve ser praticada com todos, sem distinção, independentemente de classe social e religião.

Jesus Cristo, o homem mais sábio de que se tem registro na história, disse que veio ao mundo para servir, e não para ser servido. Ele foi um grande líder e até hoje nos serve de exemplo, com bilhões de seguidores dos seus ensinamentos. O seu maior legado para a humanidade foi exatamente a propagação do bem e do amor por meio da caridade.

Por existir hierarquia profissional, familiar e social, muita gente pensa que nasceu para ser servido, e não para servir ao próximo. Alguns indivíduos agem como se fossem estrelas, o centro do universo, deuses na Terra, superiores a todos, e não se importam com ninguém além deles mesmos. Muitos gestores de empresas são assim e não sabem que o líder, assim como Jesus, é aquele que serve a sua equipe, que ajuda no desenvolvimento de cada funcionário e valoriza o seu lado humano, pois só assim terá o retorno positivo que tanto deseja.

Podemos servir ao próximo de diversas maneiras, e não apenas com dinheiro, como muitos imaginam que seja um ato de caridade. Veja alguns exemplos:

1. Ouça com atenção e sem julgamentos o desabafo de um amigo que está com problemas, doando o seu tempo em prol do outro.
2. Ajude uma pessoa idosa ou portadora de necessidades especiais a atravessar a rua.
3. Doe alimentos, roupas ou dinheiro para famílias necessitadas.
4. Faça visitas a hospitais, a asilos ou à própria família, doando alegria.
5. Doe sangue para ajudar a salvar vidas.
6. Retire um objeto grande do meio da rua para evitar acidentes.
7. Oriente um colega de trabalho que seja menos experiente numa atividade.
8. Promova ações comunitárias, como atividades esportistas ou educativas.
9. Pratique sua profissão gratuitamente com quem não tem condições de pagar por esses serviços, a exemplo do médico, dentista, advogado, psicólogo, contador, engenheiro, entre outros.
10. Ore pelo bem do próximo, mentalizando a solução para os seus problemas. Parece pouco, mas já é alguma coisa!

11. Fale com as pessoas com tato, calma, paciência, tolerância, empatia, respeito, consideração, compreensão, compaixão, cordialidade, ternura, humildade, etc.
12. Divulgue e compartilhe conhecimentos que possam fazer a diferença na vida das pessoas.

A verdadeira caridade é aquela que não deseja nada em troca, o único retorno que interessa é o bem-estar do próximo e, por consequência, o seu também. Além disso, não deve ser ostentada, quem ostenta está querendo se promover, e não ajudar de fato. A divulgação só é necessária para angariar mais colaboradores para propagar o bem.

Muita gente diz: "Ah, não faço mais isso para fulano, ele não se importa comigo e nem reconhece meu esforço, é um ingrato!", mas, mesmo que não haja agradecimento, isso não é motivo para deixar de exercer a caridade e querer o bem do próximo. Apenas fique atento para não ser inconveniente, querendo ajudar quem não precisa de apoio, ou alguém que esteja se aproveitando de você.

Toda religião tem a caridade como propósito principal, tanto para o bem emocional dos frequentadores, que aprendem a ser pessoas virtuosas, quanto para as comunidades necessitadas, que recebem doações e auxílio dessas instituições. Para quem quer praticar a caridade e não sabe como fazer, a maneira mais simples é procurar alguma instituição que promova ações humanitárias.

Para mim, escrever este livro é praticar a caridade. Ele faz parte da minha missão pessoal de contribuir para a evolução das pessoas. E se ele ajudar pelo menos uma pessoa a alcançar os seus objetivos já ficarei feliz. Caso você goste do livro e acredite que ele possa fazer a diferença na vida de alguém, de algum parente, amigo, colega de trabalho ou prestador de serviço que o atende, faça também a caridade e o dê de presente a essas pessoas.

Todos nós desejamos um mundo melhor. Percebo isso observando as redes sociais, onde muita gente demonstra sua insatisfação com governos, injustiças, desigualdades, discriminações, porém, são poucos os que de fato chegam a tomar uma atitude concreta de transformação, por achar que a responsabilidade é inteiramente do governo e de instituições, ou porque é difícil sair da zona de conforto.

O governo de fato é o responsável por executar as políticas sociais, desenvolver a economia, a saúde e a educação. Porém, como a sociedade é formada por todos, e não apenas por políticos, cada um também é responsável pelo desenvolvimento do país e não devemos colocar a culpa só em terceiros ou nas adversidades da vida. A mudança começa em nós! Não significa que temos de ser passivos diante dos problemas do governo e da corrupção. Precisamos, sim, lutar para que exista uma reforma política e econômica, mas não podemos deixar tudo nas mãos do governo e esquecer que existem pessoas muito mais necessitadas que nós precisando de ajuda neste exato momento. Não podemos esperar que o governo faça tudo por nós, temos de tirar a bunda da cadeira e partir para a ação!

Ir às ruas protestar contra o governo ou postar nas redes sociais mensagens de revolta também não é suficiente. A revolta por si só não vai fazer instantaneamente as pessoas terem mais direitos e o que comer. Quem precisa de ajuda não aguenta esperar um governante cumprir o seu papel de representante do povo e fornecedor das condições básicas de sobrevivência. Se cada um fizer a sua parte, mesmo dentro de sua família ou no seu "mundo interior", adquirindo mais virtudes e sendo bom exemplo para a sociedade, a mudança virará uma bola de neve que contagiará cada vez mais gente. Precisamos agir agora para que nossos filhos e netos recebam de nós um país com menos desigualdade social e com o meio ambiente mais saudável e preservado. Como disse Mahatma Gandhi: "Seja a mudança que você quer ver no mundo".

Os jovens de hoje serão os políticos de amanhã, portanto, se houver uma boa educação agora, alicerçada na obtenção de virtudes e no desenvolvimento da inteligência emocional, no futuro (quem sabe?) teremos políticos mais justos, que invistam na educação, na saúde e na segurança da população, em vez de estarem unicamente preocupados em desviar dinheiro público para as suas contas pessoais.

Deixando a política e a nossa indignação de lado, podemos começar a praticar caridade com as classes econômicas menos favorecidas da sociedade. Nesse caso, o tipo de ajuda mais comum é a doação de alimentos, tanto por ser uma necessidade básica do ser humano, que causa sensibilização na maioria das pessoas, como também por ser de baixo custo: com menos de dez reais você consegue comprar um quilo de alimento e diminuir um pouco a miséria de quem não tem condições para encher um prato de comida. Como diz o ditado: "Saco vazio não para em pé!", então, faça o que puder para ajudar aquele pai de família a alimentar suas crianças. Mesmo que seja pouco, isso permitirá que ele tenha forças para buscar um emprego com o qual possa sustentar sua família. Existem várias creches de crianças carentes que sobrevivem por meio de doações, você pode procurá-las diretamente ou por intermédio de instituições religiosas e fazer esse tipo de caridade.

O mau hábito mais presente na humanidade é o egoísmo e, infelizmente, onde mais encontramos esse mal é nas classes econômicas mais abastadas. Quem trabalha com arrecadação de donativos sabe bem que as pessoas economicamente mais pobres costumam ser as mais solidárias. Talvez seja por isso que elas são chamadas de humildes, pois, com o pouco que possuem, ainda assim têm prazer e disposição de partilhar e servir ao próximo.

O egoísmo está enraizado na humanidade de tal forma que contamos nos dedos as pessoas que conhecemos que são puramente altruístas. Desde que nasce, o bebê chora para que seus interesses individuais sejam atendidos, e durante muitos anos a criança é servida por todos. Se não houver uma educação voltada para o amor ao próximo e à caridade, o egoísmo poderá crescer nela, sempre a fazendo colocar suas necessidades, opiniões e interesses à frente de todos com quem se relaciona. Por isso, a caridade é uma das principais virtudes que devemos exercitar e propagar para termos um bom relacionamento interpessoal e, consequentemente, uma vida mais feliz.

Quem pratica a caridade não está beneficiando apenas o outro, mas também a si mesmo. O altruísta se sente bem com isso e, vendo tantas pessoas mais necessitadas que ele, percebe que os seus problemas são muito pequenos em relação aos demais. Assim, ele consegue ter mais forças para enfrentar as próprias dificuldades. Praticar a caridade, inclusive, é um ótimo remédio para quem possui depressão.

Existem até mesmo instituições que geram comprovante de doação para que você possa abater o valor na declaração de imposto de renda, ou seja, o imposto que você pagou pode ser direcionado para a caridade. Assim, pelo menos você saberá para onde está indo parte de seu imposto.

É importante salientar ainda que ser rico não é um pecado. Muita gente enxerga o rico como uma pessoa ruim, que não entrará na porta estreita do reino dos céus. Esse é o tipo de pensamento que impede o crescimento profissional das pessoas, que passam a vida, às vezes, infelizes por não terem coragem de sonhar mais alto e serem ousadas. Muitos ricos trabalharam duro para conseguir o que têm e são os responsáveis por movimentar parte da economia, desenvolver o país e gerar empregos para a sociedade. Para quem exerce essa bela missão, o retorno financeiro será apenas consequência de seu esforço em servir ao próximo. Ter dinheiro não é errado, o problema é a ganância que cega e faz a pessoa passar por cima de qualquer um.

O dinheiro não torna as pessoas ruins, ele apenas dá o poder para elas mostrarem seu verdadeiro caráter. O dinheiro é ótimo se for bem administrado, e, quanto mais tivermos, maior a chance de termos uma boa qualidade de vida e de praticarmos o bem. Ter uma vida confortável é maravilhoso, e é algo que podemos buscar sem peso na consciência. O inadequado, porém, é quando se gasta exageradamente com futilidades, sem se importar com as pessoas que não possuem o mínimo necessário para sobreviver.

Lembrando que algumas coisas consideradas pela sociedade como futilidade na verdade são importantes em nossa vida, como o lazer. A vida é difícil para todos, mas, se tivermos condições de fazer uma viagem com a família ou sair para nos divertir, esses momentos de lazer e descontração nos dão saúde física e mental. É preferível que se gaste com lazer que com remédios. Mas, claro, sem exagero e ostentação. Vemos muito desperdício e ostentação na sociedade que, se fossem utilizados para o bem comum, gerariam uma grande melhoria na vida de todos!

Pratique diariamente a caridade, exercendo o amor que você possui pela humanidade. Tanta gente costuma jogar na loteria, consegue mobilizar grandes grupos para fazer um bolão, mas, quando é para se falar em ajudar as pessoas, diz que não tem dinheiro ou tempo para isso. O mundo precisa de pessoas do bem, altruístas, muito mais do que de políticos. Nunca se esqueça disso!

VIRTUDE 17

« COERÊNCIA »

Ser coerente significa não se contradizer em seu discurso e atos. O que você fala e pensa é comprovado pela sua atitude. Esta virtude é muito importante na educação dos filhos, em relacionamentos e também na vida pessoal e profissional.

Quanto à educação, vemos muitos pais dizerem para os filhos: "Faça o que eu digo, mas não faça o que eu faço". Perceba que isso tem grandes chances de dar errado. Se o próprio pai e mãe, que são o nosso maior exemplo, não fazem o que falam, não têm como esperar que os filhos andem na linha e não sigam o seu mau exemplo. A palavra dos pais não terá validade e ainda deixará a criança confusa. O mesmo acontece na relação entre chefe e subordinado: se o gestor não dá o exemplo, os funcionários não irão se motivar a seguir uma regra que nem o seu chefe segue.

Devemos ser coerentes o tempo todo e em qualquer lugar, mesmo quando ninguém estiver nos observando. Algumas pessoas costumam se comportar de um jeito na frente de determinado público e totalmente diferente na frente de outros. Por exemplo, vemos pessoas que na igreja são religiosas fervorosas, mas com a família são agressivas e impulsivas. Mas, afinal de contas, se sabemos que algo é errado, por que erramos e ainda reclamamos de quem também faz a mesma coisa?

O ser humano reclama dos corruptos, mas paga para o guarda de trânsito livrá-lo de uma multa, frauda a declaração do imposto de renda para pagar menos impostos, arruma atestado médico para faltar ao trabalho, e muitas outras coisas. A grande questão é que as pessoas possuem muita dificuldade de olhar para dentro de si e fazer uma autoanálise. É muito fácil apontar o dedo para a falha dos outros, difícil mesmo, e necessário, é ter atitude para assumir seus erros e desenvolver as próprias virtudes.

Além disso, as pessoas cobram muito das outras por algo que nem elas mesmas fazem. Querem que alguém se lembre delas e ligue para conversar, mas nem elas fazem isso; querem ser tratadas com amor, mas nunca demonstram afeto por ninguém. Seja coerente e dê o exemplo daquilo que espera que os outros sejam com você.

VIRTUDE 18

« COMPAIXÃO »

Ter compaixão é perceber o sofrimento alheio e se compadecer, querer ajudar de alguma maneira, seja com uma palavra de conforto, com um apoio financeiro ou até mesmo com uma oração. A compaixão é o sentimento primário de quem se solidariza ao necessitado e o que impulsiona o ato de caridade. Quem não possui esta virtude é indiferente ao próximo, não se importa com a dor das pessoas, e crê que o problema do outro é só dele, cabendo a ele mesmo contornar os seus obstáculos.

Embora seja uma habilidade pessoal muito nobre, deve-se ter cuidado, no entanto, para que a compaixão não se transforme em pena ou culpa, pensando que o outro só irá ficar bem se você ajudar constantemente. Não deve ser assim. Se doamos dinheiro todo mês para alguém, por exemplo, estaremos sustentando um determinado estilo de vida dessa pessoa, e não a ajudando a sair de uma situação difícil. Para uma pessoa acomodada, a nossa compaixão e caridade deve ser no sentido de dar apoio moral ou psicológico, e não financeiro, caso contrário, a pessoa necessitada ficará eternamente dependente de nós e nunca irá se desenvolver sozinha. Existem milhares de pessoas que não trabalham porque é mais cômodo para elas receber dinheiro dos outros ou de benefícios sociais. Devemos estar atentos a isso, pois, em vez de estarmos ajudando, estaremos prejudicando, permitindo que fiquem ainda mais acomodadas.

Tem gente que se faz de coitada para enganar quem tem um bom coração. Há quem possua, ainda, a síndrome do coitadismo ou do vitimismo, que só enxerga problemas, e só se atém a coisas que dão errado na vida. Portanto, é importante analisarmos bem a história e situação do outro, para então escolher a atuação mais adequada a cada caso. Às vezes, o lobo em pele de cordeiro pode ser até um familiar nosso que relata problemas de doença, falta de dinheiro para comer, mas aí você percebe que nos fins de semana ele constantemente vai para boates, *shoppings*, anda de táxi e gasta com futilidades.

Quem ganha o suficiente para ter um padrão de vida simples não deveria gastar desordenadamente para sustentar um padrão mais elevado do que é capaz. Essa pessoa não precisa de ajuda para sustentar seus gastos inadequados, e sim compaixão para ajudá-la a se organizar melhor e a manter as despesas dentro do seu orçamento. O problema dela é a falta de planejamento financeiro, e não de dinheiro.

Muitos não sabem o que é sentir compaixão porque não se dão oportunidade de olhar para o lado. Por isso, precisamos tirar o olho do nosso umbigo e prestar mais atenção nos que convivem conosco e nas pessoas carentes da sociedade. Às vezes, quem está bem próximo de nós pode estar passando por alguma dificuldade ou sofrimento emocional e precisa pelo menos de um ombro amigo.

Nas famílias, os pais devem ter muito cuidado com o excesso de proteção e ajuda aos filhos. A compaixão é muito importante, mas no sentido de educá-los para a vida e prepará-los para a realidade, e não de resolver tudo por eles. Alguns pais evitam até mesmo que os filhos passem por frustrações, impedindo-os de desenvolver a superação e a resiliência. O cuidado exagerado poderá causar retardo na maturidade e na independência dos filhos. Eles devem aprender desde cedo a ser independentes, pois, quando chegarem à fase adulta, será menos sofrido viver sem os pais por perto para cuidar deles. Sabemos que o mundo é difícil para todos, mas as crianças precisam crescer com a ideia de que só serão alguém na vida com o esforço próprio. Mesmo que os pais sejam ricos e venham a ajudar de alguma maneira na vida adulta, faz parte da educação da criança saber que cada um é o responsável pelo próprio crescimento pessoal e profissional e que o único apoio que devem esperar é com a educação.

Com os amigos, como falei anteriormente, na "Virtude 5: Amizade", é no momento de aflição que se percebe quem são os amigos de verdade. São eles que permanecem ao lado prestando solidariedade e apoio emocional. Assim, ao desenvolver a sua compaixão, você estará fortalecendo suas amizades.

No trabalho, a compaixão é essencial principalmente nas profissões da área de saúde (médico, enfermeiro, psicólogo, fisioterapeuta, etc.), uma vez que o profissional precisa, de certa forma, "sentir" o que o paciente está sentindo, para que saiba a gravidade e possa analisar a melhor maneira de tratá-lo. O quanto antes o paciente recuperar a saúde, acabando logo com seu sofrimento, maior sucesso terão os profissionais da saúde.

Infelizmente, existem médicos que não se interessam pela cura rápida do paciente. Preferem continuar ganhando dinheiro pedindo vários exames e exigindo que os pacientes voltem a eles diversas vezes para reavaliação. Além disso, a cada remédio que um paciente toma, vai embora um problema, mas prejudica outra parte de seu organismo, precisando cada vez mais de outros remédios. Os médicos sabem disso, mas permitem que isso se torne um círculo vicioso. Em vez de tratar diretamente a causa do problema, muitos médicos prescrevem o remédio como paliativo para tratar apenas o sintoma. Por exemplo, quem está sofrendo de pressão alta, talvez precise controlar o seu emocional e reduzir o estresse. No entanto, muitas vezes é prescrito remédio apenas para controlar a pressão. Dessa forma, a causa do problema permanece e os sintomas irão sempre persistir.

Se você for médico, preze pela saúde do paciente e não vise só o seu bolso, pois ganhar com o sofrimento alheio vai contra várias virtudes. Essa é uma profissão muito bonita e importante, que influencia diretamente a qualidade e a expectativa de vida das pessoas. Esteja atento e trate a causa dos problemas. Caso não seja a sua especialidade, encaminhe o paciente para outro médico que seja qualificado.

Quando você vir alguém em sofrimento, imagine o que você, no lugar dele, gostaria que os outros fizessem por você. Utilize isso para se importar com a dor dele e ajudá-lo da maneira mais adequada que estiver ao seu alcance.

VIRTUDE 19

« COMPREENSÃO »

Você acha que é uma pessoa compreensiva, que entende os sentimentos das pessoas, dá atenção quando é preciso e escuta seus desabafos?

Todos nós queremos que nos compreendam, que nos escutem, que entendam o nosso lado e valorizem o que temos a dizer. Mas muitos se esquecem de que também é necessário compreender o outro.

Assim como é necessário estudar para compreender um assunto técnico e não sermos ignorantes intelectuais, nas relações interpessoais, é preciso analisar e compreender a situação dos outros para não sermos ignorantes emocionais.

Para praticarmos a compreensão e evitarmos, por exemplo, dar uma resposta precipitada ou preconceituosa sobre algum assunto ou atitude de terceiros, é necessário primeiramente compreender o todo, com uma visão abrangente e imparcial, levando em consideração o ponto de vista do outro e os seus sentimentos. Após essa análise mais detalhada, teremos condições de expor nosso pensamento, sempre com compreensão e tato para não agredir ou magoar as pessoas.

Seremos injustos se olharmos apenas pelo nosso próprio ponto de vista. É daí que nasce a intolerância seguida de discussões desnecessárias. Sem a compreensão, portanto, não teremos relacionamentos pacíficos e menos conflituosos, tanto em nosso lar como na rua ou no trabalho.

É importante observar que a compreensão não é apenas para ser sentida. Devemos demonstrá-la por meio de gestos e diálogo, para que o outro se sinta compreendido.

Na família, alguns homens pensam que a esposa deve ser submissa e atender a todos os seus desejos, como se fosse uma escrava. Esse é um exemplo clássico de incompreensão familiar. Esses maridos querem voltar do trabalho e ver o jantar na mesa, as crianças arrumadas, a casa limpa e a esposa bonita para recebê-los. Acreditam que devem ser responsáveis apenas por trabalhar e colocar dinheiro na casa. E o pior, ainda justificam a incompreensão com base no que a Bíblia diz: que a mulher deve ser submissa ao marido.

O que a Bíblia prega não é uma submissão no sentido literal da palavra, que envolve inferioridade, de fazer o que o outro manda e se anular, mas no contexto de ser dominado pelo amor. Inclusive, não apenas a mulher, mas ambos devem ser "submissos" um ao outro, ao amor que possuem, formando uma parceria baseada no amor, na fidelidade, na lealdade e na compreensão. Nos relacionamentos, não deve existir hierarquia, mas sim dois parceiros para a vida, um apoiando o crescimento do outro, cada um com suas responsabilidades.

Mesmo que a esposa seja dona de casa em período integral, não devem existir cobranças e incompreensão. Cada um deve ter as suas responsabilidades, e não significa que o outro não possa ajudar quando houver necessidade. Na situação em que os dois trabalham, ambos chegam em casa cansados e as atividades do lar podem estar pendentes se não tiverem um colaborador na casa. Como um não sabe como foi o dia do outro, muitos acabam sendo incompreensivos, com cobranças quanto à limpeza, organização ou atenção aos filhos, assim, acabam descarregando o estresse do trabalho em cima da própria família.

O problema é que muitas pessoas costumam ter uma alta expectativa em relação às outras. E, quando a sua expectativa não é atendida, vêm as cobranças e reclamações.

Pela falta de compreensão conjugal, as pessoas se limitam a olhar apenas para as coisas negativas que o cônjuge fez ou deixou de fazer, e esquecem todas as positivas que foram realizadas. Isso acontece não só na família, mas com os amigos e no trabalho.

Se você for o incompreensivo da família, entenda as dificuldades inerentes à atividade do lar e procure saber se o outro está cansado e precisando de ajuda na sua tarefa. O simples ato de oferecer ajuda já demonstra afeto, compreensão e que você se importa com o outro.

Existe também muita incompreensão dos pais com os filhos e vice-versa. Os filhos não compreendem que tudo que os pais fazem é por que querem sempre o bem deles. Devido à idade e experiência, os adultos percebem melhor que os jovens os riscos envolvidos em suas atitudes, por isso, é por amor que os pais às vezes precisam ser firmes e impor limites.

Quando a incompreensão é da parte dos pais, é importante que compreendam que cada pessoa possui a sua personalidade e apresenta dificuldades distintas. Dessa forma, uma atitude igualitária com os filhos, ao contrário do que muitos pensam, pode ser maléfica. Perceba, por exemplo, que uma criança pode ter dificuldade de aprendizado e a outra não, e precisar de mais carinho e atenção que a outra. Portanto, os pais devem buscar conhecer melhor cada filho, com suas virtudes e imperfeições, para selecionar o tratamento mais adequado.

O ciúme entre amigos também é um exemplo de incompreensão. Não somos únicos na vida de ninguém, e não devemos querer a amizade do outro só para nós. Se existe respeito e compaixão, toda amizade é importante, então, mesmo que você não goste da pessoa com quem seu amigo possui amizade, compreenda que ele não é sua posse e tem a própria individualidade. Caso perceba que seu amigo pode ser prejudicado por terceiros, os alertas são importantes, mas a decisão sobre companhias é dele e só lhe resta aceitar.

Nas relações de trabalho, gestor e subordinado devem possuir a compreensão, porém de maneiras diferentes. O gestor deve conhecer as limitações, as habilidades e os interesses de seus colaboradores e ser compreensivo na delegação das atividades, assim como com as necessidades de cada um. Já o funcionário deve buscar compreender que nem sempre fará apenas o que gosta, mas que seu papel é importante e deve sempre se sentir útil ao trabalho.

O segredo para delegar é conhecer profundamente a sua equipe. Para isso, o gestor deve se mostrar presente, participando do dia a dia da equipe e monitorando o desempenho no cumprimento de cada tarefa. Se o gestor abre espaço para a comunicação, é possível que compreenda melhor as dificuldades encontradas pelos colaboradores, percebendo se existe necessidade de treinamento, de novos equipamentos, do desenvolvimento de novas competências, ou até mesmo de remanejamento de setor ou de função.

Também é papel do gestor detalhar a atividade de modo compreensível para o funcionário e estabelecer prazos exequíveis, que possam ser cumpridos. Uma boa prática é solicitar o mesmo tipo de atividade a diferentes funcionários para analisar quem possui o melhor desempenho para a função, atentando-se para que não haja competição exacerbada entre eles.

É recomendável também que o líder tenha uma conversa individual amigável com cada um de seus funcionários, para perguntar, com base nas suas responsabilidades, quais aptidões possuem, o que gostam de fazer e o quanto sentem que estão sendo efetivos numa escala de zero a cem por cento para cada atividade. E, caso não estejam com a efetividade desejada, é importante questionar, ainda, quais competências o funcionário acredita que possa desenvolver, e de que maneira ele pode atuar para que tenha o sucesso esperado. O líder deve ser compreensivo diante das respostas que receberá, para redistribuir as atividades caso necessário, e demonstrar interesse em auxiliar o seu funcionário a se desenvolver. Atendendo, assim, aos interesses do profissional e cumprindo com os objetivos da empresa.

No caso mencionado, o líder consegue um comprometimento ainda maior de sua equipe, uma vez que o próprio profissional é quem estabelece as competências ou virtudes que deverá aprimorar, de modo a desempenhar suas atividades com mais efetividade. E, consequentemente, o líder estará criando uma equipe de alta performance.

Outra estratégia importante para que existam compreensão e respeito no ambiente de trabalho, e que pode ser realizada pelo líder da equipe, é identificar quais são os cinco maiores valores que guiam a vida e as decisões de cada profissional. Dessa maneira, entenderá melhor os perfis comportamentais de sua equipe. Para fazer isso, o líder pode entregar uma lista de valores a cada funcionário, pedir que selecionem os cinco com os quais mais se identificam e confrontar cada um dos valores selecionados junto com cada colaborador, hierarquizando em ordem de importância do primeiro ao quinto. Dentre os valores, podem constar: desafios, família, sucesso, contribuição social, individualidade, liberdade, rotina, excelência, reconhecimento, organização, poder, respeito, integridade, etc.

Nesse contexto, uma pessoa que possui o valor de desafios muito forte talvez não se sinta realizada em uma atividade muito previsível e rotineira. Quem sente que o reconhecimento é muito importante no seu dia a dia pode precisar que o seu gestor dê mais *feedbacks* do seu trabalho. Um colaborador que tem a família como seu valor principal possivelmente deseja que seu gestor seja flexível quando precisar se ausentar por questões familiares. Por isso, é importante compreender os valores de sua equipe, para que possa respeitar e aproveitar o melhor de cada um.

Seja justo com você mesmo e com os outros e compreenda que, quanto maior for sua expectativa em relação aos outros, mais decepção e frustração você terá. E não é porque os outros são incompetentes ou algo do tipo, mas sim por sermos todos únicos e imprevisíveis. A única pessoa de quem você pode esperar fortemente determinado tipo de atitude é você mesmo, incluindo as suas reações diante das situações desagradáveis.

VIRTUDE 20

« COMPROMETIMENTO »

Estar comprometido com algo ou alguém é assumir um compromisso e se esforçar para que ele seja cumprido. Sendo que o grau de envolvimento, dedicação e vontade é o que reflete o quão comprometido o indivíduo está.

Se não tivermos comprometimento com aquilo que nos dispusermos a fazer, tudo vira apenas uma obrigação, e, sem o empenho necessário, nosso desempenho cai e torna-se difícil atingir os objetivos. Isso acontece em tudo na vida, tanto em relacionamentos quanto em atividades do dia a dia.

A falta de comprometimento pode ser consequência de uma insatisfação com o próprio compromisso assumido, ou com outras questões da vida que desmotivam todo o resto. Por exemplo, quem está com problemas pessoais ou na família às vezes perde o comprometimento com o trabalho e tudo em sua vida fica ruim. É preciso analisar as causas que o levaram a estar assim e buscar tratá-las, eliminando o problema ou modificando a sua forma de pensar sobre ele.

Para evitar esse tipo de situação, lembre-se de que todo problema tem solução. Mesmo que seja alguma doença ou algo de que não tenhamos controle, como dizem: "o que não tem solução, solucionado está". Nesse caso, devemos trabalhar nossa aceitação, fé e esperança para que nenhum problema prejudique nossa vontade e nosso envolvimento com as outras áreas pessoais, sociais ou laborais.

Não devemos nos deixar abalar pelas dificuldades e perder a vontade de realização. Se você assumiu um compromisso, não "empurre com a barriga", dedique-se para que mais tarde não se sinta culpado ou arrependido por não ter obtido sucesso. No entanto, se não se sentir preparado para determinado compromisso, ou se não tiver mais interesse no seu envolvimento, desde que seja algo possível de declinar, é melhor decidir não seguir em frente que insistir e atrapalhar o seu bem-estar e o de quem mais estiver envolvido.

O namoro e o casamento, por exemplo, são compromissos que, para darem certo, precisam ser nutridos constantemente com manifestações de amor e diálogos abertos e sinceros. Em qualquer relacionamento, ambos precisam se fazer feliz e deixar o outro contente e satisfeito com a relação. Se forem comprometidos, a vida nunca será uma rotina entediante e sem amor, e não é necessário despender muito esforço para isso. Pequenos gestos podem ser feitos e percebidos como uma forma de valorizar a relação, como: trocar mensagens para saber se o outro está bem, dar um abraço apertado, entregar uma carta de amor, preparar um jantar especial, fazer algum elogio. Se não quiser perder um grande amor, como diz a canção *Oração de São Francisco*: "é dando que se recebe". Portanto, ame para ser amado! E a virtude do comprometimento é essencial para que o amor resista ao tempo.

Ao ter um filho, os pais assumem um compromisso para o resto da vida, de amar e educá-lo para seguir o caminho do bem, mas, infelizmente, alguns pais não reconhecem essa responsabilidade e causam traumas muitas vezes irreparáveis para o filho. Procriar não é brincadeira e exige um bom planejamento familiar. Se não está preparado psicologicamente e financeiramente, é melhor buscar antes seu desenvolvimento pessoal e profissional.

Colocar uma criança no mundo é fácil, porém, dar uma boa educação não é para qualquer um. O mais saudável para todos é que os casais esperem o melhor momento para isso, em que estejam ambos realmente preparados para esse compromisso.

Se a dádiva da gravidez acontece sem planejamento, lembrando que ninguém está livre disso, já que todo método contraceptivo possui um percentual de falha, os pais devem se comprometer com aquele ser que virá ao mundo. O aborto é o pior crime que existe, pois o feto não possui a possibilidade de autodefesa e não tem culpa alguma de surgir num momento em que não existe uma boa estrutura familiar. O esforço para conseguir criar o filho em condições adversas será muito maior, obviamente, mas deve ser realizado com muito amor para que ele cresça saudável e seja uma pessoa de bem. E não se esqueça de que é nas adversidades que encontramos a melhor oportunidade de crescer, portanto devemos ser gratos por tudo.

No que diz respeito às suas amizades, você possui comprometimento com seus amigos? Acredito que sua resposta será sim, mas, quando combinam algum encontro, você sempre comparece, ou, se não tiver como ir, avisa com antecedência? Você chega no horário combinado para que ninguém fique esperando? Pontualidade é uma das coisas mais difíceis de ver no Brasil, tanto que virou costume (não declarado) só começar a se arrumar a partir da hora em que já deveria estar no local. O pensamento de quem faz isso pode ter uma razão egoísta: "é melhor o outro ficar esperando do que eu", ou pode ser por conta do próprio costume de achar que todos irão fazer o mesmo e chegar atrasados. O fato é que os compromissos precisam ser mais bem combinados para que ninguém se sinta desvalorizado.

Já no trabalho, são vários os motivos que podem impactar negativamente o comprometimento das pessoas. Veja algumas causas externas e internas que afetam o comprometimento:

1. Gestores autoritários que causam constrangimentos e assediam moralmente os funcionários.
2. Falta de reconhecimento ao esforço desempenhado, tanto por meio de *feedbacks* quanto de aumento salarial.
3. Ambiente de trabalho precário, sem cuidado com aspectos de segurança e ergonomia. As empresas descuidam do trabalhador para poder reduzir gastos.
4. Assumir compromissos que não possui competência ou interesse para realizar.
5. Ausência de informações ou equipamentos necessários para desempenhar bem a sua função.
6. Gestores ausentes. Se não existe acompanhamento gerencial, os funcionários têm dificuldade de se motivar sozinhos para o trabalho.
7. Política corporativa do medo: demissão se houver qualquer deslize. O funcionário segue as recomendações por medo, e não por ser comprometido.
8. Salário baixo comparado à quantidade e à qualidade dos serviços pelos quais o funcionário é responsável.
9. Função pouco desafiadora, subutilizando a capacidade do profissional.
10. Falta de interesse pela atividade laboral, não se identificando com a função e ficando no emprego apenas pelo salário.
11. Problemas pessoais que tiram a atenção e o interesse pelo trabalho.

Perceba que, para sermos comprometidos com o trabalho, mesmo com tantas adversidades, precisamos também de muitas outras virtudes se o desejo é permanecer no emprego:

1. Aceitação: nem tudo são flores e toda empresa possui problemas. Saiba que a sua pode ser melhor que muitas outras.
2. Gratidão: existe muita gente desempregada que gostaria de estar no seu lugar. Veja o trabalho como uma bênção, pois é por meio dele que você tem o que comer.
3. Determinação: manter-se ocupado no trabalho tira o foco dos problemas. Use a determinação para seguir em frente e não olhar para baixo para não "cair".

4. Paciência: muitos dos problemas empresariais são temporários. Tudo passa, espere e observe que as coisas vão melhorar.
5. Calma: utilize a sua indignação na dosagem certa para não gerar brigas e desentendimentos. Você precisa das outras pessoas para crescer profissionalmente, por isso, deve procurar deixar o ambiente harmonioso.
6. Automotivação: busque autonomia no trabalho por meio da autogestão. Dessa forma, você mesmo será o responsável pela sua motivação para se dedicar ao trabalho.
7. Responsabilidade: conforme descrito na "Virtude 13: Autocontrole", temos noventa por cento de controle do que acontece em nossa vida, logo, não devemos culpar o gestor, a empresa ou o salário. Na maioria das vezes, a falta de comprometimento é por não termos um propósito pessoal bem definido em relação a nossa própria carreira.
8. Propósito: quando trabalhamos em algo para o qual temos aptidão, nos sentimos úteis e que faça sentido para nós, conseguimos desenvolver a percepção de propósito ou missão de vida. E, quando existe um propósito claro e bem definido, teremos prazer em nos comprometer, independentemente das dificuldades encontradas.

Se mesmo assim não consegue se identificar com o trabalho nem se comprometer com ele, utilize as virtudes do desprendimento, da coragem e da atitude para buscar novas oportunidades que permitam sair de onde está e alçar voos mais altos.

A grande questão da vida não é buscar ser comprometido com algo que não vale a pena para nós, mas buscar aquilo com que vale a pena estar comprometido. Faça isso, e não terá dificuldades em desenvolver esta grande virtude!

VIRTUDE 21
« COMUNICAÇÃO »

Ser comunicativo é ter facilidade para se expressar de maneira clara e objetiva, utilizando tanto a linguagem verbal como a corporal. Além disso, o processo de comunicação não depende apenas de quem fala, mas também do ouvinte. Por isso, quem transmite a mensagem precisa certificar-se de que não houve ruído na conversa e o seu interlocutor compreendeu exatamente o que se pretendia expressar, estabelecendo assim uma comunicação completa e efetiva.

Esta é uma virtude tão especial que, devido a sua complexidade, Howard Gardner definiu a linguística como uma das nove inteligências emocionais, conforme descrevi na introdução deste livro. E, como toda mudança de hábito, precisa de treinamento para ser alcançada, embora não seja algo simples e rápido de se conseguir. Você não pode, depois que terminar de ler este item, simplesmente dizer: "A partir de agora sou uma pessoa comunicativa". Isso é algo que demanda tempo e depende da personalidade da pessoa, do seu manancial de conhecimentos e do desenvolvimento de outras virtudes, como assertividade, objetividade, coragem, autoestima, segurança e sociabilidade.

Quem é tímido, por exemplo, possui mais dificuldade em obter esta virtude, pois normalmente não quer expor suas opiniões, com medo do julgamento dos outros. Como não se arrisca a falar, temendo não saber se expressar durante a conversa, prefere ficar calado. E, tendo em vista que o segredo para ser comunicativo é a prática, essa pessoa terá uma forte barreira inicial a ser rompida.

Deve-se ter cuidado também com o exagero do uso da comunicação, que pode se tornar um desrespeito. Quem fala demais e não deixa o outro falar acaba não sabendo se a comunicação está sendo efetiva e não escuta a opinião do outro. A conversa vira um monólogo cansativo e entediante, e não será visto como uma pessoa comunicativa, mas como um chato tagarela. Como diz o provérbio: "Deus deu ao homem dois ouvidos, dois olhos e uma boca para vermos e ouvirmos duas vezes mais do que falamos".

Seguem algumas estratégias úteis para sermos mais comunicativos:
1. Estimule o seu cérebro a pensar e raciocinar cada vez mais rápido: leia livros de assuntos diversos para aumentar o conhecimento e o repertório de conversas; e faça exercícios ou jogos de raciocínio lógico.

2. Formule bem a ideia na cabeça antes de falar, assim você não se perde durante um diálogo, mas cuidado para não perder a concentração no que o outro estiver falando.
3. Comunique-se mais pausadamente, para ordenar bem as ideias, e com a entonação adequada (coloque potência na voz e varie a velocidade ao pronunciar algumas palavras-chave conforme o contexto da frase). O interlocutor conseguirá acompanhar melhor seu raciocínio, facilitando a compreensão.
4. Seja franco e sincero, mas sempre com tato.
5. Melhore a autoconfiança e a autoestima. Todo mundo tem defeitos e ninguém é melhor que ninguém. Caso fale algo errado, você terá a chance de aprender o certo, e isso é muito melhor que ficar na ignorância.
6. Mantenha o foco no assunto iniciado pelo interlocutor, exercitando a escuta ativa. A conversa ficará mais agradável se você demonstrar interesse e der continuidade ao assunto dele.
7. Pratique na frente de um espelho ou de uma câmera filmadora como se estivesse conversando ou realizando uma apresentação, observando a sua linguagem corporal (expressões faciais tranquilas e movimento leve das mãos) e entonação da voz (tom firme para que escutem com clareza).
8. Faça aulas de teatro, curso de oratória ou participe de dinâmicas de grupo.
9. Ao falar, imagine que você é uma pessoa comunicativa, pois essa simulação pode se tornar realidade com o tempo.
10. Puxe assunto sobre um tema corriqueiro com alguém que não conheça muito bem ou procure saber coisas sobre essa pessoa, como a profissão, formação acadêmica, etc.

Infelizmente, a maioria das escolas e universidades não costuma promover o desenvolvimento desta virtude na sala de aula. Geralmente, a forma utilizada para o aprendizado é passiva. O professor fala, o aluno só ouve, estuda sozinho em casa, decora tudo, faz a prova e depois esquece o que "aprendeu".

O aluno não é estimulado a falar durante a aula, não aprende a correlacionar as disciplinas entre si e com a vida cotidiana, e, como o que aprende parece não ter muita aplicabilidade, acaba se esquecendo de tudo logo após a prova. Isso é uma pena, pois a sala de aula é o ambiente mais propício para desenvolver a comunicação. O estudante deveria ser motivado a questionar o que não entende e saber o porquê das coisas para assimilar melhor os assuntos. Desde o ensino fundamental, as aulas deveriam promover mais interações entre os alunos e com o professor. Isso facilitaria o aprendizado acadêmico e ajudaria a desenvolver a comunicação, além de adquirir várias outras virtudes.

As crianças costumam ser bastante ativas para brincar e falar, por isso, elas não aguentam passar a aula inteira quietas, acabam tendo conversas paralelas e o professor ainda perde tempo reclamando para que todas fiquem caladas. Seria muito mais produtivo se toda essa energia, em vez de ser bloqueada, fosse utilizada de forma construtiva no âmbito da aula, numa educação interativa.

Hoje em dia, os professores ainda concorrem com os *smartphones*, que são muito mais atrativos para o aluno que uma aula monótona. Na educação do futuro espera-se que o ensino tenha mais interatividade com o mundo tecnológico e mais interações entre todos. Um novo modelo baseado na coparticipação dos alunos poderá desenvolver ainda o autoaprendizado, gerando seres humanos mais comunicativos, independentes, concentrados, com senso crítico, menos tímidos, e que valorizem a inteligência emocional.

As crianças costumam ser questionadoras, ativas e criativas, mas a sociedade recrimina tanto essas atitudes que elas acabam perdendo essas características tão importantes para a vida e para o mercado de trabalho. Realmente, temos muito que aprender com as crianças! Seria muito positivo para o futuro delas se fossem ajudadas a voar cada vez mais alto, de forma controlada, em vez de terem suas asas cortadas.

A comunicação também é fundamental para se ter um casamento saudável. Isso parece óbvio, mas muitos casais possuem essa dificuldade. É pela comunicação e pelo diálogo aberto que é possível conhecer os sentimentos e as necessidades do outro, bem como conversar sobre as atitudes dos dois que desgastam a relação. Muitos casais brigam e não sabem nem o motivo; isso pode acontecer também porque cada um tem uma maneira peculiar de demonstrar o amor ou de se sentir amado.

Segundo Gary Chapman, autor do livro *As cinco linguagens do amor*, as maneiras mais comuns de se expressar o amor são:

1. Palavras de afirmação: fazer elogios quanto à aparência, roupa ou atitude; encorajar o outro a vencer os desafios, demonstrando confiança de que ele(a) é capaz; falar com carinho e sem irritação.
2. Qualidade de tempo: fazer atividades juntos sem dividir atenção com outra coisa, ou seja, dando inteira exclusividade ao(à) companheiro(a). Na hora do jantar, por exemplo, não ligar a televisão e se dedicar ao outro, compartilhando experiências, pensamentos e emoções.

3. Presentes: para quem recebe presentes, significa que o outro estava pensando em você, e tanto faz quanto custa, pode ser um brioche da padaria de que tanto gosta, um chocolate, um jantar especial ou um cartão de amor.
4. Gestos de serviço: ser prestativo em casa, realizando mais do que já é responsável; por exemplo, resolver os problemas da casa, como uma lâmpada queimada, pendurar uma prateleira na parede, etc. Esses gestos são compreendidos como uma atitude de dedicação para o bem-estar do casal.
5. Toque físico: quem possui essa linguagem do amor sente necessidade de receber carinho, estar junto aconchegado, dar abraço, andar de mãos dadas. Só de estar encostado ou roçar na pessoa já fica feliz. Normalmente são pessoas mais emotivas.

Cada pessoa tem a sua linguagem do amor preponderante. O casal deve se comunicar para conhecer qual a carência do outro e, dessa forma, poder encher o "tanque" de amor dos dois. Às vezes, é fácil perceber de que forma o cônjuge se sente mais amado apenas observando o comportamento dele com sua própria família. Pode-se observar ainda sobre o que mais o outro reclama, que infelizmente é a forma mais comum de saber qual é a linguagem do amor da pessoa.

A comunicação aberta com os filhos também é fundamental. Isso permite que eles contem aos pais problemas pelos quais estejam passando e sejam mais bem orientados. Os filhos que sofrem com a ausência dos pais costumam esconder o que sentem e se educam mais na rua que dentro do ambiente familiar. Eles ficam susceptíveis às influências negativas, que podem levá-los para as drogas (lícitas ou ilícitas), ao sexo sem proteção e sem compromisso e a se tornarem emocionalmente ignorantes.

Os pais são os maiores responsáveis pela educação emocional dos filhos, seja pelo exemplo, seja por meio de conversas. E, para ter uma comunicação efetiva, devem prestar atenção ao tipo de linguagem a ser utilizado, pois o que para um adulto é simples de entender, para a criança pode ser muito difícil. Vemos muitos pais ficarem irritados e gritarem porque a criança não entende o que dizem. Assim, além de a criança ficar confusa, ela vai querer imitar os pais quando se sentir contrariada.

Lamentavelmente, com o mundo estressante em que vivemos, muitos pais terceirizam a responsabilidade da educação para as escolas ou babás. Porém, conforme se diz: "Tempo é uma questão de prioridade". E, se você está sem tempo, talvez esteja priorizando as coisas erradas. Observe que não adianta trabalhar doze horas por dia para dar de tudo para os filhos se você não dá o que é mais importante para eles: a sua presença física e emocional.

É preciso ter muita atenção desde cedo para não se perpetuar na criança, por exemplo, uma timidez que, embora possa ser tratada, percebe-se que faz parte da personalidade dela desde o berço. Entre 8 e 9 meses de idade já é possível notar os sinais de timidez quando o bebê chora ao ver pessoas estranhas ou ao ficar sozinho com elas. É o medo do inesperado que começa a aparecer e que, se não for logo tratado, poderá gerar crianças e adultos tímidos e pouco comunicativos.

Em vez de os pais darem superproteção, pegando a criança no colo toda vez que chorar, devem deixar que ela aprenda a dominar os momentos de perturbação sozinha. É importante promover a experiência na criança de passar por uma situação desconfortável para aprender a ser mais comunicativa. No caso de reuniões com os amigos, por exemplo, é recomendável deixar a criança mais livre para que interaja com todos.

Outra técnica para os filhos aprenderem a ser comunicativos é conversar fazendo perguntas que exijam maior nível de comunicação. Em vez de perguntar "gostou do desenho animado?", pergunte "de que você mais gostou no desenho animado?". Enquanto no primeiro caso ela responderia com sim ou não, no segundo, ela irá exercitar sua memória e elaborar pensamentos mais complexos para expressar melhor o que mais gostou.

Se não formos comunicativos, teremos muitas dificuldades em fazer novas amizades e em permanecer com as antigas. Todos querem ao seu lado pessoas que saibam se expressar, falar a coisa certa na hora certa, brincar quando se precisa descontrair e agir com seriedade quando o assunto assim o exigir. Se a pessoa não é comunicativa, ainda pode ser incompreendida, gerando inclusive inimizades. Percebe-se que as pessoas menos comunicativas tendem a ter uma quantidade menor de amigos. Portanto, uma forma de desenvolver essa virtude é buscar fazer justamente novas amizades.

Estatisticamente, a falta de comunicação ou a sua utilização inadequada é o que gera mais problemas no alcance de resultados no trabalho, e é a causa principal do insucesso de grandes projetos. Veja, por exemplo, algumas situações em que é primordial fazer bom uso da comunicação:

1. Entrevista de emprego: antes da entrevista, o profissional deve se preparar para falar sobre si, sobre seus pontos fortes e fracos na vida pessoal e profissional, além de suas experiências no campo técnico e comportamental. Ninguém é perfeito e nessas horas a sinceridade e a clareza

nas informações são essenciais. É preciso convencer o entrevistador de que você é a pessoa certa para aquele cargo, mas sem ser prepotente.
2. Propagação de conhecimentos: quem não compartilha conhecimento, além de estar dificultando o crescimento dos colegas de trabalho, ficará toda a vida naquela mesma função. Ninguém deve ser insubstituível, você só vai crescer se treinar outra pessoa para exercer as mesmas funções que você faz.
3. Gestão de conflitos: todo profissional precisa ter habilidade para defender suas opiniões com assertividade e resolver conflitos, e para isso é necessário estar aberto a ouvir outras opiniões e respeitar os outros pontos de vista.
4. Negociações: em qualquer relacionamento, quando algo está em negociação, a comunicação pode ser utilizada para se buscar um resultado que seja bom para todos (ganha-ganha). E, quando isso não é possível, deve-se saber perder às vezes para poder ganhar em uma próxima vez.

Aceite a sua personalidade (introvertida ou extrovertida) focando nos seus pontos fortes, mas não deixe de aprimorar diariamente a sua comunicação. Ela é essencial não apenas para termos bons relacionamentos, mas também para abrir um grande leque de oportunidades de crescimento profissional. A sua escalada do sucesso depende disso!

VIRTUDE 22
« CONFIANÇA »

Quando as pessoas acreditam em nós, no que falamos, em nossas habilidades e atitudes, diz-se que somos confiáveis ou de confiança. E, para conseguirmos esse feito, é preciso desenvolver algumas competências, como respeito, sinceridade, verdade, honestidade, excelência, segurança e fidelidade. Assim, quem é confiável consegue guardar o segredo que lhe foi confiado (respeito), não conta mentiras para obter vantagem sobre os outros (verdade), não pega para si o que não é seu (honestidade), quando é demandado para um serviço faz sem enrolação (excelência) e é fiel em seus relacionamentos (fidelidade).

Para que sejamos vistos como pessoas confiáveis, é necessário não só agir de maneira saudável e correta, mas também cativar o outro por meio da simpatia, alegria e empatia. Por isso, considero esta uma das maiores virtudes que podemos ter, por englobar tantas outras e pela sua importância para sermos bem-aceitos pela sociedade, pela família e pelos amigos.

Além da busca em sermos confiáveis, é importante que saibamos também identificar em quem podemos confiar. Tem gente que costuma dizer: "Eu não coloco a mão no fogo por ninguém". Ou seja, não confia em ninguém, nem em si mesmo. Já eu diria que é preciso confiar, desconfiando. Como assim? Bem, se você demonstrar que não confia em alguém, não irá motivá-lo a ser confiável. Afinal, as pessoas gostam que os outros confiem nelas! Porém, se você confia demais, poderá ser enganado facilmente. Devemos ser atentos e cautelosos, impondo limites quando for preciso, mas demonstrando que depositamos nossa confiança no outro.

Para adquirir confiança em alguém, faz parte do processo obter conhecimento sobre a pessoa, por meio de boas referências de quem a conheça ou a partir da própria convivência. Normalmente é um processo demorado, e quando existe uma decepção é muito difícil restabelecer a confiança.

E você, se acha confiável, mesmo quando não há ninguém olhando? Caso possua dificuldades em conseguir relacionamentos duradouros (no amor, com amigos, no trabalho) devido à falta de confiança, talvez você precise urgentemente de uma mudança de hábito. Veja algumas dicas que podem ajudá-lo nessa mudança:

1. Seja sincero. Se você considera que determinado assunto sobre o qual lhe pediram para manter sigilo deva ser compartilhado com outras pessoas, fale de imediato sua opinião. Talvez ele mesmo repasse a informação para quem você entende que deva ter conhecimento. No entanto, se você deu sua palavra de confiança, cumpra!
2. É melhor trilhar o caminho mais tortuoso do que encurtá-lo passando por cima das pessoas. Quem engana o outro para tomar vantagem pode até conseguir o que queria, mas nunca terá orgulho de ter utilizado os meios errados para obter sucesso, e, como consequência, não terá felicidade na posição social em que estiver.
3. Como disse Jesus Cristo, "Dê a César o que é de César". Mesmo que ninguém perceba, não devemos pegar algo que não é nosso.

A confiança é a base de todo relacionamento e deve ser construída mutuamente. Sem ela, o relacionamento perde sua sustentação e pode desmoronar. Em situações extremas, como é o caso da infidelidade, se um não valoriza e respeita o outro, para que estão juntos? Não é mesmo?

Quanto aos filhos, sabemos que o papel dos pais é educá-los para seguirem o caminho do bem. E uma boa maneira de saber se a educação foi eficaz é depositar confiança neles e observar se o comportamento está conforme o esperado. Ao identificar uma situação em que a criança ou o adolescente possa correr o risco de fazer algo errado, os pais podem dizer: "Acredito em você porque sei que é uma pessoa sincera e não mente para a gente", ou "Pode sair com seus amigos à noite, pois sabemos que não se influencia com as más companhias e sabe o que é melhor para você". Os filhos gostam de elogios e não irão querer desapontar quem depositou confiança neles.

Quando os pais possuem atitude rotineira de repreensão, os filhos tendem a continuar no erro, como uma forma de puni-los por não os tratar com carinho e confiança. A fase da adolescência já é difícil por ser um período ainda de descobrimento da personalidade, e a falta de confiança só gerará mais revolta.

Caso a confiança em seu filho já esteja abalada e ele não siga as suas recomendações, será inútil ficar repetindo sempre a mesma coisa. É preciso mudar de estratégia! Alguns pais parecem mais um manual de regras, batendo sempre na mesma tecla dizendo "não faça isso!", "não faça aquilo!", no entanto, o que devem fazer é buscar outras formas de dialogar com os filhos utilizando a criatividade, sinceridade e mansidão.

Uma ótima estratégia é questionar o filho sobre o problema, em vez de recomendar, por exemplo: "O que você acha que poderia fazer para se divertir com segurança e não machucar você nem ninguém?", e em seguida: "Divirta-se e depois me conte como foi!", com isso, o próprio filho poderá desenvolver a percepção de risco, definir como deve se comportar, e será mais provável que se comprometa a agir do modo adequado.

Devemos ter muito cuidado também para confiar nos amigos. No mundo de hoje, com as redes sociais e aplicativos de comunicação, a vida das pessoas está muito mais aberta e acessível. Qualquer informação reservada em mãos erradas pode ser divulgada para uma enorme quantidade de pessoas, como é o caso de fotos ou conversas íntimas que caem na internet com grande facilidade. Geralmente, isso é feito por alguém próximo da pessoa, que deveria ser de confiança e age errado divulgando o que não deve. Por ser um tipo de coisa que dá o que falar, muitas pessoas também compartilham em seus grupos de amigos e logo está na boca do povo. Apesar de a maioria só repassar o que recebeu, comete o mesmo erro do agente iniciador da divulgação. Vemos pessoas perderem seus empregos, seus amigos e até a sua dignidade quando têm suas informações pessoais vazadas ao público, ficando difícil até de sair de casa. Não seja você corresponsável por fazer isso com alguém.

Esses casos acontecem porque se confia muito cedo em pessoas que não merecem a nossa confiança. Muita gente costuma ir para a cama com quem não se conhece nem o nome, o que demonstra a completa falta de senso de em quem devemos confiar. Sem o cuidado necessário, informações reservadas são divulgadas para qualquer um, o que pode gerar um grande prejuízo social e financeiro.

Nós, pernambucanos, somos tão precavidos que, ao atendermos uma ligação telefônica, se perguntarem do outro lado da linha "quem fala?", respondemos imediatamente "você deseja falar com quem?". Ou seja, nem o próprio nome é divulgado para um desconhecido. Existem tantos criminosos criativos neste mundo que todo cuidado é pouco.

No início de novas amizades, por exemplo, é recomendável só conversar sobre coisas que não sejam danosas a você caso caiam na boca do povo, ou que não possam ser utilizadas de maneira inadequada pelo suposto amigo. Com o tempo, poderá observar se algo que você contou foi divulgado para outras pessoas ou não. Além disso, perceba se o novo amigo é falso com outras pessoas, pois é um indicativo de que também poderá fazer o mesmo com você.

Já no trabalho, se um gestor não confia nos serviços prestados por algum colaborador, duas situações costumam acontecer: o funcionário é demitido ou excluído dos trabalhos mais importantes, ficando estagnado na carreira. Nos dois casos, o funcionário terá problemas, tanto financeiros quanto psicológicos; no segundo caso, ele ainda poderá se sentir inútil e subutilizado, executando tarefas muito simples.

O mínimo que um trabalhador deve possuir é a virtude da confiança. Se não possuir, ele estará se enganando, ficando infeliz com o que faz e ainda atrapalhando o local onde trabalha.

Seja uma pessoa confiável, atuando sempre com honestidade e excelência em tudo que faz, e não terá dificuldades em ser muito bem indicado como um ótimo amigo e excelente profissional.

VIRTUDE 23
« CONSCIÊNCIA AMBIENTAL »

Falamos de tantas virtudes interpessoais e intrapessoais, mas não podemos nos esquecer da consciência ambiental, que também é uma virtude essencial para termos qualidade de vida. Afinal, se não cuidarmos de nosso meio ambiente, onde poderemos viver caso ele se torne inóspito e inabitável?

Somos parte integrante da natureza, e uma atitude sustentável beneficia não só a nós mesmos como à população inteira, atual e futura. Ou seja, essa é uma virtude necessária para a própria sobrevivência de nossa espécie.

Todos nós causamos algum nível de impacto ambiental diariamente. A consciência ambiental envolve justamente conhecer qual é esse impacto e buscar minimizá-lo de alguma forma. Observe que o simples ato de respirar significa que estamos retirando oxigênio do ar e adicionando gás carbônico, o qual contribui para o aumento do efeito estufa, que é a principal causa do aquecimento global. Portanto, cada um tem sua parcela de responsabilidade no cuidado com o meio ambiente. Não podemos esperar que apenas as grandes empresas ou o governo atuem de forma sustentável.

A fábula do passarinho e o incêndio na floresta exemplifica bem como devemos agir, mesmo que mais ninguém esteja fazendo algo para preservar o meio ambiente:

> *Certo dia, houve um grande incêndio na floresta, e todas as áreas foram cercadas por um fogo denso. Os animais, atônitos, não sabiam o que fazer e nem para onde correr. De repente, todos pararam e viram que o beija-flor ia até a margem do rio, mergulhava, pegava em seu bico algumas gotas de água, voava até o fogo e deixava a gotinha cair sobre as labaredas. O elefante, vendo aquilo, disse-lhe: "Você está louco? Acredita que essa simples gota pode apagar um incêndio tão grande?". Ao que o passarinho respondeu: "Eu estou fazendo a minha parte, e se todo mundo ajudar com certeza conseguiremos alguma coisa".*

Percebemos que o desenvolvimento tecnológico nas últimas décadas foi bastante acelerado, com o crescimento chegando a um nível exponencial. Porém, há muito ainda a desenvolver no campo de energias renováveis e de redução da poluição. Necessitamos, por exemplo, de soluções tecnológicas que reduzam ainda mais as emissões de gases do efeito estufa, e que capturem esses gases da atmosfera; soluções baratas e em grande escala para a dessalinização da água do mar para consumo humano; e que sejam melhorados o processamento e o controle do lixo que produzimos, aumentando o percentual do que é reciclado.

Infelizmente, ainda há muito pouco investimento nessas questões. Os países e indústrias tentaram dar o primeiro passo, quando assinaram o Protocolo de Kyoto, em 1997. De acordo com esse protocolo, o país que conseguir diminuir as suas emissões de gás carbônico ou metano, atendendo as metas contidas no protocolo, ganha o chamado crédito de carbono. Esse crédito é então negociado no mercado internacional, e quem não conseguir reduzir suas emissões pode comprar os créditos dos países que ultrapassam as metas. Assim, evitam pagar multas e permanecem emitindo uma quantidade alta desses gases no meio ambiente.

Embora o crédito de carbono possa beneficiar mais o mercado que o meio ambiente, nós, como clientes das indústrias, podemos escolher comprar produtos das empresas que são reconhecidamente sustentáveis ou ecologicamente corretas. O consumidor tem o poder de moldar o mercado de acordo com seus interesses e é o que temos visto ultimamente, com tantas empresas aderindo ao *marketing* do produto ecologicamente correto.

Sabemos que os recursos não são infinitos e, para que as gerações futuras possam desfrutar dos mesmos recursos que temos hoje, devemos ter consciência e mudar nossos maus hábitos desde já. Veja algumas atitudes que podemos tomar para reduzir nosso impacto ambiental:

1. Dê preferência ao uso de veículos movidos a álcool ou biocombustíveis, e realize manutenção periódica para evitar consumo excessivo devido ao desgaste do motor.
2. Compartilhe o carro para ir ao trabalho, utilize transporte público ou bicicleta.
3. Opte por percorrer distâncias curtas a pé (padaria, mercado, farmácia, academia, etc.), evitando o uso do carro e ainda prevenindo o sedentarismo.
4. Utilize ventilador em vez de ar-condicionado, caso seja possível, pois alguns sistemas de refrigeração utilizam dióxido de carbono ou clorofluorcarbonetos (CFCs), que trazem prejuízos ao meio ambiente.
5. Consuma água de modo consciente, ou seja, não utilize mangueira para limpar espaços externos em que uma vassoura atenderia; não deixe a torneira aberta quando ainda estiver ensaboando a louça ou escovando

os dentes, espere para abri-la apenas quando for necessário; instale coletores de água de chuva e sistemas de reuso de água da área de serviço; e não permita que existam vazamentos.
6. Consuma energia elétrica de modo consciente: desligue as luzes e os equipamentos eletrônicos que não estiver usando; troque as lâmpadas mais utilizadas da casa por modelos que gastam menos energia (como LED ou fluorescente); dê preferência a eletrodomésticos e a equipamentos eletrônicos que gastem menos energia (eles possuem selo com classificação de consumo tipo A).
7. Evite gastos desnecessários com papel; para isso, cancele o envio de boletos e outros documentos que chegam pelo correio e solicite que seja feito por e-mail; evite imprimir no trabalho documentos que poderiam ser lidos em formato digital; utilize papel reciclado ou certificado sempre que possível.
8. Plante árvores e contribua para a preservação das florestas.
9. Reduza o descarte de plásticos e faça mais uso de biodegradáveis. O copo plástico descartável, que tanto se usa no trabalho, pode ser substituído por uma garrafa ou copo de vidro.
10. Realize o descarte adequado do lixo para evitar contaminação do solo, da água e do ar e para não haver proliferação de animais nocivos ao homem.
11. Convide os amigos para coletar o lixo da praça, parque ou praia que costuma frequentar.
12. Praticar os 4 Rs: reutilizar, reduzir, reciclar e repensar.
13. Faça *home office* para as atividades que sejam possíveis. As vantagens para a empresa são redução de custos e aumento de produtividade do funcionário. Para o funcionário, as vantagens são redução do estresse e ganho de tempo por não enfrentar o trânsito diário, maior flexibilidade de horário, aumento da qualidade de vida. A redução de congestionamentos e, consequentemente, da emissão de gases poluentes também é uma vantagem para o meio ambiente.
14. Reduza o consumo de carne na alimentação, principalmente a carne vermelha, e aumente o de vegetais. Os pastos de gado são os maiores culpados pelo desmatamento da Amazônia.
15. Evite o desperdício de comida, colocando no prato só o que de fato irá comer.
16. Evite comprar animais de estimação e nunca compre animais silvestres. Em vez disso, pratique a adoção de forma gratuita. Não tenha preconcei-

to com os "vira-latas"; eles estão carentes de amor e serão muito gratos a quem quiser cuidar deles.
17. Evite cruzar os bichos de estimação para que não existam mais animais necessitados de cuidado no mundo. Se você coloca os animais para cruzar, impede que outros sejam resgatados ou adotados. Para evitar isso, você pode castrar seus bichos de estimação.
18. Evite marcas de cosméticos ou outros tipos de produto que façam testes em animais.
19. Denuncie crimes ou agressões ao meio ambiente por meio do serviço Linha Verde do Instituto Brasileiro do Meio Ambiente e dos Recursos Naturais Renováveis (Ibama). Confira como denunciar e contatos da instituição no *link* www.ibama.gov.br/cadastro-ocorrencias.

Ter cuidado na hora de consumir produtos ou realizar o descarte adequado do lixo não é trabalhoso, é apenas um hábito diferente com o qual você talvez não esteja acostumado. O meio ambiente é de todos, seja consciente e faça a sua parte. As gerações futuras agradecem!

VIRTUDE 24
« CONSIDERAÇÃO »

Você tem consideração por sua família, pelos amigos, pelos colegas de trabalho ou por qualquer outra pessoa? Quando a gente diz que tem consideração por alguém, significa que temos respeito, apreço ou uma grande estima por essa pessoa e queremos o seu bem. A base para esta virtude é o altruísmo e a ausência de egoísmo, para que consideremos os outros tão importantes quanto nós mesmos, independentemente da posição social, política ou religiosa.

Há quem não tenha consideração nenhuma por ninguém, e há também quem possua em excesso. Os dois casos são danosos não só para quem convive com essa pessoa, mas também para ela mesma. No caso de quem não possui consideração pelas pessoas, o ponto principal a ser trabalhado é o egoísmo, para que deixe de acreditar que é mais importante que os outros, que o mundo gira ao seu redor e que as pessoas deveriam satisfazer seus desejos na hora e do jeito que espera que seja.

Ter amor-próprio é muito importante, mas sem ultrapassar a linha tênue do egoísmo. Não significa que estamos sendo fracos quando damos atenção a uma pessoa, cuidamos dela, ou colocamos a sua necessidade na frente das nossas, desde que seja necessário e ninguém tire vantagem de nós. Pelo contrário, não estamos demostrando uma fraqueza, mas sim uma grandeza de espírito.

Citando alguns exemplos, quando um amigo está doente e precisando que alguém o visite para animá-lo, mesmo que tenhamos algum outro compromisso, se tivermos consideração por ele, cancelaremos esse outro evento para visitá-lo. No trabalho, se temos alguma novidade maravilhosa para contar e algum amigo relatar algum sofrimento pessoal pelo qual esteja passando, se tivermos consideração por ele, deixaremos para contar a nossa novidade em outro momento. Entre um casal, se um dos dois gosta muito de determinado *hobby* (dançar, viajar, etc.) que precise da participação dos dois, se o outro tiver consideração irá acompanhá-lo ativamente.

Quem acredita que seus interesses devem vir sempre em primeiro lugar, e acha que merece qualquer coisa muito mais que os outros, pode começar realizando pequenas ações para parar de dizer "eu" e passar a dizer também "nós" e "eles". Veja algumas atitudes:

1. Se estiver acompanhado, evite ficar ocupado apenas com o celular, a televisão ou outra distração enquanto a companhia deseja sua atenção.
2. Dê espaço para outra pessoa se acomodar ao seu lado quando estiver em qualquer evento ou no transporte público. Alguns homens costumam se sentar com as pernas tão abertas que acabam ocupando dois lugares. Não seja espaçoso e considere o espaço dos outros!
3. Seja pontual, principalmente quando sua presença é esperada. Não deixe que as pessoas o esperem, pois o seu tempo não é mais importante que o delas.
4. Evite provocar barulhos com conversas ou mexer em objetos barulhentos tirando a atenção dos demais em lugares onde se exige silêncio (cinema, teatro, sala de aula, biblioteca, ambiente de trabalho).
5. Fale ao telefone sem aumentar o tom da voz. Algumas pessoas, quando escutam mal, tendem a falar mais alto; isso não é necessário, já que é você quem está ouvindo mal, e não a pessoa do outro lado da linha. Isso atrapalha a concentração de quem estiver no mesmo ambiente.
6. Não monopolize uma conversa ou interrompa a fala do outro, pois isso mostra que você não se importa com o que o outro tem a dizer.
7. Se você não for idoso, gestante ou portador de necessidades especiais, não estacione nas vagas preferenciais.
8. Não obrigue seus colegas de trabalho a passar frio ou calor com temperaturas muito diferentes da temperatura média de conforto térmico (que, conforme a NBR16401, é 24 °C), que prejudica diretamente a produtividade do trabalho.

Por outro lado, quando temos consideração em excesso, deixamos de ter amor-próprio e de fazer as coisas de que gostamos ou que nos dão saúde. É necessário um equilíbrio entre cuidar do outro e cuidar de nós mesmos, e para isso é imprescindível ter discernimento para dizer "não" nas horas certas.

Algumas pessoas deixam de viver suas vidas para viver unicamente em função de um familiar. É importante dosar bem, para se cuidar e não deixar de dar atenção a quem convive ou depende de você.

Todos nós somos igualmente importantes, por isso tenha consideração por todos, seja solícito e dê a atenção que os outros merecem! O mundo dá voltas, e algum dia pode ser você que irá precisar da consideração dos outros.

VIRTUDE 25
« CONVICÇÃO »

Tenho convicção de que eu, você ou qualquer um que queira pode fazer a diferença aqui na Terra. Não precisa ser nada de extraordinário, basta apenas trabalharmos diariamente para eliminar os maus hábitos e adquirir o máximo de virtudes. Assim, estaremos deixando um enorme legado, que é o nosso bom exemplo. Convicção é isso, ter uma certeza, crença ou opinião firme. Essa virtude é necessária não apenas para quem deseja trabalhar a motivação das pessoas, falar sobre a fé ou assuntos religiosos, mas também para educar os filhos para o bem, motivar-se para alcançar os próprios objetivos, ou até mesmo para convencer alguém sobre algum fato.

Precisamos ter muito cuidado, no entanto, para não sermos inconvenientes. Não é porque você tem uma convicção que precisa insistir em convencer as pessoas, principalmente quando o assunto é religião. A outra pessoa pode ainda não compreender certas questões da vida, ou simplesmente não ter interesse pelo assunto. Além disso, não existe uma única religião correta a ser escolhida, portanto, se a doutrina que seu amigo escolheu leva ao caminho do bem, das virtudes, deixe que ele permaneça firme no seu propósito.

Quando falamos com convicção e entusiasmo, temos muito mais facilidade para incentivar ou inspirar as pessoas a seguirem determinado caminho. Todos os grandes líderes precisam desenvolver a virtude da convicção se quiserem motivar as pessoas para o acompanharem, até mesmo pelos caminhos mais tortuosos.

Você deve ter percebido que, quando uma pessoa fala "tenho plena convicção de que...", as outras irão considerar seriamente o que essa pessoa diz. Essa é só uma das formas de demonstrar nossa convicção. Porém, normalmente não é necessário dizer isso, pois o importante é que você mesmo não tenha dúvidas se o que fala é verdade. E ainda tenha seriedade, tranquilidade, naturalidade, autenticidade e intensidade no que fala. Mesmo que seja uma pessoa tímida, se falar com propriedade sobre o assunto, as pessoas perceberão que você possui convicção.

Desenvolva a sua convicção por meio de muito estudo e análise crítica. E a utilize para o benefício de todos, propagando os ideais que realmente valham a pena ser compartilhados.

VIRTUDE 26

‹‹ COOPERAÇÃO ››

Você possui senso de coletividade? Costuma seguir as regras de boa convivência? O seu comportamento é um exemplo a ser seguido? Se quisermos viver em uma sociedade justa e desenvolvida econômica e moralmente, uma virtude importante que precisamos fortalecer em nós é a da cooperação.

Infelizmente, enquanto houver alguém que seja contrário à coletividade, não será possível existir a completa harmonia no trânsito, no condomínio, no trabalho, na política ou no próprio lar. Porém, mesmo assim, por conta de poucos, não devemos permitir que a desordem fique instalada inclusive dentro de nós mesmos. Não é porque todos fazem errado que temos o direito de fazer errado também. Quando atuamos em prol do bem comum, motivamos as pessoas ao redor a fazerem o mesmo.

Da mesma forma, se uma pessoa age conforme os interesses próprios, sem considerar a coletividade, os demais tendem a ficar com raiva dessa pessoa e passam a defender também só os seus interesses. Essas pessoas costumam pensar o seguinte: "Se o outro faz, eu vou fazer também!". A partir daí, cada um age como se fosse único no mundo, sem respeitar e se importar com os outros. Os seres humanos são muito influenciáveis pelo ambiente em que estão inseridos. Por isso, não se deixe contaminar pelas laranjas podres no saco. Cada um possui seus direitos e deveres, e quem os infringe cedo ou tarde irá sofrer as devidas consequências.

Devemos praticar a cooperação e a cidadania em todos os momentos e lugares onde estivermos, mesmo que ninguém mais faça e nos chamem de bobos. O importante é fazermos nossa parte. E, para quem pratica o bem, o retorno dessa atitude com certeza será positivo, para nós mesmos ou para a sociedade. Praticar o bem nunca será em vão.

É normal nos indignarmos com quem age contrariamente à coletividade, mas, em vez de sermos rudes com essas pessoas, podemos ajudá-las a enxergar que também podem cooperar, agindo com compaixão, consideração e respeito. A melhor estratégia é sempre o nosso próprio exemplo.

Em todo lugar existem as regras da boa convivência. E em nosso lar não é diferente, temos o dever de mantê-lo limpo e organizado, não incomodar os demais com barulho, não demorar no banheiro, etc. Cada morador deve cooperar para que todos vivam em harmonia e ninguém fique sobrecarregado com os serviços do lar.

Ainda é comum testemunharmos muitos lares onde a maior carga de trabalho recai sobre a mulher. Se você for mulher e enfrenta esse problema, estude um pouco sobre liderança e aplique os conceitos desta virtude em casa. Se você for homem e permite que a maior carga de trabalho recaia sobre a mulher, estude sobre responsabilidade e entenda o seu papel dentro da família.

Os filhos devem ser educados desde cedo para cooperarem com as atividades do lar, seja para organizar, limpar ou cozinhar. A partir dos 2 anos já é possível entender, por exemplo, que deve jogar roupa suja no cesto, organizar e guardar os brinquedos e, conforme for crescendo, podem ser inseridas cada vez mais atividades.

Mesmo que a criança demore na execução de uma atividade e não tenha tanta qualidade, não devemos pedir que desista. Ela será mais eficiente com o tempo, tenha paciência! Entre 6 e 8 anos, a criança já terá condições de executar muitas atividades sozinha, sem precisar de supervisão, e poderá assumir algumas responsabilidades, participando efetivamente da rotina do lar. Lembre-se, porém, de que para a criança de fato possuir esta virtude não se deve obrigá-la, pois assim ela não terá gosto por cooperar. Ela pode até ajudar naquele momento, mas apenas porque está sendo obrigada, e não devido ao senso de coletividade para cooperar.

Quando se é mais novo, o segredo é fazer tudo como se fosse uma brincadeira, pois a criança vai gostar e fará com prazer. Porém, à medida que vai crescendo, o trabalho fica menos prazeroso, e os pais precisam ajudá-la a compreender o que é o bem comum, e quais são as responsabilidades e os deveres de cada um.

Na sociedade, é comum vermos muitas infrações às leis de trânsito. Não é à toa que só no Brasil existem aproximadamente cinquenta mil mortes por ano causadas por acidentes de trânsito (quantidade maior que as mortes causadas pelo câncer), que são a maior causa de morte de jovens no mundo. Embora a estatística seja alarmante, não vemos muitas mudanças de hábito dos motoristas.

Para termos um trânsito seguro é preciso cooperarmos seguindo as leis e praticando a direção defensiva. Se você já pratica, isso é ótimo, mas além disso ainda precisará ter calma, paciência e autocontrole para não se deixar abalar por situações tensas causadas por terceiros. Seguem algumas orientações básicas, que possivelmente você já sabe, mas é sempre bom recordar para rever seus atos:

1. Siga o fluxo comum dos carros e não fique mudando de faixa toda hora para ultrapassar os outros. Se houver emergência você deve deixar o pisca-alerta acionado e utilizar as faixas especiais de ônibus e táxi.
2. Reduza a velocidade ao se aproximar da faixa de pedestres ou de um semáforo. Se alguém precisar atravessar na faixa onde não exista semáforo, pare completamente o veículo e acione o pisca-alerta até o pedestre concluir a travessia.
3. Dirija a uma distância segura do carro da frente, para que, em caso de frenagem brusca, ainda haja tempo para se livrar de uma batida.
4. Não acelere bruscamente para mudar de faixa se não estiver visualizando todo o ambiente ao redor. Se um carro à frente estiver freando, pode ser que tenha algo na pista que precise de atenção, como um cachorro ou uma pessoa atravessando a rua, e todos os motoristas que estiverem atrás também precisam frear.
5. Dobre nas ruas utilizando a faixa do canto, para não trancar ninguém e não correr risco de batida.
6. Nunca dirija após consumir qualquer quantidade de álcool. O álcool atrapalha os reflexos, e você pode não conseguir impulso para evitar uma batida.
7. Dirija de madrugada com muita atenção aos cruzamentos. Mesmo que o semáforo esteja verde para você, reduza a velocidade para olhar se não estão vindo carros.
8. Efetue ultrapassagem pela esquerda nas estradas apenas quando a pista permitir (faixa tracejada). Se alguém quiser ultrapassá-lo, não atrapalhe, ligue o alerta, reduza a velocidade, e vá um pouco para a direita se a pista for de faixa única. Se houver duas faixas na estrada, siga sempre pela direita, pois a faixa da esquerda deve ser utilizada apenas para ultrapassar e depois retornar para a direita.

Outro tipo de problema ainda recorrente na sociedade é a sujeira nas ruas. Já foram feitas várias campanhas, mas as pessoas continuam jogando lixo no chão. Elas não percebem que essa atitude prejudica o sistema de drenagem das vias e causa enchentes durante as chuvas, podendo trazer ainda doenças para quem pisa na água contaminada.

Ainda hoje, as pessoas dizem "jogo lixo no chão para o gari não perder o emprego" ou "jogo porque não tem lixeira perto". Na primeira frase, além de não cooperar para uma cidade limpa, está desrespeitando o trabalho dos garis.

Além disso, não se pode colocar a culpa em terceiros quando o problema está na própria pessoa, que não tem senso de coletividade. Devemos guardar o lixo até encontrar uma lixeira para poder descartá-lo.

No universo corporativo, a virtude da cooperação é mais conhecida como sinergia ou trabalho em equipe, em que todos perseguem uma mesma meta de modo harmonioso e colaborativo. Cada um com sua atividade específica, mas nunca sozinho, havendo necessidade do conjunto para que o resultado do trabalho seja positivo. Exemplificando, em uma obra de construção civil, existem equipes de planejamento, projeto, compras, construção, montagem, etc., e todas precisam se relacionar entre si sinergicamente, e mais ainda dentro da própria equipe, em prol do objetivo em comum: entregar o prédio dentro do prazo, escopo, custo e qualidade definidos para o empreendimento. Sem essa união, as equipes podem andar em sentidos opostos, prejudicando o alcance do resultado desejado.

Mesmo em empresas em que o trabalhador não necessite de muita interação com os demais da equipe, como é o caso de uma loja comercial, a cooperação também é necessária para se alcançar o bem comum: o lucro e a sobrevivência do estabelecimento. Nesse caso, a cooperação é com a empresa, mas a ação é com o cliente, fazendo os atendimentos com respeito, simpatia, empatia, paciência, calma, gentileza e sinceridade.

Não estamos sozinhos neste mundo, e não podemos pensar unicamente em nossos interesses. Coopere com o bem-estar e o crescimento de todos, e estará ajudando a si mesmo a viver em um ambiente harmonioso e de alto desempenho.

VIRTUDE 27
« CORAGEM »

Precisamos de coragem para muitas situações da vida. Ela é a força que nos impulsiona a termos determinação, disciplina, atitude, ambição, iniciativa, desprendimento, comprometimento, firmeza, entre tantas outras virtudes necessárias para alcançarmos o sucesso. Sem ela ficamos acovardados, amedrontados e paralisados diante dos nossos medos. Não teríamos capacidade nem de ir para a rua sozinhos, vencidos pelo medo de sofrer um acidente ou ser assaltado.

Ao contrário do que muitos imaginam, a coragem não é a qualidade dos que não possuem medo. Um indivíduo que não possui medo não é corajoso, ele é imprudente e não pensa com racionalidade, podendo ser considerado um louco pela sociedade. A coragem é vista como a habilidade de confrontar o medo, de dar um passo adiante mesmo sabendo que aquilo de que se tem medo possa se tornar realidade. Assim, dizemos que somos corajosos quando enfrentamos nossos próprios medos com ousadia, prudência, confiança e fé em Deus.

Para facilitar o entendimento de como podemos treinar a nossa coragem, primeiro vejamos a definição do que vem a ser o medo, utilizando o seguinte exemplo: quando dizemos que temos medo de falar em público, isso significa que temos um receio amedrontador do que pode nos acontecer no momento em que estivermos falando, como esquecer o assunto e não saber o que falar; perguntarem algo que não saibamos responder; ficarmos nervosos e não conseguirmos nos expressar; etc. O medo, portanto, não é propriamente de falar em público, mas do que pode acontecer em decorrência dessa atividade. Assim, caso não tenhamos coragem, iremos evitar qualquer situação em que tenhamos medo do que pode vir a acontecer, o que poderá impedir o nosso crescimento e consequentemente o sucesso pessoal, social ou profissional.

Na busca por essa virtude, devemos primeiro identificar quais são de fato os nossos medos, para então podermos planejar que tipo de reação teremos quando eles se concretizarem. No exemplo anterior, se existe o receio de esquecer o assunto e não saber o que falar, pode-se planejar, caso isso aconteça, de falar para o público: "Esqueci o que ia falar agora, acho que estou ficando velho e esquecido!", ou, sem ninguém perceber, pode-se recapitular o que acabou de falar até recuperar na memória o próximo assunto. Uma ótima estratégia é preparar um roteiro para que possa consultar a sequência dos tópicos a serem abordados durante a apresentação. Só o fato de termos clareza de como vamos nos comportar já nos tranquiliza e nos deixa corajosos para enfrentar o medo.

Outra maneira de desenvolvermos a coragem é obtendo o máximo de conhecimento sobre nossos medos, conforme falei na "Virtude 13: Autocontrole", para que pensemos mais com a razão e menos com a emoção. Todos nós passamos por várias situações emocionalmente difíceis e que nos causam pavor só de pensar que teremos de enfrentá-las. Em algumas pessoas, essa emoção pode ser ainda pior, quando têm alguma fobia, a exemplo da claustrofobia (medo de ambientes fechados) e da acrofobia (medo de altura). No caso da fobia, em que o medo muitas vezes é irracional, ela pode ser tratada com a ajuda de um profissional especializado.

Não esqueça que qualquer crescimento na vida só acontece quando fortalecemos em nós as virtudes humanas e eliminamos nossas deficiências. E, para conseguirmos crescer, é preciso muita coragem para a cada dia sermos melhores, sempre em busca da melhoria contínua, enfrentando o medo de fracassar e, ainda, de ser visto como o estranho.

Como disse Aristóteles, "ser corajoso é ter medo, mas, ainda assim, aguentar firme, porque é correto e belo aguentar". Portanto, faça o que é preciso fazer, resista e siga adiante. Quem fica parado é árvore! Você quer ser uma árvore ou uma águia, que voa livre e alto?

VIRTUDE 28

‹‹ CORDIALIDADE ››

Desde criança, aprendemos com nossos pais que devemos dizer bom dia, com licença, obrigado, por favor. Mas será que depois de adultos continuamos com essa educação? Ou melhor, falamos isso só por obrigação ou porque queremos demonstrar o nosso sentimento de amor e respeito pelo próximo?

Ter a virtude da cordialidade é muito mais que agir com educação; não se trata apenas da ação em si, mas da intenção colocada em nossa atitude. Perceba a diferença, por exemplo, entre pedir licença falando um "com licença" ríspido e irritado e falando "bom dia, senhor, você poderia me dar licença, por favor?", demonstrando que você respeita a pessoa. Obviamente, não precisa falar tão formalmente assim para demonstrar gentileza, esse é apenas um exemplo para ser mais didático. Veja que, na primeira atitude mencionada, o indivíduo acha que é mais importante que os demais, a ponto de acreditar que todos precisam estar atentos para atendê-lo imediatamente no momento em que precisa, e às vezes ainda empurra as pessoas para saírem da sua frente. Na segunda atitude, a pessoa compreende que o outro não tem nenhuma obrigação, mas que ficaria agradecida se ele atendesse ao seu desejo naquele momento. Nessas duas situações, houve o pedido de licença, entretanto só o segundo realmente possui a virtude da cordialidade.

Geralmente, demonstramos cordialidade quando praticamos a gentileza, a amabilidade e a polidez em nosso trato verbal e em nossas atitudes. Veja a seguir como pôr isso em prática:

1. Seja gentil com os idosos ou pessoas com dificuldades de locomoção em ambientes públicos; ceda o assento ou o lugar na fila; ofereça-se para segurar seus objetos caso estejam pesados.
2. Segure a porta para auxiliar as pessoas a passarem, quer seja antes ou depois de você.
3. Deseje um bom dia, com paz, amor e alegria por onde passar.
4. Puxe a cadeira para que sua companhia possa sentar.
5. No trânsito, permita que o carro ao lado ou que esteja saindo de uma rua passe na sua frente. Não vai ser esse gesto de cordialidade que irá atrasar o seu percurso.

6. Pare o carro para um pedestre atravessar a rua, mesmo que não exista faixa.
7. Ajude os colegas de trabalho, principalmente os novatos, compartilhando conhecimentos, tirando suas dúvidas e demonstrando disponibilidade para quando eles precisarem.
8. Fale com quem trabalha em atendimento ao público de forma amistosa, como se fossem amigos. Não temos o direito de ser ignorantes e grossos com ninguém. Se um atendente não estiver realizando um bom trabalho, não resmungue. Devemos tratar o mal com o bem, a sua simpatia poderá fazê-lo perceber que poderia melhorar a sua forma de tratar as pessoas. Às vezes, ele pode estar passando por problemas, e, se você se apresentar com um alegre "bom dia, tudo bem?", talvez a cara azeda possa se transformar e ter de fato um dia melhor.

Tenha cuidado apenas para que a sua cordialidade não seja confundida com um flerte. Caso esteja solteiro, então tudo bem, você pode usar esta virtude inclusive como uma investida amorosa. Afinal, a pessoa que é um exemplo de cordialidade causa uma ótima primeira impressão.

Como diria o Profeta Gentileza: "Gentileza gera gentileza". Portanto, vamos inspirar as pessoas nessa corrente do bem!

VIRTUDE 29
« CRIATIVIDADE »

A palavra criatividade vem do latim *creo*, que significa produzir, gerar, dar à luz. A pessoa criativa, portanto, é aquela que tem habilidades para inventar, criar ou inovar. Normalmente associamos essas habilidades a cientistas, inventores e artistas (pintores, escritores, músicos, humoristas). Porém, embora para essas pessoas a criatividade pareça um dom natural, todos nós também temos a capacidade de ser criativos, basta aprendermos algumas técnicas e treinarmos.

Você já percebeu o quanto as crianças são questionadoras, curiosas e criativas? Possivelmente você também já deve ter sido muito criativo nessa fase inicial da vida! Mas por que será que muitos perdem essa capacidade depois de adultos? Na infância, é comum sofrermos vários bloqueios mentais causados pela própria família, pela escola e pela sociedade. Portanto, perdemos a prática em sermos questionadores e criativos e ficamos enferrujados.

Em algumas famílias, quando alguma criança faz muitas perguntas, os adultos costumam responder irritados: "Para de perguntar, menino!". Muitas crianças têm de seguir o que as mandam fazer sem questionar. Na escola, aprendemos a ser meros repetidores de informação e a não questionar o porquê das coisas. Quando uma criança tem algum amigo imaginário ou começa a criar histórias para brincar, ainda hoje, alguns adultos dizem para ela deixar de loucura e parar de ficar imaginando as coisas.

Depois que saímos da escola, em que muitas vezes éramos ensinados a apenas decorar os assuntos e a reproduzir o conhecimento nas provas, chegamos ao mercado de trabalho e percebemos que precisamos reaprender a ser criativos. Muitos de nós não foram ensinados a dar soluções criativas para as coisas nem ensinados que a criatividade seria uma habilidade muito valorizada e importante na solução de quaisquer problemas em nossa profissão – sendo, inclusive, essencial para quem quer ser um bom empreendedor. Mas como, depois de tantos anos sem praticar, podemos reaprender a ser criativos? Como diria Raul Seixas: "A desobediência é uma virtude necessária à criatividade". Desobedecer aqui, claro, é no bom sentido, o de questionar o porquê das coisas em vez de simplesmente seguir atrás da manada.

E para desenvolver essa maravilhosa ferramenta de resolver problemas, chamada criatividade, seguem algumas estratégias para você treinar a partir de hoje em seu dia a dia:

1. Seja curioso. Como disse o físico Albert Einstein: "Não sou mais inteligente que ninguém, sou apenas a pessoa mais curiosa que conheço". É a curiosidade que nos estimula a irmos em busca de novos conhecimentos, abrindo nossa mente para novas ideias.
2. Não tenha medo de perguntar. Não é vergonha nenhuma desconhecer uma palavra ou qualquer assunto. Ninguém nasce sabendo tudo, devemos aproveitar o momento oportuno para questionar. Quando aumentamos nosso repertório de conhecimento, temos mais chances de desenvolver soluções criativas.
3. Anote as suas ideias no momento exato em que surgirem na sua mente, pois você pode esquecer num piscar de olhos. Como andamos com o celular para todo lado, até no banheiro, podemos utilizar algum aplicativo para fazer esses registros. Ou, se preferir, use um caderno de bolso para escrever à mão.
4. Exercite o cérebro com informações diversas: leia livros ou revistas de qualquer assunto, visite lugares diferentes (museus, teatros, exposições, restaurantes), faça novas amizades, viaje para conhecer novas culturas, coma algo que nunca comeu.
5. Utilize o conceito de "combinatividade", conforme definido pelo humorista e professor de criatividade Murilo Gun. As pessoas acreditam que é muito difícil criar e por esse motivo não desenvolvem a criatividade, porém a criação pode ser utilizada a partir da combinação de coisas existentes para resolver um problema diferente, daí o termo COMBINAtividade em vez de CRIAtividade. Veja como exemplo a criação do pufe-baú, que combinou dois objetos existentes (pufe + baú) para formar um outro, que possui as duas funcionalidades e utiliza melhor o espaço.
6. Faça exercícios mentais imaginando soluções para qualquer tipo de problema. Por exemplo, como reduzir a criminalidade, como resolver a seca no sertão nordestino, como reduzir os lixos jogados nas ruas, etc.
7. Não insista exaustivamente na busca pela solução de um problema. Dê um tempo nos pensamentos, faça outras atividades e deixe o inconsciente trabalhar. A solução pode aparecer enquanto estiver caminhando, tomando banho, lavando os pratos, ou algo que libere o inconsciente para atuar.
8. Ao realizar o *brainstorming* (dinâmica de grupo em que cada pessoa levanta ideias criativas para a solução de um problema), você pode combinar

com o grupo de iniciar com algumas ideias bem absurdas. Isso distrai um pouco e permite que as ideias posteriores, depois da brincadeira, sejam mais criativas, ousadas e aceitas pela maioria.
9. Pense "fora da caixa", ou seja, olhe o problema com uma perspectiva abrangente, fora do padrão usual. Quando mudamos de perspectiva, podemos perceber que existe uma solução muito mais simples e barata que se olhássemos para o problema apenas pontualmente. Tire a lupa da sua visão e visualize o todo.
10. Como diria Murilo Gun: "Não se contente com a primeira resposta certa". Quanto mais trabalharmos nossas ideias, pensando em uma, duas ou três soluções para um mesmo problema, mais criativos iremos nos tornar.

Para as pessoas que desejam ser empreendedoras ou que já são e querem utilizar a criatividade para alavancar seu negócio, devem dar atenção aos seguintes pontos:
1. Não se abale emocionalmente se a sociedade disser que sua ideia não vai dar certo; que todo mundo faz de outro jeito; que não deve mexer no que já está funcionando bem; que não dá para fazer; que sairá muito caro; que não vai ter resultado; que você vai pagar o maior mico; ou que você é muito inocente. Utilize esses comentários para analisar se a ideia inovadora realmente vale a pena e, se mesmo assim fizer sentido para você, arrisque sem se preocupar com o que os outros vão pensar. Se não der certo, ao menos tentou e ganhou experiência com isso.
2. Vivemos num país em que "nada se cria, tudo se copia", como diria o saudoso Chacrinha, fazendo referência aos programas de televisão, e muita coisa que é inovadora não é bem-vista de início. Portanto, sempre encontraremos resistência, inclusive de nossa própria família e das pessoas que mais amamos. Se as pessoas criativas desistissem ao ouvir a opinião alheia, este livro poderia ter sido escrito em uma máquina de escrever (pois não existiria computador pessoal), ou talvez ele nem estivesse publicado. Devemos ouvir os alertas dos amigos e familiares sem reclamar e agradecer a eles pelo apoio, afinal eles só querem o nosso bem, mas, em vez de desistir na primeira crítica, os comentários podem nos motivar a nos empenharmos ainda mais.
3. Busque a opinião de possíveis consumidores, afinal sem eles nenhuma empresa se sustenta. Antes de desenvolver um novo produto ou serviço, é importante realizar uma pesquisa de mercado para identificar as necessidades do público e saber o nível de demanda que poderá ter.

4. Às vezes, é melhor começar a desenvolver seu projeto em segredo até que sua ideia tome um pouco de forma e esteja mais susceptível à aceitação das pessoas. Até mesmo em nosso trabalho, é melhor apresentar uma ideia para o gestor contemplando já os custos estimados de investimento e o ganho que a empresa terá com sua inovação, em vez de apenas falar da sua ideia sem muita análise e receber logo de cara um "não".

A criatividade é importante para todos, mesmo que você seja médico, enfermeiro, dentista, advogado, etc., em qualquer área podemos inovar! É possível, por exemplo, combinar nossas habilidades emocionais com o conhecimento técnico para promover um atendimento diferenciado, criar novas técnicas e procedimentos mais eficientes... Realmente não existem limites para a criatividade. Portanto, reaprenda a ser criativo e utilize isso como o seu diferencial, tanto na vida pessoal quanto na profissional!

VIRTUDE 30
« CUMPLICIDADE »

A virtude da cumplicidade é comumente relacionada com o amor, a amizade e o companheirismo entre um casal. De fato, é onde mais precisamos, contudo podemos desenvolver esta virtude também na relação com nossos amigos e colegas de trabalho.

Ter cumplicidade ou ser cúmplice, pela definição da palavra, significa andar junto, ser parceiro, colaborar com o outro nas suas realizações e compartilhar de um mesmo objetivo. Comparativamente com a definição que consta no Direito Penal, no qual o cúmplice também é considerado responsável pelo crime, não por ser autor direto, mas por ter colaborado ou se envolvido em determinado ato ilegal, o mesmo acontece nesta virtude, em que o cúmplice busca estar envolvido com a outra pessoa, desempenhando um papel de colaborador no seu desenvolvimento, sucesso e bem-estar.

Para afirmarmos que há cumplicidade na relação de um casal, não é suficiente que eles morem sob o mesmo teto e assistam televisão juntos todos os dias. É preciso muito mais que isso! Inclusive, quando se tem um relacionamento à distância, o que sustenta o amor é a cumplicidade. Percebemos a cumplicidade num casal quando um se interessa em saber o que aconteceu no dia do outro e vice-versa; quando querem estar presentes em sua vida, compartilhando os bons momentos, ou dando apoio para superar os momentos difíceis; quando apoiam os objetivos individuais do outro, dando o suporte que for necessário; quando existe diálogo aberto, sabendo ouvir considerando o que o companheiro tem a dizer; e quando ambos se dedicam para prover uma boa educação aos filhos.

Os casais que discutem bastante e não resolvem seus desentendimentos aos poucos vão se distanciando emocionalmente e perdendo a cumplicidade. Não conseguem mais viver em harmonia, agridem-se por qualquer motivo e não compartilham mais os mesmos interesses.

Caso você passe por isso algum dia, e ainda exista o amor entre os dois, o diálogo será a melhor solução para voltarem a viver bem. Ambos devem esclarecer quais atitudes são prejudiciais ao relacionamento e o que cada um pode fazer para melhorar. Tais atitudes podem ser elencadas no papel, para juntos conversarem sobre como podem mudar. O importante é que os dois se comprometam com a mudança e se ajudem mutuamente, lembrando que um novo hábito não surge do dia para a noite, por isso, é preciso também aceitar algumas limitações.

É maravilhoso quando caminhamos na estrada da vida com nosso cônjuge ao lado, com cada um dando o suporte necessário para o crescimento dos dois e não largando o relacionamento diante das maiores dificuldades que surgirem no meio do percurso. Essa cumplicidade alimenta o amor por toda a vida.

Já em nossas amizades, enquanto o "amigo" invejoso fica chateado quando nos vê felizes, e ainda cria problemas para tirar o sorriso do nosso rosto, o amigo verdadeiro é cúmplice, apoia o nosso crescimento e comemora junto as nossas conquistas.

É comum vermos estudantes esconderem informações preciosas, como dicas de livros ou de cursos, que poderiam ajudar os outros a também alcançarem boas notas no vestibular ou em concursos. Em vez de querer crescer junto com os colegas, preferem competir e obter sucesso sozinhos. Quando compartilhamos o que temos de melhor e, da mesma forma, aprendemos o que o outro sabe mais, temos capacidade para crescer muito mais rápido que se estivéssemos sozinhos. Não devemos ser egoístas com os nossos amigos, nem quando eles forem concorrer para uma mesma vaga que a gente para um trabalho ou concurso. O sucesso chegará a quem fizer por merecer. Se o amigo alcançar o objetivo antes de você, fique feliz por ele e saiba que, se ele conseguiu, você também pode conseguir.

No trabalho, quem realiza atividades em equipe com certeza precisará desta virtude. Como o resultado desse tipo de trabalho é único para todos, cada um é importante para alcançar o objetivo em comum. Não adianta querer passar a perna no colega, esconder informações relevantes, sabotar o trabalho alheio, denegrir a imagem do outro, pois no final o resultado ficará comprometido e a sua própria imagem ainda será prejudicada pelo comportamento nada altruísta.

Mesmo que alguém obtenha crescimento na carreira passando por cima dos colegas de trabalho, esse "sucesso" não será merecido e o indivíduo nunca poderá se orgulhar, no bom sentido, de ter chegado onde está. O mundo dá voltas, e, pela lei de ação e reação, em algum momento essa pessoa sofrerá as consequências de suas ações erradas.

Quem atua com cumplicidade, cooperação e união naturalmente já irá se sobressair aos olhos dos gestores e será reconhecido, produzindo um ambiente de trabalho saudável e gerando ótimos resultados para a equipe. Não é preciso prejudicar ninguém, nem ficar bajulando o chefe para aparecer.

É maravilhoso termos cúmplices para compartilhar nossos sonhos e objetivos, em vez de críticos severos e sabotadores. Como disse o grande físico Isaac Newton, "Se vi mais longe foi por estar de pé sobre ombros de gigantes". Por isso, saiba escolher bem os ombros nos quais você deseja se apoiar, para que a cumplicidade reine sempre em ambas as partes!

VIRTUDE 31
« DECISÃO »

Quanto tempo você demora numa loja para escolher uma roupa para você ou para decidir qual presente dará de aniversário para alguém? Embora seja um exemplo simples do cotidiano, quem tem dificuldades em se decidir nas coisas mais simples irá enfrentar um desafio muito maior em outras situações da vida.

A pessoa decidida é aquela que sabe ponderar o que é melhor para si, que tem opinião própria e age conforme entende que é o mais adequado para o momento e que faça mais sentido em sua vida. Se você, por exemplo, pretende ser feliz e ter sucesso em todos os campos da vida, precisa decidir se irá escolher agora o caminho das virtudes, que nos leva até o topo da escalada do sucesso, ou se irá permanecer no beco sem saída dos vícios e das imperfeições, em que só existe amargura, decepção, frustração, estagnação e conformismo.

Não sou eu, nem ninguém, que fará você mudar. É você que deve decidir ser o escritor de sua própria história. Embora neste livro possa encontrar muito conhecimento importante para chegar mais rápido ao sucesso, você é o responsável por analisar tudo que lê e decidir se concorda e deseja aplicar em sua vida.

E isso vale para tudo, não podemos acreditar em tudo que lemos e ouvimos sem antes ponderar se realmente faz sentido. Além disso, devemos filtrar as informações para absorver apenas o que acreditamos ser importante para nós, que nos sirva de alavanca para alçar voo e não de um peso que nos puxe para baixo. Sejamos, portanto, decididos, mas nunca precipitados!

Se não analisarmos em detalhes, para considerar todas as consequências de uma decisão, poderemos fazer uma escolha inadequada que nos levará a um arrependimento no futuro. Devemos tomar cuidado, ainda, com as pessoas que querem influenciar nossas decisões pela insistência e supervalorização de algo que é falso. Nesse caso, a busca de mais conhecimento sobre o assunto é fundamental. A depender da importância e complexidade da decisão, ela deve ser feita no seu tempo, para que se sinta confortável e entenda que é a escolha certa a ser feita.

O indeciso, não se sentindo capaz de tomar uma decisão, costuma permitir que os outros decidam por ele ou deixa que a própria vida se encarregue de levá-lo por determinado caminho, por mais tortuoso que seja. Nunca decide largar o que lhe faz mal, e costuma jogar a responsabilidade de seus resultados negativos para os outros, já que, em princípio, não foi ele quem decidiu. Culpa a sociedade, o patrão ou a família por tudo de ruim que lhe acontece. Porém, a indecisão é na verdade uma escolha. O indivíduo escolhe não ser decidido. Portanto, também será responsável pelos resultados que obtiver.

Quando assumimos a responsabilidade por tudo em nossa vida, fica muito mais fácil superar os obstáculos. As pessoas que não assumem essa responsabilidade ficam culpando eternamente os outros e não fazem nada para sair dos problemas em que estão mergulhadas. Estima-se que aproximadamente oitenta por cento das pessoas estão insatisfeitas com o trabalho que desempenham, e a maioria decide não fazer nada para mudar. Essa é uma quantidade bastante alarmante e precisa ser mudada urgentemente para que as pessoas possam ter uma maior qualidade de vida, além do sentimento de autorrealização. Se você estiver dentro desse grupo de insatisfeitos, não se preocupe, este livro com certeza irá ajudá-lo(a).

Vemos muita gente descontente com o trabalho porque quando eram mais jovens os pais diziam que deveriam estudar para ter um emprego que desse dinheiro, em vez de orientar a ir atrás de seus interesses, de seus sonhos, daquilo que têm mais facilidade para desenvolver e que possam se sentir bem em realizar. Afinal, o dinheiro é só a consequência de nossa dedicação a algo que amamos fazer, e não a finalidade principal do trabalho.

A sociedade em geral valoriza muito mais quem tem formação em cursos que dão bom retorno financeiro, como direito, medicina e engenharia. Assim, o jovem acaba fazendo o que a sociedade ou os pais dizem que é melhor para ele, em vez de tomar a sua própria decisão. Não sei se é o seu caso, mas há famílias em que os pais não permitem que os filhos façam as próprias escolhas, com a desculpa de que devem fazer apenas algo que dê dinheiro. Os pais devem entender que sua responsabilidade é ajudar os filhos a fazerem a escolha profissional mais inteligente para a vida deles, em vez de interferirem decidindo por eles.

Uma boa estratégia é recomendar que os filhos pesquisem ao máximo sobre as profissões em que possuam interesse, por exemplo, quanto à demanda por esse tipo de profissional no mercado de trabalho, às competências necessárias para exercer a profissão, ao perfil das pessoas, aos seus objetos de trabalho, à sua rotina, ao ambiente de trabalho e ao horário em que trabalham. Podem, ainda, entrevistar alguns profissionais para conhecer melhor as dificuldades encontradas na área e os motivos que fazem esses profissionais se sentirem realizados. Com essas informações, o jovem terá mais condições de fazer a sua escolha.

Quando os jovens indecisos que escolheram determinada profissão para agradar os pais atingem entre 27 e 34 anos, eles percebem que estão vivendo o que os outros disseram para fazer, e não algo pelo qual acham que vale a pena lutar. Acabam tendo uma vida infeliz e uma carreira profissional com pouco ou nenhum crescimento. Se você estiver passando por isso, entenda que nunca é tarde para mudar. Você ainda pode assumir as rédeas da sua vida e estabelecer novos objetivos e perseguir suas próprias metas. Enfrente o medo de críticas ou julgamentos, e, caso existam dificuldades e obstáculos no seu caminho, pelo menos a responsabilidade será somente sua.

Veja algumas das situações em que as pessoas mais possuem dificuldade para tomar uma decisão e possíveis caminhos para resoluções:

1. Não se identificar mais com o trabalho: primeiro é preciso verificar se o problema está na profissão, na atividade que executa, ou na empresa em que trabalha. Às vezes, uma mudança de gestão faz toda a diferença em nossa motivação. Após fazer essa análise, deve-se decidir tomar uma atitude de sair da situação atual, seja saindo do emprego, mudando de setor ou de atividade, tomando cuidado para não deixar a família desassistida. Se a decisão for sair do emprego, pode ser mais sábio continuar no emprego atual até conseguir engrenar com o próximo trabalho.
2. Estar em um relacionamento abusivo: algumas pessoas, por falta de opção, por não quererem estar sozinhas, por dependerem financeiramente do cônjuge ou até por um amor doentio, acabam ficando em uma relação em que só existe agressão, física e/ou verbal, traição, falta de cumplicidade e desrespeito. Precisamos estar juntos de quem nos respeita numa relação que acrescente algo, e não em uma que destrua. É importante treinar o desapego e decidir ser feliz e se valorizar.
3. Presenciar uma situação desagradável: os primeiros cinco segundos são primordiais para decidirmos ter autocontrole (segurar o impulso) e não brigar, agredir nem se irritar. Devemos decidir ter calma e paciência para resolver qualquer situação ou deixar para tratar o assunto em outro momento, quando estiver com a cabeça fria. Qualquer decisão em um momento de estresse e irritação tende a não ser positiva.

O primeiro passo para adquirirmos esta virtude é decidir ser decidido! Podemos começar pelas coisas mais simples do dia a dia, como programar as atividades para o fim de semana, o restaurante onde levará a família para almoçar, comprar uma roupa para você. Faça com que o tempo utilizado para essas decisões seja cada vez menor.

Não espere a vida inteira passar para descobrir que não existe decisão perfeita para determinadas coisas, e que você deixou passar uma boa oportunidade por não tomar uma decisão no tempo adequado. Existe uma máxima que diz "o ótimo é inimigo do bom". Portanto, evite ser perfeccionista.

Não paralise por medo de errar. Obtenha o conhecimento necessário para minimizar a probabilidade de falhas, mas não se martirize se a decisão que tomou o levou a um resultado não esperado. O segredo para o sucesso não é acertar sempre, é saber enfrentar os fracassos olhando para o lado positivo do problema; ao menos você adquiriu experiência e utilizará a lição aprendida nas próximas decisões.

Nas decisões mais complexas, em que é necessário considerar muitos fatores, como a compra de um imóvel ou abrir um negócio, o importante é não ser levado apenas pela emoção. O custo nesses casos é muito alto e alguns cuidados devem ser tomados, que são comuns a esse tipo de decisão:

1. Obtenha o máximo de informação possível a respeito do mercado (oferta *versus* demanda), da situação econômica do país, de todos os gastos envolvidos, da liquidez caso deseje revender, e verifique se atende ao seu perfil de interesse.
2. Estabeleça um prazo para a tomada de decisão que elimine o problema do impulso pela emoção, mas que não seja tão longo a ponto de perder uma oportunidade.
3. Analise os prós e os contras de cada opção de investimento, para verificar se realmente vale a pena escolher uma das opções ou simplesmente desistir do investimento. Talvez perceba, por exemplo, que alugar uma casa para morar, em vez de comprar, ou continuar sendo empregado, em vez de empregador, seja uma boa decisão temporária, a depender da situação econômica sua e do país.
4. Embora não devamos nos deixar levar apenas pela emoção, ela é fundamental em nossas decisões. Você precisa sentir que está fazendo uma boa escolha, e que ficará realizado com ela. Uma pessoa que não bebe café, por exemplo, não deveria abrir uma cafeteria, pois é importante que esteja emocionalmente envolvida com o negócio.

Quem deseja se tornar um empreendedor e vive em eterna indecisão deve saber que só quem tem experiência possui facilidade para identificar as melhores oportunidades. Portanto, desde que exista conhecimento e dedicação, o aspirante a empresário pode iniciar com um negócio pequeno e, com o tempo, poderá se desenvolver e investir em segmentos pelos quais se interesse ou expandir o que já começou.

Seja decidido, mas também não tome todas as decisões sozinho. Temos que envolver as pessoas que possam sofrer com uma má decisão, seja na família, com os amigos ou no trabalho. Assim, caso algo dê errado no futuro, você evitará conflitos desnecessários por não terem sido consultados.

VIRTUDE 32

« DESPRENDIMENTO »

O apego é visto como uma ligação obsessiva a algo ou a alguém. Às vezes é tão forte que chega a ser prejudicial a nossa saúde emocional e para os outros. As pessoas costumam ter apego aos bens materiais, à família, aos amigos, aos relacionamentos e ainda às próprias manias e maus hábitos. Primeiramente, entenda que o apego é bem diferente do amor, que não é possessivo e obcecado como o apego, pelo contrário, ele é libertador e permite que as pessoas que amamos sigam com suas vidas inclusive longe de nós. Por isso, quando falamos que somos apegados demais à família, isso não é uma qualidade, e sim um defeito.

No geral, as pessoas apegadas são muito reativas à mudança. Quando gostam de um restaurante, nunca mudam para outro; guardam certos objetos para o resto da vida, mesmo que não usem, apenas porque não conseguem desapegar deles; o dinheiro pode ser mais importante para elas que manter a amizade das pessoas; e permanecem em relacionamentos destrutivos, porque não sabem desapegar nem se valorizar.

Há também o vício de ser apegado às próprias emoções, ou seja, é uma pessoa apegada ao seu padrão impaciente, intransigente, irritado, agressivo e rancoroso e passa a vida inteira acreditando que esse é o seu jeito de ser, que nunca vai mudar e que os outros deveriam aceitá-lo como é. Essas pessoas ficam adultas, velhas e continuam imaturas, com uma mentalidade de uma criança que ainda não aprendeu a gerir suas emoções.

O desprendimento é a virtude necessária para soltar as amarras do passado e compreender que a vida é dinâmica, e não estática. Estamos aqui para evoluir e nos tornar a cada dia pessoas melhores, deixando no passado tudo que nos prenda e impeça o nosso crescimento. Por isso, considero o desprendimento, ou o desapego, a virtude-mãe de todas as outras, sendo a partir dela que se inicia o nosso processo de crescimento.

Praticar o desapego, no entanto, não significa deixar de ter interesse no que tanto desejamos. Citando como exemplo o dinheiro, sabemos que ele é importante para sobrevivermos, termos conforto e lazer, mas, como falei na "Virtude 31: Decisão", não deve ser o foco principal, e sim a consequência do que fazemos com dedicação. Se uma pessoa tem como missão de vida, por exemplo, trabalhar na área de educação física promovendo a saúde e o bem-estar das pessoas, e ela tiver dedicação e comprometimento naquilo que faz, o dinheiro virá como consequência. O apego torna as pessoas possessivas, avarentas e escravas do dinheiro. Acumular e ter grandes posses vira uma obsessão, e o apegado pensa que só isso lhe trará felicidade. Não se engane!

Por outro lado, cuidado para não ter uma relação de ódio com o dinheiro. Vemos muita gente falando mal de quem tem um patrimônio alto sem nem conhecer o caráter da pessoa. Não devemos julgar as pessoas! Ter muito dinheiro não significa que ela é materialista, apegada e discriminadora. Veja o caso de um dos homens mais ricos do mundo, Bill Gates, que em 2000 criou a fundação Bill & Melinda Gates, considerada hoje a maior fundação de caridade do mundo. Estima-se que, até 2014, já tenha doado cerca de 42,3 bilhões de dólares. Os empresários são muito importantes para o crescimento social e econômico da sociedade, pois são eles que dão emprego à população e assumem riscos investindo no desenvolvimento do seu negócio, movimentando assim a economia do país. Não podemos desconsiderar esse mérito e achar errado quem tem muito dinheiro. O errado é não possuir virtudes importantes, como a humildade, o desprendimento, a caridade, a modéstia e a honestidade.

Como disse Michelle Obama, esposa do ex-presidente dos Estados Unidos Barack Obama, "sucesso não tem a ver com o dinheiro que você ganha. Tem a ver com a diferença que você faz na vida das pessoas". Já o Dr. Augusto Cury exemplificou bem quando disse que "tem gente tão pobre que só tem dinheiro". Ou seja, o importante não é o dinheiro que você tem, e sim as virtudes que possui e o bem que causa no mundo.

Ao perder um objeto por roubo ou porque quebrou, o indivíduo que se apega às coisas materiais parece que perdeu uma parte de si e se desespera diante disso. É óbvio que nos indignamos com um roubo, mas se a perda for apenas material devemos dar graças a Deus que não aconteceu nada pior. A vida continua, e, com determinação, será possível obter novamente o que foi perdido. Quando alguém danifica algum objeto nosso, de valor ou não, não adianta chorar ou gritar com quem causou o dano. Reclamar ou se desesperar não vai fazer o tempo voltar para que não se quebre; é melhor manter a calma, pois pode até ter conserto.

Quanto ao apego às pessoas (pai, mãe, cônjuge, filhos, amigos), é importante entender que o apego é bem diferente de amar, como já mencionei. Todos querem estar próximos de quem gosta, mas não devemos ter o pensamento de posse. Cada um possui sua individualidade e não devemos querer ter a pessoa só para nós.

Os pais devem educar os filhos para o mundo. E depois que eles crescerem e ficarem adultos devem seguir sua vida, casando com quem eles quiserem e morando no local que escolherem. Fala-se tão mal de sogra justamente porque existem muitas mães que não conseguem se desapegar dos filhos; elas acham que ninguém é bom o suficiente para eles. É papel dos pais abrir os olhos dos filhos para que identifiquem os possíveis riscos inerentes às suas ações, mas devem aceitar quando eles, principalmente depois de adultos, tomarem suas próprias decisões. A aceitação deve fazer parte do desprendimento, e, quando amamos sem apego, respeitamos as escolhas de quem quer que seja.

Na relação com os nossos amigos, é importante entender que eles também têm outros amigos. É sufocante querer um amigo só para si e agir com ciúmes, como se o outro fosse mais querido que você. Cada um possui a intimidade que conseguiu por meio da confiança ao longo dos anos de amizade. Devemos deixar o amigo "respirar", demonstrando que somos pessoas confiáveis para estreitar a relação, e sempre buscando fazer novas amizades, não ficando preso só em uma.

Com o cônjuge, da mesma forma que com o amigo, também não devemos sufocá-lo. Cada um tem seus amigos, e, desde que haja respeito, não existe mal algum em cada um sair com o seu próprio grupo de amigos.

O desprendimento é ainda mais importante nas situações de falecimento de um familiar querido. A maior certeza que temos em nossa vida é que um dia todos iremos deixar este corpo. A ida de uma pessoa muito próxima com certeza deixa saudade, mas essa saudade deve estar acompanhada do sentimento de felicidade por ter feito parte da vida dessa pessoa, mesmo que por pouco tempo, e de tê-la visto cumprir sua missão. Devemos aceitar se chegou a hora de alguém e não deixar que a perda nos mantenha presos ao passado. A vida de quem fica na Terra segue e precisamos nos fazer felizes mesmo sem a presença de quem tanto amamos.

Na rua, assim como em casa, também precisamos desenvolver o desprendimento com nossos bens. Quem possui carro e passa por uma situação de batida, por exemplo, deve entender que ninguém bate no carro porque estava com vontade. Embora normalmente seja por imprudência, muitas vezes compartilhada pelos envolvidos, não adianta discutir nem xingar. O carro é só um objeto, e agir com apego só piora as coisas. Mesmo que o causador do acidente não admita que a culpa foi dele, o que vale é a perícia do órgão de trânsito e o que você alega no boletim de ocorrência. Como diz a expressão popular, "não adianta chorar pelo leite derramado", portanto, se quiser evitar maiores problemas, tenha um seguro para estar coberto nessas situações. E, se não tiver dinheiro, analise melhor se vale a pena possuir um carro. Na "Virtude 38: Economia", falarei mais sobre isso.

Antigamente, as pessoas costumavam permanecer em um mesmo emprego para o resto da vida. Passavam a vida inteira com a mesma função no trabalho e, sem procurar crescimento, nunca alteravam a sua posição social.

Não há nada de errado em ser assim, desde que a pessoa goste do que faça, se sinta bem e realizada. O problema é quando se é assim devido ao apego ao trabalho, em que a única coisa boa que este lhe traz é o sustento. Esse apego acontece porque, como já estão habituadas ao tipo de trabalho e aos funcionários, algumas pessoas não querem sair dele por medo de entrar em algo pior depois e de não se adaptar a novos ambientes. Ficam estagnadas e acomodadas por falta de desprendimento, ambição e coragem.

Para sermos desprendidos no trabalho, é importante que tenhamos em mente que devemos ter disposição para procurar o que é melhor para nós, que nos aproxime de nossa missão de vida. Obviamente, com a segurança necessária, em vez de largar tudo de uma vez. Porém, sem ficar pulando de galho em galho, mudando de emprego a toda hora, pois só saberemos se um trabalho é bom para nós quando tivermos experiência, e isso demanda tempo, aceitação, comprometimento e responsabilidade.

Pratique o desapego e não fique estagnado no degrau evolutivo sujo e desconfortável em que possa estar posicionado hoje. Permita-se fazer uma limpeza interior e deixar para trás tudo aquilo que aprisionava a sua mente e o seu crescimento.

VIRTUDE 33

« DETERMINAÇÃO »

A determinação é uma virtude poderosa e necessária para alcançar qualquer objetivo, sem preguiça nem desânimo e com muito entusiasmo. Se tivermos determinação, perseverança e persistência (perceba que todas são sinônimas), venceremos os maiores obstáculos e dificuldades na busca pelo crescimento pessoal, social e profissional.

Uma das mentes mais brilhantes que a ciência já viu, Albert Einstein, falou certa vez: "Eu tentei 99 vezes e falhei, mas na centésima tentativa eu consegui; nunca desista de seus objetivos mesmo que eles pareçam impossíveis. A próxima tentativa pode ser a vitoriosa".

O grande gênio da invenção, Thomas Edison, que tentou 999 vezes até obter sucesso na invenção da lâmpada, também falou: "Nossa maior fraqueza é a desistência. O caminho mais certeiro para o sucesso é sempre tentar apenas uma vez mais".

Mais na atualidade, um dos maiores gênios da informática, Bill Gates, citou: "Tente uma, duas, três vezes e se possível tente a quarta, a quinta e quantas vezes for necessário, só não desista nas primeiras tentativas! A persistência é amiga da conquista. Se você quer chegar aonde a maioria não chega, faça aquilo que a maioria não faz!".

Como você pode perceber pela história dos maiores gênios da ciência e da tecnologia, o segredo para a genialidade ou para o sucesso não é apenas ter inteligência cognitiva (lógico-matemática), mas principalmente a não cognitiva (emocional). Não é preciso ser nenhum prodígio, com a memória fantástica e o raciocínio lógico avançado. Com determinação e persistência, poderemos obter sucesso em nossa ambição mais grandiosa.

No entanto, é importante observar que a persistência deve ser raciocinada, assim como os nossos objetivos devem ser atingíveis, específicos e bem planejados. Insistir no erro ou no absurdo não se caracteriza como determinação, e sim como inocência e teimosia. No ramo empresarial, por exemplo, se uma empresa vende um determinado produto com a demanda em queda e o lucro é quase inexistente, ela deveria passar por uma inovação, diversificação ou reestruturação, para poder voltar a ganhar o público, caso contrário irá falir em pouco tempo. A insistência em permanecer com o mesmo tipo de produto só irá gerar mais prejuízo. É papel do empresário estar atento quanto ao mercado antes mesmo de iniciar o negócio, e mais ainda durante sua operação. Embora a determinação seja muito importante para produzir melhorias e inovações para continuar crescendo, às vezes é preciso ter também desprendimento e partir para um próximo negócio.

Existem certos produtos que ficam na moda e conseguem grandes vendas num primeiro momento, mas depois perdem a atratividade para o consumidor. Já outros são sazonais, como é o caso das máscaras de carnaval e da decoração natalina. O empreendedor deve investir de maneira consciente, analisando todas as variáveis do mercado e, principalmente, a oferta *versus* demanda:

1. Oferta (concorrência): o mercado não pode estar saturado para o produto que se deseja comercializar, ou seja, muitas empresas vendendo a mesma coisa. Se houver espaço para crescimento, deve-se oferecer um diferencial no produto ou serviço.
2. Demanda: deve ser maior que a oferta existente, ou seja, mais gente querendo comprar que a disponibilidade de produto à venda, e com possibilidade de crescimento.

Se você investir num mercado em que os números (oferta *versus* demanda) não são tão expressivos, e ainda sem apresentar nenhum diferencial em relação à concorrência, estará condenando seu negócio à falência desde o início. É por isso que, no Brasil, mais da metade das empresas fecham nos primeiros quatro anos de funcionamento.

Veja o caso hipotético de um aspirante a empreendedor que percebe que em sua cidade estão abrindo restaurantes de comidas saudáveis e que estão tendo um bom público. Querendo aproveitar esse momento no mercado, ele decide investir também no mesmo negócio. Se o seu restaurante tiver um diferencial de qualidade na comida, no atendimento e/ou no preço, poderá ter chances de se desenvolver e ganhar o mercado. Porém, deve entender que não é porque esse mercado funciona com o concorrente que vai funcionar com ele também. É preciso ter muita determinação e fazer sempre diferente e melhor. O segredo para os estreantes no mercado é justamente o seu diferencial para conquistar o público.

O Brasil precisa de mais empreendedores com determinação, para dar emprego ao povo e ajudar no desenvolvimento econômico do país, mas que tenham discernimento, criatividade e inovação para garantir a continuidade do negócio.

Para se tornar empreendedor, primeiramente deve-se buscar bastante conhecimento sobre o tipo de negócio desejado e como está o mercado, para então se debruçar sobre ele e fazer a engrenagem começar a rodar. Vários problemas podem acontecer no início, devido à falta de experiência e de um público formado, mas com persistência conseguirá crescer até sair do chão e alcançar pleno voo.

Mas como podemos treinar para não nos sabotar e permanecermos determinados? Primeiro, devemos ter clareza de que o objetivo definido faz sentido para nossa vida, se temos as competências necessárias ou disposição para adquiri-las. Quando tivermos uma vontade inabalável para alcançar nossos objetivos, aliada à confiança de que dará tudo certo, poderemos utilizar isso para nos sentirmos determinados a persistir até conseguirmos o que almejamos. Nosso objetivo, no entanto, não pode ser genérico, como: "estou determinado a ser feliz", "estou determinado a obter sucesso". Ele precisa ser claro, específico, mensurável e atingível. Segue um exemplo de como podemos usar a determinação para planejar ser aprovado em um concurso público, um dos objetivos comumente almejados pelas pessoas:

1. Objetivo específico: (O quê?) ser aprovado em um concurso público na sua área de formação universitária; (Onde?) em qualquer estado do país; (Por quê?) porque você deseja trabalhar naquilo em que possui mais aptidão e ainda obter estabilidade financeira; (Como e quando?) irá se dedicar aos estudos durante o período da faculdade e após se formar permanecerá estudando até ser aprovado; (Com quais recursos?) irá comprar os melhores materiais e fará os cursos de preparação para concursos com os melhores professores da área.
2. Objetivo mensurável: durante os estudos irá treinar com provas de concursos anteriores e fará durante a faculdade alguns concursos para adquirir experiência. Com isso, poderá medir (controlar) como está o seu aprendizado para verificar se está indo no caminho certo.
3. Objetivo atingível: se for um concurso muito concorrido e você não tiver sido um aluno acima da média durante a faculdade, tenha ciência de que terá que se dedicar um pouco mais, e o sucesso poderá não acontecer no primeiro concurso que realizar. A sua meta deve considerar o tempo adequado para conseguir chegar a um nível de aprendizado necessário para ser competitivo.
4. Atitude: mantenha-se firme no propósito, conciliando a vida pessoal com os estudos, mas sabendo fazer alguns sacrifícios. Muita gente trabalha e estuda ao mesmo tempo para concursos. Por isso, mesmo que esteja

cansado e já tenha falhado algumas vezes, busque suas motivações para permanecer na luta diária pelo emprego desejado.
5. Confiança: se houver comprometimento e dedicação, confie que obterá o sucesso desejado. Ao despender todo o esforço possível, algum dia você será recompensado.

O mesmo planejamento pode ser feito para qualquer objetivo de vida: emagrecer, acabar com um vício, ser promovido no emprego, desenvolver novas virtudes ou competências. Um bom planejamento e controle nos mantém motivados e determinados. Por isso, dê uma atenção especial ao seu planejamento e aplique o PDCA (explicado na "Virtude 10: Atitude") para realizar a sua melhoria contínua.

Uma frase atribuída a Buda diz que "a causa da derrota não está nos obstáculos ou no rigor das circunstâncias, está na falta de determinação e desistência da própria pessoa". Portanto, se precisar parar, que seja apenas para pegar um fôlego. Se não conseguiu ainda, analise o que precisa mudar, pois não é fazendo sempre do mesmo jeito que teremos o sucesso desejado. Talvez seja preciso mudar de rota várias vezes, mas nunca tire de vista o destino almejado.

Quando o nosso objetivo é para o bem individual e para o do próximo, Deus nos ajuda dando forças para persistirmos, e o universo conspira em nosso favor. Não desista, vá atrás dos seus sonhos e torne-os realidade!

VIRTUDE 34

« DIGNIDADE »

Quem possui a virtude da dignidade inspira confiança, respeito e consideração nas pessoas, cumpre suas promessas, age com decência, não manipula as pessoas, não rouba nem faz trapaças. Geralmente, dizemos que uma pessoa tem dignidade quando percebemos nela a modéstia, a humildade, a honestidade, a caridade, a cordialidade, o respeito e a excelência.

O importante para desenvolvermos esta virtude é darmos o bom exemplo, de uma pessoa correta e íntegra. As pessoas se inspiram quando veem atitudes nobres e irão tê-lo como exemplo de dignidade. Veja o caso, por exemplo, de uma pessoa altruísta, que é digna de respeito por querer fazer o bem sem olhar a quem; o honesto é digno de confiança por não querer enganar ninguém; o cordial é digno de consideração das pessoas por já ter consideração por elas também. A dignidade é, portanto, a "virtude do virtuoso", pois todo aquele que deseja seguir ativamente o caminho do bem, fortalecendo suas virtudes, merece nossa confiança.

Grandes figuras públicas reconhecidas por sua preocupação e atitude diante dos problemas humanos, como a fome, a pobreza e a saúde, costumam receber de universidades o título de doutor *honoris causa* (doutor devido à honra, em português), que é uma distinção honorífica do maior reconhecimento acadêmico. No Brasil, por exemplo, em janeiro de 2016, o professor e médico Ivo Pitanguy obteve esse reconhecimento pela sua imensurável contribuição para a medicina, desenvolvendo técnicas operatórias inovadoras difundidas em todo o mundo, sendo referência não apenas no campo científico como também no dos mais nobres valores humanos.

A dignidade é construída durante anos, por meio de bons exemplos, mas destruída em segundos quando existe um deslize qualquer. Mesmo que sejamos dignos, às vezes não conseguimos ter o respeito que merecemos. O pior acontece quando pessoas invejosas inventam fofocas para denegrir nossa imagem. Nossa reputação e credibilidade podem ficar abaladas, e pode até ser impossível restaurá-las. Porém, para quem realmente não possui nada a esconder, isso é muito difícil de acontecer.

Quem é vítima de difamação ou calúnia deve ter muita paciência. Sair contando e se justificando para todo mundo para se retratar é sinal de desespero, e as pessoas podem pensar que a fofoca era verdadeira. É melhor contar a verdade apenas para quem for importante e que possa sofrer com o boato. Em algum momento, os rumores cessam, e a pessoa verá quem são os seus verdadeiros amigos, aqueles que o defenderam.

Falar da vida alheia pode ser um bom passatempo para muita gente, mas, quando a conotação da conversa tiver caráter maldoso, não dê continuidade. Se você não der atenção, a fofoca irá parar por aí. Quem gosta de fofoca normalmente não possui dignidade, esconde tanta coisa de si que prefere ficar apontando o defeito dos outros. Se um "amigo" lhe disser que fulano falou mal de você, cuidado! Por que será que ele sabe disso? Se ele deu cabimento a essa conversa com o fulano, pode significar que participou da fofoca e não te defendeu, ou pode ser que ele mesmo seja o causador da intriga. Caso você tenha o costume de fazer fofocas, procure olhar mais para você mesmo que para os outros. Cuide do seu crescimento e de sua própria dignidade, em vez de tentar diminuir a dignidade dos outros.

Em nossa sociedade, infelizmente, encontramos pessoas sem dignidade nos lugares em que mais necessitam desta virtude. Na política, por exemplo, seria muito nobre e louvável se os políticos estivessem lá para ajudar no desenvolvimento do país de modo sustentável, promovendo a igualdade social, elaborando políticas públicas que gerem empregos, fornecendo uma educação de qualidade e cuidando da saúde e da segurança de todos. Mas, infelizmente, continuamos vendo muitos políticos que se importam mais com o partido e seus bolsos que com a população, que votam em projetos a favor de partido e alianças, e não visando o benefício que a sociedade poderá alcançar. E quando fazem algo de bom é apenas pelo interesse em se reelegerem e não pelo bem-estar do povo. O povo, no entanto, tem a sua parcela de culpa. É preciso abrir os olhos e votar em quem lhe pareça ser uma pessoa digna, que possa fazer o país avançar de forma sustentável, sem se afundar em dívidas, e não em quem possa lhe dar algum benefício especial.

Construa diariamente uma reputação digna de aplausos, obviamente não por querer ser aplaudido, mas sim por ser o correto a se fazer. Todos querem ter por perto alguém assim, que os inspirem a ser melhores.

VIRTUDE 35
« DILIGÊNCIA »

Por definição, ser diligente é agir prontamente quando existe algo a ser feito, sem esperar que alguém reclame ou faça por você. O diligente possui como características principais a determinação e a proatividade, além de ser zeloso e esforçado. A agilidade do diligente provém de sua observação, atenção e foco na solução dos problemas.

Você conhece a brincadeira do "pense rápido"? Um indivíduo joga um objeto para outra pessoa, normalmente uma bola, e fala: "Pense rápido!". Se ela não tiver uma resposta ágil, esticando a mão para segurar o objeto, ele poderá acertá-la e machucá-la. Embora seja uma brincadeira não tão saudável, exemplifica bem o que significa ser diligente, virtude de quem age imediatamente quando existe algo a ser feito.

A pessoa que não é diligente é procrastinadora, preguiçosa, e fica parada até alguém lhe chamar a atenção para que faça alguma coisa. E isso, especialmente no mercado de trabalho, é abominável. Nenhum gestor deseja ficar indicando, a todo o tempo, tudo que seus funcionários devem fazer.

O diligente, por outro lado, não espera passar seis meses para consertar algo em seu lar, auxilia o cônjuge ou um amigo quando percebe que está com dificuldades em suas tarefas e percebe os momentos em que o outro precisa de mais atenção e afeto.

Para adquirir esta virtude, você pode buscar agir da seguinte forma:

1. Esteja atento às necessidades das outras pessoas e do próprio trabalho pelo qual é responsável. Devemos observar tudo ao nosso redor, para que estejamos conscientes do que nos cerca e do que possa precisar de nossa atuação.
2. Não deixe para amanhã o que pode fazer hoje. Não espere que o governo, a empresa, o amigo, ou o cônjuge o motive ou cobre algo de você. Lembre-se que o preguiçoso apenas deseja ou tenta fazer, já o diligente vai lá e faz.
3. Não reclame da quantidade de esforço que precisa desempenhar. Existe uma expressão em inglês que diz *no pain, no gain* (sem dor, sem ganho), que é totalmente verdadeira. A dor nesse caso significa esforço e dedi-

cação. Portanto, seja esforçado e garanta que ninguém tenha motivos para reclamar de você.

Seja diligente e faça o que precisa fazer aqui e agora! Milhares de pessoas deixam coisas importantes sempre para amanhã, para segunda-feira, para o início do mês que vem, para o ano que vem, até que chega um momento em que não tem mais como postergar. Porém, nesse momento talvez você já não tenha mais saúde, o seu relacionamento pode já ter acabado e o seu gestor talvez já tenha desistido de você.

VIRTUDE 36
« DISCIPLINA »

Podemos ver um grande exemplo de disciplina nas Forças Armadas (Exército, Marinha e Aeronáutica), as quais a própria Constituição Brasileira define como "organizadas com base na hierarquia e na disciplina". Não vou me ater ao método utilizado para ensinarem a disciplina, mas sim ao exemplo do que é ter disciplina. O soldado que vive no quartel, por exemplo, segue uma rotina diária rígida de acordar cedo, arrumar o alojamento, tomar café da manhã, realizar intensa atividade física, almoçar, participar de instruções de luta e armamentos, e, à noite, os plantonistas ainda fazem a sentinela armada. Todo dia realizam essas atividades para estarem prontos para enfrentar os desafios da profissão. Faça chuva ou faça sol, eles sempre cumprem pontualmente com seus deveres. Isso é o que chamamos de disciplina.

Mesmo que não exista motivação, disposição ou vontade para realizar uma determinada atividade, se formos disciplinados e tivermos o hábito já formado, só precisamos de um pontapé inicial, um gatilho, que nos permita sair da inércia, para então podermos executar a rotina necessária automaticamente. Esse gatilho pode ser um alarme que nos acorde, um lembrete que nos avise da hora exata para executar determinada atividade, ou qualquer outra pequena ação que provoque o início da rotina desejada. Geralmente, precisamos da disciplina apenas para romper a barreira inicial da falta de disposição. Vencida essa barreira, a tendência é que fiquemos mais dispostos e continuemos a atividade com foco, esforço e dedicação.

O segredo para desenvolvermos a disciplina é compreender inicialmente qual ganho poderemos ter ao sermos disciplinados, e qual a perda caso não sejamos. Associado a isso, será estabelecido um gatilho poderoso que nos auxiliará a transformar os comportamentos desejados em hábitos, de modo que não precisaremos raciocinar tanto para executá-los. Isso é importante porque, quando damos espaço aos pensamentos, eles podem nos sabotar e nos impedir de agir.

Se formos esperar a vontade chegar para fazer alguma atividade, podemos acabar procrastinando e sempre adiando para amanhã. Não podemos dar brecha aos pensamentos sabotadores. A disciplina lhe dá justamente a capacidade de cortar a ligação entre os pensamentos e as ações, e faz você simplesmente agir, tal qual uma máquina, no modo automático.

Por definição, um hábito é aquilo que somos acostumados a fazer e, por isso, agimos como se estivéssemos no piloto automático, sem precisar de muito raciocínio ou tomada de decisão para executar o passo a passo da atividade. É o que acontece quando vamos escovar os dentes, tomar banho, comer, dirigir um carro numa rota conhecida, amarrar o sapato, etc.

Possivelmente, você já deve ter tomado um banho e, quando chegou ao final, os seus pensamentos estavam tão distantes que nem percebeu que executou toda sua rotina sem precisar raciocinar sobre ela. Às vezes, até se esquece de que realizou todos os passos da rotina. Isso acontece porque, quando você aciona o gatilho "tirar a roupa para tomar banho", por exemplo, suas conexões neurais farão com que realize toda a rotina que está habituado a fazer.

Alguns estudos neurológicos comprovam que o nosso cérebro busca a todo instante estabelecer hábitos, por meio do fortalecimento de conexões neurais, no intuito de reduzir a quantidade de energia gasta para realizar determinadas atividades. Por isso, quando queremos eliminar nossas deficiências, ser mais pacientes, calmos, tolerantes, ativos, determinados, é necessário antes enfraquecer a conexão neural que nos fazia ter maus hábitos, e isso só é possível por meio de muita repetição do novo hábito desejado.

Quando aplicamos essa técnica de criar hábitos para as atividades que não temos tanta disposição ou vontade para fazer, chamamos isso de disciplina. Podemos ter disciplina para várias coisas da vida: lavar os pratos sempre que terminar uma refeição; fazer exercício físico a partir de determinada hora do dia; ir para o trabalho diariamente na mesma hora; estudar para um concurso todos os dias; manter uma dieta saudável; etc.

Ser disciplinado, no entanto, é diferente de agir por obrigação. A disciplina vem da consciência de que determinada atividade é importante e trará benefícios individuais ou coletivos, e não da simples obediência às regras.

Por exemplo, um indivíduo que está sedentário e com excesso de peso sabe que ir para a academia fazer exercícios físicos irá deixá-lo mais saudável e com menos risco de problemas cardiorrespiratórios. Após ter essa consciência, poderá estabelecer qual será o seu gatilho para iniciar a rotina de exercícios: se deseja se exercitar pela manhã, a primeira coisa a fazer é vestir uma roupa para fazer exercícios; se for se exercitar à noite, quando chegar do trabalho, pode tirar a roupa, e já colocar a de malhar em seguida. Nesse exemplo, o gatilho é a roupa: quando você a coloca pela manhã ou à noite, você está dizendo ao seu cérebro que irá fazer seus exercícios, esteja você com disposição ou não. Além disso, ao final da rotina, deve-se prestar atenção às emoções positivas que sentiu por ter conseguido realizá-la, para que, na próxima oportunidade, inicie a nova rotina pensando na recompensa que terá ao final dela.

Quando um hábito já está formado, ao ser acionado o gatilho, o lado racional do cérebro assume o controle e faz com que a pessoa realize toda a rotina necessária, de modo a obter a recompensa associada à realização dessa rotina. Porém, não é no segundo ou no terceiro dia que conseguimos formar o hábito. Os experimentos demonstram que, em média, se leva entre 21 e 66 dias para mudar ou estabelecer um novo hábito, que é o tempo necessário para fortalecer as novas conexões neurais e enfraquecer as antigas.

Enquanto ainda não possui o hábito formado, busque eliminar também as emoções e os pensamentos sabotadores, praticando, por exemplo, a técnica do DCD (duvidar, criticar e determinar) para rejeitar tais pensamentos, e então focar na execução da tarefa. A técnica DCD foi desenvolvida pelo escritor e psiquiatra Dr. Augusto Cury, em seu livro *Inteligência multifocal*, e pode ser utilizada toda vez que um sentimento de desânimo e preguiça aparecer, ou surgirem pensamentos sabotadores dizendo que não irá conseguir, que não é capaz, que sempre foi assim e agora não pode mais mudar. Nesses momentos, você deve *duvidar* (Por que eu não posso ser disciplinado? Se os outros conseguem, por que eu não conseguiria?), *criticar* (Não acredito que eu não tenha forças e disposição para obter sucesso nos meus objetivos! Esses pensamentos não representam quem eu sou!), e *determinar* (Eu sou capaz! Nada vai me impedir de alcançar meus objetivos! Eu tenho disciplina suficiente para vencer qualquer desafio!).

Não pense, porém, que a disciplina é mais importante que a motivação e determinação. Cada virtude tem sua importância em situações específicas. E, quando fazemos coisas importantes da vida sem motivação, apenas pela obrigação de ter que fazer, essa atitude poderá nos prejudicar com o tempo, gerando distúrbios psicológicos ou causando a desistência prematura de nossos objetivos.

O ideal é que se exercite a inteligência emocional necessária para cada situação. Um trabalho feito sem motivação, por exemplo, é aceitável até certo ponto. Se não consegue encontrar motivação e interesse, talvez necessário buscar uma outra ocupação. No caso da academia, se não existe motivação para fazer musculação e acha que é muito chato pegar peso, você pode buscar outras atividades físicas (funcional, *crossfit*, natação, ginástica, esportes, caminhada, corrida) nas quais você possa ter maior interesse e que proporcionem saúde da mesma maneira, em vez de insistir em fazer algo que seja um martírio.

Não precisamos ter disciplina para o mesmo tipo de atividade para o resto da vida. Após certo tempo adquirindo um hábito, quando estiver disciplinado, deve ir treinando também a automotivação para evitar o desânimo. Isso poderá transformar a disciplina em determinação.

É necessário termos cuidado, ainda, para não ficarmos sobrecarregados emocionalmente, reféns da própria disciplina. Uma pessoa que quer emagrecer, por exemplo, se fizer uma dieta muito restritiva e parar totalmente de comer guloseimas, pode aguentar por alguns dias, mas, em algum momento, poderá não suportar tanta disciplina. Acabará caindo em tentação, exagerando e desistindo de continuar com a dieta, pois não é fácil suportar tamanha restrição. Nesse caso, devem-se considerar no planejamento também os descansos, que no caso da dieta pode ser uma refeição ou um dia por semana com cardápio livre.

Não estabeleça também muitas metas simultâneas. Todo início de ano muita gente faz uma lista imensa do que deseja fazer de diferente, e na maioria das vezes não cumpre nem um terço da lista. Isso acontece porque um período de doze meses é muito longo para fazer um controle de metas, e com tantas metas a pessoa se sente perdida, sem saber por onde começar. A lista é então deixada de lado e a vida segue em modo automático com os hábitos antigos. Sugiro que você pare de elaborar apenas metas anuais e divida suas metas em curto, médio e longo prazos. Para as de curto prazo, faça uma lista com poucas metas, mas que tenha maior frequência de verificação (diária, semanal, etc.). Por exemplo: emagrecer um quilo na próxima semana e cinco quilos ao final de um mês. Você terá um melhor controle dos resultados ao fazer um acompanhamento mais frequente. Se houver um desvio do caminho durante esse período, poderá rever em tempo. Assim, você terá em suas mãos as rédeas de sua vida.

Isso se aplica também às virtudes que você está estudando aqui comigo. Se a cada mês você se dedicar a desenvolver ou fortalecer apenas três virtudes, em apenas um ano, se tudo der certo, poderá ter eliminado 36 maus hábitos que possuía, o que é um grande avanço. Lembrando que nesse caso é fundamental que nosso controle de resultados seja diário.

Muita gente vive anos e anos e continua sendo a mesma pessoa, com os mesmos defeitos e imperfeições. Às vezes, até possui vontade de mudar e toma algumas atitudes, mas, sem desenvolver a disciplina, acaba desistindo com facilidade. Se você tiver disciplina para consultar este livro toda vez que falhar no treinamento de alguma virtude, as suas chances de sucesso pessoal, social e profissional serão bem maiores.

Utilize a disciplina para o seu crescimento, transforme-a em determinação e se motive a nunca parar até alcançar seus objetivos!

VIRTUDE 37
‹‹ DISCRIÇÃO ››

Algumas pessoas gostam de agir como um pavão, todo pomposo, querem aparecer ou se promover a todo o momento, falam das coisas boas que fazem, dos seus sucessos e de suas posses. Realmente, é muito gratificante ser elogiado e reconhecido pelo bem que praticamos ou por um trabalho bem feito, pois temos um sentimento de realização e dever cumprido. Porém, não devemos ficar divulgando o que fazemos apenas para aparecer e receber elogios. Quem faz isso, em vez de ser elogiado, ficará conhecido como uma pessoa esnobe, presunçosa, exibida, que se acha demais e que quer ser superior aos outros.

Quem é bom se sobressai aos olhos dos demais naturalmente, sem precisar se exibir, seja no trabalho ou em qualquer outro ambiente. As nossas qualidades e virtudes são facilmente percebidas, assim como os nossos defeitos. E, para não sermos exibidos, é importante praticarmos a virtude da discrição. Essa é a virtude de quem não quer chamar sempre a atenção para si, que sabe a hora certa de falar ou agir, e que não se intromete no que não lhe diz respeito.

Quando somos altruístas, por exemplo, o que realmente importa é nosso sentimento de realização por estarmos fazendo a diferença no mundo e a alegria em poder ajudar as pessoas. Pouco importa se alguém está vendo o que fazemos. O único reconhecimento que devemos esperar é o de Deus.

A falta de discrição, além de deixar a pessoa exibida, pode levá-la também a ser fofoqueira, uma vez que falar mal dos outros é uma das formas de se mostrar superior. Muita gente não sabe, mas a privacidade ou intimidade é um direito individual que nos assiste. Só você é o responsável por divulgar ou não seus erros ou particularidades. A Constituição Brasileira define a intimidade como inviolável, assegurando o direito à indenização pelo dano material ou moral decorrente de sua violação (inciso X do Art. 5º).

Normalmente, a pessoa indiscreta e fofoqueira não liga para o prejuízo que pode causar à imagem e dignidade de sua "vítima", pois prefere se divertir às custas do outro a assumir que quem está com problemas é ela mesma. Muita gente adora apontar as falhas dos outros, esquecendo que também são seres que erram da mesma maneira. Todos nós somos eternos aprendizes nesta estrada da vida, e estamos sujeitos aos mais diversos tipos de erros. Portanto, se um colega vier falar mal de alguém para você, pratique a discrição e corte logo a conversa, mude de assunto ou faça o outro perceber as qualidades em vez do defeito alheio.

Precisamos usar da discrição também em alguns momentos delicados na vida das outras pessoas. Se alguém estiver lhe contando seus problemas, por exemplo, não o faça se sentir ainda pior falando que realmente é um problemão, que não sabe como ele aguenta. Quando uma pessoa está desabafando, às vezes ela só quer ser ouvida. É suficiente apenas darmos o ombro amigo, ou pelo menos ajudá-la a enxergar algum lado positivo, para que transforme o problema em uma oportunidade de crescimento.

Se você não quiser que alguém lhe diga "vá cuidar de sua vida!", não seja indiscreto de perguntar particularidades que não lhe dizem respeito, principalmente se for alguém com quem não possua uma amizade sólida.

Precisamos ter discrição não só com o que falamos, mas também com nossas atitudes. Na rua, nas amizades e no trabalho, não é preciso usar grandes decotes, falar ou rir muito alto para ser o centro das atenções. Devemos ter naturalidade e espontaneidade para falar e se vestir, mas desde que não seja apelativo, que a intenção não seja atrair os olhares de todos.

Quando uma informação ou atitude nossa puder prejudicar alguém, incluindo você, será um bom momento de praticar a discrição. Proteja a você mesmo e aos outros, para não vir a se arrepender depois, nem ficar com a consciência pesada.

VIRTUDE 38
« ECONOMIA »

Ser econômico não é a virtude de quem faz economias e gasta pouco, mas de quem sabe o valor do dinheiro e das coisas que ele pode comprar e age com coerência, humildade e desapego. A pessoa econômica tem noção de quanto esforço é necessário para ganhar o dinheiro e utiliza esse discernimento para desenvolver sua percepção de valor e para decidir sobre os seus gastos.

Você já parou para pensar quanto tempo precisa trabalhar para comprar um carro popular de 35 mil reais? E um carro de luxo de 150 mil reais? Se for financiar em alguns anos, o valor pago ainda será praticamente o dobro. O salário médio do brasileiro nos últimos anos tem sido de aproximadamente dois mil reais. Se alguém com essa renda financiar a compra de um carro, gastará o equivalente a 35 meses de salário, ou seja, quase três anos. Isso só para adquirir o carro, sem contar com os gastos de manutenção, estacionamento, impostos, combustível, seguro e depreciação. Imagine o que são três anos de salário só para poder ter esse bem. Será que vale a pena?

Além de analisar o esforço necessário para adquirir um produto ou serviço, é preciso saber ainda qual a relação entre custo e benefício. No exemplo mencionado, se o carro for necessário para o trabalho e sem ele você ficaria desempregado, com certeza o benefício compensa o esforço que terá para poder pagar. Porém, se houver outros meios de transporte mais baratos e o tempo de deslocamento diário no trânsito não for muito grande, o custo em ter o carro pesa mais que o seu benefício. Nesse caso, deve-se pensar duas vezes antes de comprá-lo.

O problema é que outros fatores também são considerados para esse tipo de decisão e que acabam atrapalhando as finanças do brasileiro comum. Por exemplo, a sensação de liberdade que o carro dá, de poder sair para onde quiser e na hora que desejar. Subconscientemente ou não, ainda existe o desejo pelo *status* que a posse do carro promove. Ter um carro caro é sinal de que a pessoa é bem-sucedida, e isso massageia o ego de quem não tem humildade.

Para quem não possui uma renda familiar alta e não pode comprometer seu orçamento com grandes custos fixos, é muito importante comparar os custos envolvidos entre ter o carro ou usar as demais alternativas de transporte. Hoje em dia, por exemplo, com os aplicativos disponíveis no celular, você chama um transporte particular em qualquer horário e em menos de cinco minutos ele chega para buscá-lo. A questão da liberdade em ter um carro já não é mais tão importante. Já quem possui uma boa renda, para o qual não seja significativo o custo de um carro, o que precisa levar mais em consideração na sua análise é o conforto e a utilidade. Vamos mudar de exemplo para uma bolsa feminina, para ficar mais claro o que quero dizer.

Qual é a diferença entre uma bolsa de dez mil reais e uma de quinhentos reais? Pode ser que a mais cara seja mais resistente, porém o conforto e a utilidade devem ser praticamente a mesma coisa. Mas, se não tem tanta diferença assim, o que justifica ter um preço vinte vezes maior? Não é qualquer um que tem condições de comprar uma bolsa nesse valor. Nesse caso, quem compra a mais cara não está comprando só uma bolsa, mas o *status* que ela gera, e geralmente está mais interessada em se diferenciar das outras pessoas, se sentir especial, que nas funcionalidades e no conforto que o produto lhe proporciona. Em outras palavras, quer mostrar que tem muito dinheiro para gastar.

No geral, de um lado existem as grandes marcas que precificam seus produtos muito além do que seria considerado justo. Do outro lado, e ainda pior, existem as pessoas criminosas que realizam a pirataria para vender uma imitação barata. E, no meio disso tudo, estamos nós, que precisamos estar atentos para discernir o que melhor atende às nossas necessidades como pessoas econômicas e, além disso, não financiar o crime.

É importante observarmos que só existem lojas, produtos ou serviços caros porque tem gente que paga. Enquanto houver demanda, não existirá queda de preços, e, quanto maior for a procura, maior será a chance de a empresa aumentar seus preços.

O maior problema é quando o cidadão não possui muito recurso financeiro, mas quer mostrar um falso *status* por vaidade ou falta de racionalidade. Essas pessoas se endividam comprando uma televisão de última geração, um carro zero quilômetro, um apartamento num bairro mais nobre. Assumem tantas dívidas que lhes falta dinheiro até para comprar um remédio se ficarem doentes. O maior inimigo delas é o crédito facilitado, que, infelizmente, o governo e os bancos fazem questão de disponibilizar com juros altíssimos e com uma quantidade de parcelas a perder de vista, cabendo assim no bolso do cidadão comum.

Se você não costuma fazer planejamento financeiro, tanto por falta de conhecimento quanto por falta de vontade, veja algumas estratégias importantes que poderão ajudá-lo a realizar seu planejamento e não ter problemas financeiros no futuro:

1. Gaste menos do que ganha. Parece óbvio, mas muita gente não faz isso. Esse hábito permite sobreviver em eventuais crises econômicas (perda de emprego, inflação elevada) e, com o tempo, poderá utilizar o dinheiro poupado para investir. Muitos consideram o crédito de seu cartão como uma extensão do salário e acabam gastando, todos os meses, mais do que são capazes de pagar com a sua renda mensal. Esse tipo de gasto a longo prazo se torna insustentável, e em algum momento você não conseguirá pagar nem a parcela mínima exigida pela credora. Portanto, se puder, evite comprar parcelado.
2. Mantenha apenas o cartão de crédito do banco em que recebe seu salário. Isso facilitará o controle dos gastos e evitará que possua mais crédito do que pode pagar.
3. Não conte com o dinheiro que irá ganhar no futuro para fazer gastos no presente. Você pode acabar não recebendo esse dinheiro e ficar inadimplente. Se não tem o dinheiro no momento, evite o imediatismo e questione se realmente precisa disso agora. Se puder esperar, poupe e depois compre à vista.
4. Analise bem para não pagar juros altos quando precisar utilizar crédito. Se já está com as finanças descontroladas, quite primeiro as dívidas com maiores juros.
5. Realize o controle dos gastos mensalmente. Assim, saberá onde gasta mais e perceberá as oportunidades de redução.
6. Corte os serviços contratados que não são utilizados: telefone fixo, TV a cabo, assinatura de revista e jornal, associação a um clube, etc.
7. Estabeleça metas financeiras, a exemplo de abrir um negócio, viajar, alcançar independência financeira, comprar um imóvel, etc., e seja disciplinado para guardar o dinheiro necessário para alcançá-las. Não considere esse dinheiro poupado como disponível para gastos aleatórios.
8. Quando quiser realizar uma compra, segure o objeto e se pergunte: por que eu preciso disso? Existe espaço em minha casa para guardá-lo? Com que frequência será utilizado?
9. Tenha um seguro de vida que garanta a sobrevivência de seus dependentes em caso de sua morte. No serviço público e em algumas empresas, o seguro ou pensão por morte já é garantido.
10. Mantenha um fundo de reserva para emergências ou imprevistos, como manutenção do carro, manutenção da casa, doença, perda do emprego. A quantia recomendada é de três a seis vezes o que se gasta em um mês.

Além do fundo, é importante ter uma quantia guardada para os meses em que possuir mais gastos do que o usual (compra de material escolar, pagamento de seguro, pagamento de impostos e tributos).
11. Faça investimentos que garantam uma aposentadoria tranquila. Dependendo do seu perfil de investidor e de sua renda, quem sabe poderá alcançar a independência financeira antes de completar a idade necessária para se aposentar.
12. Realize investimentos de alto risco apenas se o dinheiro investido não fizer falta em caso de prejuízo. Analise bem o seu perfil de risco, estude e invista naquilo que seja melhor para o seu perfil: Tesouro Direto, CDB, fundos de investimento, ações, imóveis, negócio próprio, franquia, etc. Lembre-se de que o dinheiro parado na conta corrente ou na poupança estará perdendo o poder de compra por conta da inflação, que historicamente tem sido superior ao rendimento da poupança.
13. Busque outras fontes de renda caso seja importante para seu planejamento financeiro. Pense em fazer em seu tempo livre algo em que tenha prazer e que possa gerar renda; isso poderá melhorar a sua carreira ou, quem sabe, virar a sua carreira futura.
14. Realize atividades que sejam gratuitas, como ir à praia, caminhar no parque, realizar serviços voluntários, praticar esportes. É bom para o bolso e para a saúde física e mental.

Você pode encontrar muitos materiais bons, gratuitos e pagos, para estudo na área de finanças, investimentos e empreendedorismo. Lembre-se que a educação é o nosso melhor investimento e que ser econômico, nesse caso, significa comprar bons materiais para leitura. Muita gente gasta facilmente cinquenta reais em um jantar num restaurante, mas não investe em bons livros ou cursos que gerem grandes transformações pessoais. No entanto, tome cuidado com os textos que dizem que você deve ser rico para ser bem-sucedido. Se você for rico, certamente obteve sucesso nos negócios. Porém, o sucesso financeiro não está em quanto se ganha, mas em como você administra o seu dinheiro. Tem gente que vive muito bem com pouco dinheiro e outros que vivem mal com muito dinheiro.

A educação financeira é muito importante para termos uma boa qualidade de vida e, por isso, deveria existir uma disciplina específica no colégio para que, desde a infância, já pudéssemos ter conhecimento e criar uma consciência econômica. Infelizmente, a Pesquisa Nacional de Endividamento e Inadimplência do Consumidor (PNEIC) mostrou que, em 2017, aproximadamente sessenta por cento das famílias brasileiras estavam endividadas. Isso se deve em grande parte à falta de conhecimento em finanças, além dos problemas socioeconômicos que assolam o país.

Para que você não venha a ter problemas com isso, além de realizar as estratégias anteriores, não faça compras pensando em impressionar os outros, nem se impressione com as posses dos outros. Você não precisa ser igual a ninguém. Gaste (e ganhe) seu tempo praticando o autodesenvolvimento em vez de ficar pensando nas próximas compras.

Dê valor ao seu suado dinheiro, planeje-se para o futuro e realize gastos conscientes. Porém, nunca deixe de viver, aproveitando o bem-estar que o dinheiro pode lhe proporcionar, e de ajudar ao próximo.

VIRTUDE 39
« EDUCAÇÃO »

Normalmente somos considerados educados quando temos respeito, tato, gratidão, cordialidade, simpatia, paciência, calma e elegância. Ou seja, ter educação significa que temos as virtudes interpessoais bem desenvolvidas. De todas essas qualidades, a mais simples de adquirir é a elegância, e, como as demais possuem um item em específico neste livro, esta será a única que irei tratar por aqui.

Embora a elegância seja geralmente relacionada com o tipo de vestimenta, ela é muito mais que isso. Afinal, o mais importante não é o que você veste, e sim suas atitudes comportamentais. É fato que precisamos usar roupas adequadas ao ambiente em que estivermos, para termos uma imagem positiva diante da sociedade. Porém, não é a vestimenta que define quem somos. Veja o caso dos ladrões que se vestem de paletó e gravata e das pessoas honestas que trabalham com roupa suja e rasgada.

Analisando pelo lado comportamental, como podemos ser pessoas elegantes, educadas, e com isso apresentar uma boa imagem pessoal diante da sociedade? É muito deselegante, por exemplo, alguém apertar sua mão e você retribuir o aperto segurando a mão da pessoa com a pontinha dos dedos, como se quisesse rejeitar o gesto. O aperto de mão deve transmitir confiança e segurança, portanto deve ser feito com firmeza e respeito. Além disso, a depender da posição da sua mão, ela pode representar uma imposição de controle sobre a pessoa (palma virada para baixo), submissão (palma virada para cima), intimidade (apertar com as duas mãos) ou igualdade (palma na vertical). Assim, o ideal é que o aperto seja com a palma na vertical, mantendo contato visual, e pelo menos na mesma intensidade de quem lhe estendeu a mão. Essa é uma dica simples, mas que nos ajuda inclusive a cativar as pessoas, seja no trabalho, na família ou com os amigos.

Um indivíduo sem educação, chamado de mal-educado, não se importa com as pessoas, não consegue ter bons relacionamentos e, consequentemente, não é benquisto por elas. Assim, a sua vida poderá ser bastante solitária. Por isso, veja outras situações da vida em que podemos demonstrar educação:

1. Ao atender o telefone pessoal, se for um número desconhecido, em vez de falar "diga!", "alô!" ou "oi?", seja mais elegante e receptivo e diga "pois não? Deseja falar com quem?". No trabalho, o ideal é que informe

o setor em que trabalha, se identifique e complemente com um "pois não?", "em que posso ajudar?", ou simplesmente com um "bom dia!". Além disso, pare o que estiver fazendo, dê atenção ao outro e demonstre isso em sua fala para não parecer que está entediado e que deseja desligar. Caso tenha outra urgência para tratar, informe que precisa desligar, peça desculpas e pergunte: "Posso retornar a ligação em outro momento, para poder dar a atenção que você precisa?".
2. Não utilize palavras chulas em suas conversas e se possível elimine-as de seu vocabulário. Um bom treino para eliminar esse mau hábito é utilizar palavras substitutas ou criadas por você. O uso do palavrão pode ofender as pessoas e normalmente é carregado de negatividade, o que também não é bom para você. Atitudes negativas trazem consequências negativas.
3. Não dê uma de Seu Lunga, figura folclórica do Nordeste brasileiro, conhecido pela sua tolerância zero. As brincadeiras no estilo do Seu Lunga são saudáveis e aceitáveis até certo ponto, porém o uso exagerado pode deixá-lo com fama de pessoa amarga, chata, azeda e indesejada.
4. Evite ser insistente com as outras pessoas, seja dando conselhos ou oferecendo qualquer outra coisa, pois isso poderá incomodá-las. Cada um possui seu livre-arbítrio, e, mesmo que o seu conselho seja muito bom, o outro pode querer seguir ou não. Quando quiser ser gentil e pagar a conta de alguém, se o outro disser que não aceita, tente só mais uma vez dizendo "por favor, na próxima você paga!".
5. Dê atenção à pessoa com quem estiver conversando, não fique com o olhar longe demonstrando desinteresse, nem mexendo toda hora no celular ou em outros objetos.

Existe um provérbio que diz "costume de casa vai à praça". Sem perceber, você poderá repetir na rua algo inadequado e que acha normal fazer em seu lar, sendo deselegante e constrangedor. O ideal é que se policie para evitar os maus hábitos tanto no ambiente familiar quanto na rua. Seja educado, e não terá dificuldades em ser benquisto pela sociedade!

VIRTUDE 40
« EFICIÊNCIA »

Você está sempre dizendo que não tem tempo para nada? Se você respondeu sim, agora me diga, por que será? Será porque possui muitos afazeres, ou porque não é eficiente nas suas atividades e não gerencia bem o seu tempo? Inicialmente, para entender melhor o que significa a virtude da eficiência, vamos diferenciar o que é eficácia, eficiência e produtividade:

1. Eficácia: se alguém lhe dá uma determinada tarefa para executar e você a conclui com sucesso, significa que você é eficaz. Ou seja, você possui eficácia se for capaz de cumprir tal tarefa.
2. Eficiência: se você, além de cumprir a tarefa, consegue fazê-la da maneira mais rápida, com menos recursos e utilizando a ferramenta mais adequada, além de eficaz, você também é eficiente.
3. Produtividade: se você é eficiente não só em uma, mas em várias atividades ao longo do dia, pode-se dizer que seu dia foi produtivo. A produtividade depende da quantidade de tarefas realizadas em determinado espaço de tempo, isto é, quanto mais atividades conseguir concluir em menos tempo, mais produtivo será.

E, para sermos pessoas eficientes e termos dias mais produtivos, precisamos primeiramente atender a alguns requisitos básicos, como:

1. Comprometimento: envolva-se com a atividade, mantendo o foco e eliminando as distrações.
2. Planejamento: estude a atividade para estabelecer a melhor maneira de atuar (defina o passo a passo) e realize uma melhoria contínua dos processos envolvidos a partir da ferramenta PDCA (explicada na "Virtude 10: Atitude").
3. Experiência: aprenda com as pessoas mais experientes ou a partir da sua própria prática.
4. Gestão do tempo: defina prioridades para cada tarefa e realize as mais urgentes e importantes primeiro.

Este último é o que mais interessa tratar aqui. O gerenciamento do tempo é primordial na busca pela eficiência, pois, quanto menor o tempo gasto numa atividade, mais eficiente você será. Na vida acadêmica, profissional ou pessoal, se não gerirmos bem o tempo seremos improdutivos e teremos muita dificuldade em obter sucesso no prazo desejado. Às vezes, ficamos sobrecarregados psicologicamente com muitas coisas para fazer e ficamos perdidos sem saber por onde começar. Nesse caso, se elencarmos as pendências em uma lista, estabelecendo níveis de prioridade para cada item, a sua cabeça não precisará mais ficar reprocessando, puxando pela memória, para selecionar qual seria a próxima atividade a ser realizada.

Com base na lista de pendências, você poderá ir executando um item por vez, começando pelos mais prioritários, eliminando um a um bem mais rápido do que se não houvesse uma lista. Assim, seu dia será muito mais produtivo e não perderá mais o tempo de reprocessamento mental para decidir qual será a próxima atividade. Além disso, quando percebe seu alto desempenho, você se motiva ainda mais a continuar sendo produtivo.

Existe um exemplo bem interessante que mostra o quanto é verdadeira a questão de reprocessamento mental de uma tarefa. Ao programarmos um alarme para nos acordar, estamos inconscientemente dizendo ao nosso cérebro que não precisamos nos preocupar com o horário, pois você será informado pelo alarme que deve se levantar na hora programada. Se um dia o dispositivo de alarme quebrar, você acordará várias vezes durante a noite preocupado se irá conseguir se levantar na hora certa. Ou seja, seu sono será bem menos eficiente, por estar preocupado com o que iria fazer depois. A "pendência" nesse caso seria se levantar em determinada hora, a qual sua mente ficou reprocessando para não se esquecer. Da mesma forma que o alarme para acordar, você pode construir uma lista de pendências em uma agenda digital, que poderá lhe informar quando for o momento programado para executar determinada atividade. Exige um pouco mais de conhecimento da ferramenta que simplesmente anotar em um papel, mas, para quem assume uma função no trabalho com muitas responsabilidades, a exemplo de um gerente, diretor ou dono de algum estabelecimento, pode valer a pena utilizar para que consiga uma maior produtividade no trabalho e mantenha uma boa qualidade de vida social e familiar.

Quem age sem planejar suas atividades, ao fim do dia percebe que não fez tudo que precisava e gastou muito tempo numa tarefa sem importância ou sem prioridade, simplesmente por ser mais fácil. O que realmente é importante acaba sendo deixado em segundo plano, até um dia virar urgente e não ter mais como procrastinar. Como dizem, o brasileiro sempre deixa tudo para a última hora, procrastinando o máximo que puder. E a virtude da eficiência, em conjunto com a da diligência, serve exatamente para eliminarmos esse mau hábito.

Além da priorização descrita anteriormente, a delimitação do tempo de execução de uma atividade também auxilia no gerenciamento e controle de nossas tarefas. Ao transformarmos o tempo num recurso limitado e bem definido, saberemos dosar melhor nosso nível de concentração e poderemos controlar o nível de realização.

Você já parou para pensar que, quando está chegando perto da hora da entrega de algum trabalho, rendemos muito mais? Isso acontece porque o tempo está ficando escasso, e utilizamos essa pressão para aumentar o foco. Se você planeja, por exemplo, em quatro horas executar os quatro passos de uma atividade, poderá prever em torno de uma hora para cada uma. Dessa forma, enquanto estiver executando cada passo, pode controlar o tempo despendido para saber se irá cumprir o planejado. Em alguns momentos, se perceber que talvez não consiga concluir tudo dentro do intervalo preestabelecido, poderá ir mais rápido aumentando o foco na atividade e eliminando as distrações que surgirem. Com o passar do tempo, se adquirir a prática, em vez de precisar de quatro horas, talvez execute tudo com a mesma qualidade em três horas. Ou seja, com comprometimento, planejamento, experiência e gestão do tempo, é possível que consiga obter mais eficiência na atividade, sobrando mais tempo para outras atividades.

Em nosso dia a dia, observamos que o tempo é bem relativo. Apesar de uma hora ter sempre sessenta minutos, e um minuto, sempre sessenta segundos, a percepção do tempo é diferente para cada um e depende do que você estiver fazendo. Para uma criança, que tem pouca vivência, um ano é muita coisa em sua vida. Já para um adulto, algo que aconteceu cinco anos atrás pode ser percebido como se tivesse acontecido ontem. Além disso, quando estamos muito focados numa atividade, parece que o tempo passa rápido, já quando estamos ociosos ou não gostamos do que estamos fazendo, o tempo parece passar bem devagar, pois não conseguimos manter o foco.

Na área da psicologia positiva, o psicólogo Dr. Mihaly Csikszentmihalyi (lê-se "mirrai tchik-sent-mirrai"), na década de 1960, desenvolveu um importante conceito: o estado de *flow*, ou estado de fluxo, que, por definição, acontece quando temos prazer naquilo que estamos fazendo, de tal forma que não percebemos o tempo passar devido a alta concentração, envolvimento e foco na execução da atividade.

Portanto, para termos dias mais produtivos, é importante que tenhamos prazer naquilo que fazemos, desempenhando atividades que nos façam sentir úteis. E, quando não houver tanto gosto pela atividade, deve-se buscar a motivação adequada, pensando na causa maior, no seu principal propósito, por exemplo:

preciso desse emprego para sobreviver, preciso ser organizado para me sentir bem em meu lar, etc., para que mesmo assim ainda consiga ser eficiente. Na "Virtude 71: Motivação" irei falar mais sobre isso.

Quando chegamos numa idade mais avançada, em que se percebe o quanto a vida é efêmera, se não tivermos sido eficientes e produtivos, muitos anos terão passado e pouco terá sido realizado. Inclusive, algumas pesquisas mostram que o maior arrependimento das pessoas com mais idade não é do que elas fizeram, e sim do que deixaram de fazer por estarem muito ocupadas fazendo coisas sem muita importância. Devemos aproveitar nosso tempo para o que realmente importa e o que nos dará um retorno positivo. A eficiência nos ajuda muito nesse sentido. Se formos eficientes e produtivos em nosso dia a dia, teremos tempo disponível para nos dedicar ao nosso crescimento pessoal, dar atenção à nossa família e nutrir nossas amizades.

Divertir-se é muito bom, mas, quando a distração começa a atrapalhar nosso foco, é preciso tomar algumas atitudes imediatamente. O uso demasiado de redes sociais, aplicativos de mensagens instantâneas ou televisão nos faz perder tempo na execução de tarefas importantes, tirando o foco até de nossos relacionamentos cara a cara e olho no olho. Nesse caso, é importante nos desconectarmos das possíveis distrações, pelo menos durante certas atividades, para que possamos aproveitar esses momentos em sua completude, tendo maior qualidade de tempo nos relacionamentos e mais eficiência nos trabalhos.

Desenvolva o seu foco, eliminando as distrações e envolvendo-se verdadeiramente com a atividade, para que você se torne cada vez mais eficiente. Assim, além de ganhar em produtividade, terá mais tempo para se dedicar à sua vida pessoal e social.

VIRTUDE 41
« EMPATIA »

A empatia significa ter a capacidade para se colocar no lugar do outro, compreendendo o seu ponto de vista, por mais diferente que seja, considerando que cada um possui a sua própria história de vida e o grau de compreensão das coisas de acordo com as experiências vividas. Em outras palavras, ter empatia não é simplesmente imaginar, mas sentir, no campo das emoções, o que é ser o outro, e utilizar essa capacidade para entender e aceitar seus pensamentos, sentimentos e emoções.

A falta desta importante virtude tem sido associada a alguns transtornos psicológicos, a exemplo do transtorno de personalidade antissocial, mais conhecido como psicopatia. A ausência de empatia é justamente a característica básica para identificar se uma pessoa sofre de psicopatia ou sociopatia. A personalidade psicopática, no entanto, é um caso extremo e que deve ser tratado por profissionais especializados. Quem sofre desse transtorno não tem qualquer sensibilização por ninguém, chegando inclusive a praticar crimes e assassinatos sem sentir remorso.

A deficiência nessa virtude é a principal razão para a existência da maldade, sendo considerada, portanto, a grande chaga da humanidade. Por isso, a empatia é crucial para termos sucesso não apenas na vida social, mas também na pessoal e na profissional. Quem possui dificuldade em ter empatia age de forma egocêntrica, manipuladora e superficial, causando para si mesmo um futuro de solidão, agressividade e intolerância, e machucando quem estiver no seu caminho de forma física ou emocional.

Uma das atitudes para treinar a empatia é não fazer com o outro o que não gostaria que fizessem com você. Com certeza você não gosta que gritem com você, que desvalorizem as suas opiniões, que desrespeitem as suas particularidades. Não é mesmo? O ato de se colocar no lugar do outro antes de agir demonstra maturidade emocional. Portanto, se você quiser viver em paz com as outras pessoas, antes de falar ou agir pense bem se a reação delas será positiva e receptiva.

Agora me permita fazer uma pergunta indiscreta: você já chorou ao assistir a uma cena triste de um filme? Não precisa ter vergonha nenhuma em responder que sim. Esse sentimento de tristeza acompanhado de choro é sinal de que você já tem um pouco de empatia e se sensibiliza com o sofrimento das pessoas. E, para desenvolver ainda mais a empatia, tome as seguintes atitudes:

1. Entenda que a necessidade do outro não é menor que a sua.
2. Aprenda a expressar os próprios sentimentos. Você não conseguirá se sensibilizar com a emoção do outro se não souber expressar a sua própria.
3. Foque a atenção em quem estiver falando, esquecendo-se de você mesmo nesse momento para assim praticar a escuta ativa.
4. Ao ouvir os problemas dos amigos mais íntimos, sempre pergunte como eles se sentem, e depois vá aprofundando ainda mais nas perguntas, até chegar à origem dos problemas. Com isso, você poderá conhecer melhor a pessoa, se envolver emocionalmente e ajudá-la a encontrar uma solução.
5. Imagine-se sendo a outra pessoa, com a vida que ela possui e com as dificuldades que ela enfrenta, para compreender a razão de seus pensamentos, sentimentos e emoções.

As pessoas com quem mais devemos ter empatia são os nossos próprios familiares. Porém, infelizmente, não é o que vemos na maioria dos lares. Existem muitas pessoas que são "santas" na rua, andam até com a Bíblia embaixo do braço, mas em casa são carrascas, gritam com seu cônjuge e filhos com impaciência e intolerância. Muita gente esquece que as pessoas com quem convivemos também possuem sentimentos.

Embora seja uma virtude importante para fortalecer os relacionamentos, não é preciso conhecer a outra pessoa profundamente para ser empático. Podemos ter empatia com qualquer um, seja com quem está nas ruas vendendo pipoca para se sustentar ou com um passageiro de ônibus que possui alguma deficiência e não encontra assento disponível.

Segundo Roman Krznaric, autor do livro *O poder da empatia*, a empatia funciona como uma espécie de pílula da paz, necessária para eliminarmos o preconceito, a intolerância religiosa, o autoritarismo, a violência e qualquer outra demonstração de individualismo. Escolha tomar diariamente essa pílula, elimine de sua vida todas as atitudes que possam gerar a discriminação e a discórdia e vamos juntos mudar o mundo.

VIRTUDE 42
« ENTUSIASMO »

O entusiasmo é um dos ingredientes principais para desenvolvermos a maioria das virtudes, não só as intrapessoais como também as interpessoais. A palavra entusiasmo tem sua origem do grego *enthousiasmós*, que significa ter Deus dentro de si, estar inspirado por Deus ou estar sob efeito de uma ação divina. Na Antiguidade, quando uma pessoa sentia entusiasmo, ou estava entusiasmada, era porque estava inspirada por uma entidade divina.

A origem da palavra nos ajuda a entender a concepção atual dessa grande virtude. A pessoa entusiasta, ou entusiasmada, é aquela que possui uma vibração positiva muito forte, e que é tomada por um estado de intensa alegria, disposição e energia bem direcionada. Você já percebeu o quanto ficamos entusiasmados quando nos apaixonamos por alguém? Dedicamo-nos a essa pessoa, temos um forte prazer em estar com ela e, quando se está junto, nem percebemos o tempo passar.

Perceba que o principal combustível para o entusiasmo é tirado de dentro de nós mesmos. Não é preciso nenhuma droga, bebida alcoólica ou qualquer outro produto artificial. Se tivermos Deus dentro de nós, uma grande vontade e interesse de falar ou fazer, poderemos sentir uma energia arrebatadora que nos impulsiona a seguir em direção aos nossos objetivos.

O primeiro passo para adquirir essa virtude é decidir ser um entusiasta. Sendo que essa decisão implica em colocar Deus e a bondade acima de tudo. Falando assim, até parece fácil conseguir colocar entusiasmo em nossa vida, mas, embora esse seja o mais importante, é só o primeiro passo.

Existem várias outras ações que podemos praticar para alcançarmos esta virtude, e vários outros fatores que precisamos contornar. Observe, por exemplo, que uma pessoa de personalidade introvertida é mais susceptível a não desenvolver o entusiasmo, principalmente para se expressar e se comunicar. No entanto, ela costuma apresentar mais entusiasmo em suas atividades pessoais, que não envolvam terceiros, como nos estudos, nos trabalhos, no lazer individual, entre outras. As pessoas com essa característica podem contornar essa dificuldade adquirindo outras virtudes, como sociabilidade, amizade, simpatia, autoestima, segurança, comunicação e assertividade.

Além dos nossos traços de personalidade, todos passamos por várias dificuldades durante a vida, sendo algumas mais difíceis de superar que outras. E, quando deixamos nosso humor se contagiar com alguma tristeza não superada, chegamos a passar dias e até anos sem desenvolver o entusiasmo.

A falta de motivação também é outro fator complicador. Porém, até mesmo quando existe alguma motivação, mas se é movido somente pelas necessidades básicas de sobrevivência, passando por muito sufoco e sofrimento, é difícil de vermos entusiasmo nessas pessoas. Algumas até perdem a fé, devido ao trauma de não conseguir superar suas dificuldades.

Nesses casos, as virtudes da fé, do otimismo, da resiliência e da superação devem ser trabalhadas primeiro, para impedir que a frustração, a decepção, o descontentamento e o desânimo tomem conta de nós.

Como você pode ver, não é tão simples assim sentirmos entusiasmo. Por isso, é importante não ter pressa e buscar o desenvolvimento pessoal por etapas. Ao longo do livro, você terá a oportunidade de identificar o propósito de sua vida, suas motivações, e conhecerá outras virtudes que irão colaborar para que desenvolva o entusiasmo. No início, foque no primeiro passo que falei anteriormente: decida ter entusiasmo e ter Deus dentro de si. Esse é o ingrediente principal que irá auxiliar não apenas nesta, mas também nas outras virtudes. Com o tempo, você conseguirá estabelecer um círculo virtuoso, em que desenvolverá as virtudes que lhe dão entusiasmo, e seu entusiasmo o auxiliará a fortalecer ainda mais as suas virtudes.

Enquanto ainda não nos tornamos pessoas entusiastas, precisamos renovar nossa decisão diariamente, logo ao acordar, mentalizando que teremos um belo dia, com muita empolgação, disposição, alegria e entusiasmo para realizar tudo que estava programado para o dia. Após essa mentalização, podemos fazer nossa oração matinal, em que agradecemos por todas as bênçãos e oportunidades recebidas, principalmente pela dádiva de estarmos vivos, e desejamos para nós mesmos o sucesso em cada provação que venhamos a enfrentar.

Coloque entusiasmo em tudo que fizer, e o sucesso virá como consequência!

VIRTUDE 43
‹‹ EQUILÍBRIO EMOCIONAL ››

Não é fácil obter as virtudes da calma, da paciência, do autocontrole, da alegria e da tolerância. É necessário muito esforço e muita atitude para mudar os hábitos, porém, há uma outra virtude que poderá ajudar nessa mudança, que é o equilíbrio emocional.

Para explicar melhor, veja, por exemplo, o que acontece com a mulher que está com tensão pré-menstrual (TPM). No período que antecede à menstruação, o corpo feminino passa por uma grande variação dos hormônios estrogênio e progesterona, o que ocasiona uma baixa nos níveis de serotonina, hormônio do bem-estar ou do humor. Com a queda da serotonina, a mulher pode ficar irritadiça, impulsiva, agressiva e melancólica, pois se perde um pouco a capacidade de resistir às contrariedades. E, dependendo do estado emocional da mulher, de seus hábitos comportamentais e alimentares, o desequilíbrio emocional fica ainda mais acentuado.

Observamos, então, que existe uma relação direta entre o humor, associado com o hormônio da serotonina, e o equilíbrio emocional, e que, para conseguirmos manter um equilíbrio, é necessário desenvolvermos um bom humor. Em outras palavras, o desequilíbrio emocional está relacionado com uma grande alternância de humor, sendo exatamente essa variação que devemos eliminar para adquirirmos essa virtude. Lembre-se que a falta de estabilidade do humor pode ainda causar ansiedade e até depressão. Portanto, precisamos ter as ferramentas psicológicas adequadas para controlar o humor e sermos equilibrados emocionalmente.

Mas como podemos regular as emoções indesejáveis, evitando que o humor diminua e afete negativamente o nosso dia? Como manter um nível constante de bom humor ao longo do dia? Seguem algumas estratégias que podem ajudar com isso:

1. Não deixe que uma "nuvem preta" fique em cima de sua cabeça, livre-se dos pensamentos ruins. Existem coisas mais importantes para pensar que ficar se achando gordo(a), que o seu cabelo está horrível, achar que fulano não o valoriza, que a meta que está perseguindo não será cumprida, que não consegue mudar os maus hábitos, ou que poderia ter feito diferente no passado.

2. Procure olhar sempre pelo lado bom das coisas. Como disse a escritora Meire Oliveira: "Nada é em vão, se não é bênção é lição!".
3. Procure sempre sorrir e ver o lado positivo das coisas, especialmente com situações do dia a dia.
4. Contemple a beleza da natureza por pelo menos alguns minutos do seu dia. Pode ser enquanto estiver no trânsito, almoçando ou em um passeio.
5. Desafie seus pensamentos sabotadores, praticando a técnica do DCD (explicada na "Virtude 36: Disciplina"). Diga para você mesmo, como se fosse outra pessoa, o que deve fazer para não se autossabotar mais.
6. Faça sempre algo novo, em que sinta prazer e que traga motivação para os próximos dias.
7. O ócio é importante para a criatividade e meditação, porém evite fazer uso excessivo dele para que não se instalem pensamentos indesejados.
8. Envolva-se em algo que gosta e tenha prazer, como brincar com os filhos ou com animais, praticar a caridade, ler um livro, ouvir boas músicas, trabalhar num projeto pessoal.
9. Pratique exercícios físicos e tenha uma boa alimentação. Alguns alimentos, como banana, abacate, nozes, castanha, aumentam a liberação de serotonina, que promove maior sensação de prazer, melhorando inclusive os sintomas da TPM.
10. Seja criativo! O humorista é uma pessoa essencialmente criativa, sem bloqueios mentais, o que o ajuda a ter um bom humor. Viva como se estivesse em um palco de comédia *stand-up*, transformando os maiores problemas em situações engraçadas. Portanto, ria dos problemas e encontre soluções criativas para eles.
11. Procure utilizar a razão em vez da emoção nos casos em que possam colocar seu ânimo para baixo.

A vida é linda, e merece ser vivida de forma leve, preservando o bom humor até mesmo nos momentos mais tensos. Faça isso e ganhe o equilíbrio emocional necessário para desenvolver tantas outras virtudes!

VIRTUDE 44

« ESPERANÇA »

As pessoas às vezes confundem esperança com fé. As duas na verdade se complementam. Enquanto a esperança pode existir sem a fé, a fé não pode ser sustentada sem a esperança. Ter esperança significa esperar que o melhor aconteça mesmo que as chances sejam reduzidas. A fé, no entanto, é a certeza, a convicção, de que a esperança será concretizada. Deixarei para falar sobre ela na "Virtude 47: Fé".

A esperança é mais fácil de se desenvolver que a fé, já que a maioria de nós, exceto os pessimistas, espera que os problemas pessoais sejam resolvidos, que o mundo seja melhor, que os filhos cresçam e sejam pessoas do bem, e que tenhamos sucesso na vida pessoal, social e profissional. Porém, embora quase todo mundo diga que possui esperança, que ela é a última que morre, não é tão simples assim. Observe que, se você apenas esperar por algo melhor, ficará estagnado e não irá para a frente. Portanto, a esperança só tem valor como virtude quando houver atitude e determinação associadas a ela. Exemplificando, não adianta esperar ser aprovado num concurso público sem se dedicar a isso, ou emagrecer e largar um vício sem desenvolver o autocontrole.

A esperança nos motiva a continuar no caminho da mudança, sem nunca desistir. Só os mais esperançosos e confiantes sobrevivem às dificuldades apresentadas durante a vida. Quem perde a esperança desiste cedo demais de seus sonhos e objetivos, às vezes estando apenas a um passo de distância de encontrar o sucesso.

A esperança, juntamente com a fé e a caridade, é considerada também uma virtude teologal, que tem Deus como base. As virtudes teologais são muito importantes na busca pelo desenvolvimento pessoal e também são fundamentais para nossa aproximação com Deus e para a compreensão sobre a vida aqui na Terra. Nesse sentido, é por meio da esperança que a maioria dos cristãos, por exemplo, espera entrar para o Reino dos Céus, buscando para isso adquirir mais virtudes, seguindo os ensinamentos de Jesus Cristo.

O mundo onde vivemos possui muita maldade, e a mídia muitas vezes insiste em mostrar apenas a violência, a corrupção e outras coisas desagradáveis. Se não tivermos a esperança de que as coisas vão melhorar, com a ajuda de Deus e com a nossa determinação, poderemos viver em completo desespero ou conformados com os problemas. Por isso, para que possamos ter um conforto psicológico, é importante confiarmos também nas providências divinas, e não apenas no que está unicamente ao nosso alcance.

Com certeza você já deve ter uma semente de esperança dentro de si. Cultive-a e faça brotar também a fé e a caridade!

VIRTUDE 45
« ÉTICA »

A ética é uma virtude fundamental para não ferirmos os princípios incontestáveis da natureza humana, sendo pessoas de boa índole, de bom caráter e boa personalidade. Uma sociedade que não possui pessoas éticas vive em completa barbárie, onde cada um é por si e ninguém segue as regras de boa convivência. Por essa razão, foram criadas as Leis e os Códigos de Ética, para que fosse difundido de modo claro e objetivo o que é certo ou errado, na ótica de um determinado grupo, sob pena de sanções civis, penais ou administrativas para quem infringir as regras.

Um dos lugares em que se percebe a falta de ética da população é no trânsito. É muito comum vermos alguém infringindo as leis, quer seja ultrapassando um sinal vermelho, dirigindo alcoolizado, falando ao celular enquanto dirige, estacionando em local proibido, ou subornando o agente de trânsito para se livrar de uma multa. Ética, no entanto, é muito mais que não roubar ou seguir as leis, é ter uma conduta social universalmente aceita. E é importante salientar que, por essa abrangência, a ética difere da moral justamente nesse ponto.

A moral, como já mencionei, é fundamentada em aspectos culturais, não sendo caracterizada como uma virtude, mas como um costume. Logo, o que pode ser moralmente aceito por você pode não ser para as pessoas de outros países, ou até do outro lado da rua onde você mora. Citando como exemplo a homossexualidade, ainda se veem muitos países que não aceitam o relacionamento homoafetivo, sendo que alguns inclusive o consideram um crime, condenando as pessoas até mesmo à pena de morte. Dessa forma, nem sempre a moral e a ética andam juntas.

A maioria das empresas costuma estabelecer também o chamado Código de Ética, e o funcionário que o infringir poderá ser penalizado com uma advertência, suspensão, ou até mesmo demissão por justa causa. Embora exijam a ética de seus funcionários, muitos itens do código na verdade são costumes corporativos, ou cultura da própria empresa. Porém, em vez de chamá-lo de "Código da Moral", convencionou-se chamar de "Código de Ética".

Em momentos de crise política e econômica, a ética é uma palavra bastante falada. As pessoas ficam indignadas com tanta falta de ética de seus governantes, e com razão, mas esquecem de olhar para si mesmas, pensando que a solução para todos os problemas do país está apenas nos governantes. Os políticos nada mais são que representantes do povo. Dessa forma, assim como as pessoas comuns possuem muitos defeitos e são corruptíveis, o seu representante não será diferente. A pessoa que recebe o troco a mais por engano e não devolve, quando ganha poder e tem acesso a grandes quantias de dinheiro, fará muito pior. A falta de ética é a mesma, a diferença é que na política a escala é muito maior.

Infelizmente, a corrupção está muito mais enraizada na sociedade brasileira do que se imagina. A corrupção que vemos na política é só a ponta do *iceberg*. Mas, mesmo assim, não devemos desistir nunca de mudar esse quadro social. Perceba que a solução passa principalmente pela educação das crianças e pelo desenvolvimento das virtudes humanas. Afinal, elas serão os políticos de amanhã, e se os pais, em conjunto com as instituições de ensino, buscarem desenvolver as competências socioemocionais das crianças, teremos um futuro muito diferente do que estamos acostumados a ver atualmente.

É importante cobrarmos a ética dos políticos após a eleição. No entanto, seja coerente e olhe primeiramente para si mesmo, procure ser honesto, tolerante, humilde, justo e correto com todos. As pessoas precisam antes mudar, para que daí, quem sabe, o seu representante possa ter a mesma cara do povo, com as virtudes necessárias para ser um bom líder.

Portanto, agarre este livro com unhas e dentes e lute por um mundo melhor, colocando em prática todas as virtudes. Você estará ajudando a tornar o nosso país um lugar mais ético e saudável para todos.

VIRTUDE 46
‹‹ EXCELÊNCIA ››

Quando nos esforçamos, com determinação e persistência, para sermos melhores a cada dia, numa busca incessante pela prosperidade em todas as áreas da vida, estamos na verdade agindo para alcançar a nossa excelência. No entanto, por conter todas as outras virtudes, a excelência pessoal é uma das poucas que devemos ter ciência de que não conseguiremos adquirir plenamente nesta vida. Exemplos de perfeição são apenas Deus e Jesus Cristo. Mas isso não significa que não devamos nos dedicar a isso, uma vez que esse é justamente o maior objetivo de nossa vida.

O importante nesta virtude não é ser perfeito em tudo, nem ser melhor que ninguém, mas estar sempre disposto a dar o melhor de si em qualquer situação, superando-se dia após dia e tendo em mente que sempre teremos algo a melhorar. E, se falharmos, temos a chance de aprender com o erro e fazer melhor na próxima vez, sem nos condenarmos e ficarmos nos punindo.

Não se importe com o que os outros pensam ou falam de você. Se a maioria faz coisas erradas ou que prejudicam sua saúde, seja diferente e plante a semente da mudança, mesmo que o considerem esquisito. O que importa é a nossa consciência e não o que os outros pensam de nós. Não tenha vergonha de procurar ser melhor, mas também não fique ansioso para acertar o tempo todo. Nossa transformação deve vir com muito esforço, sem alta exigência e ao seu tempo, por isso, não coloque um peso nas costas achando que precisa alcançar a excelência em determinada área da vida neste exato instante. Você perceberá naturalmente o quanto é capaz de se tornar uma pessoa melhor.

O segredo para obter sucesso, principalmente na vida profissional, não está em fazer sempre tudo perfeito e acertar de primeira, mas sim na maneira de lidar com os fracassos. Ao primeiro sinal de um fracasso, a ideia que vem à mente da maioria das pessoas é desistir. Porém, como descrevi na "Virtude 33: Determinação", o importante é tentar sempre uma vez mais, até que se consiga obter o sucesso desejado.

Fracassar não significa que algo é impossível de se obter ou fazer, mas sim que é importante aprender e praticar um pouco mais. Portanto, diante de um fracasso, analise todos os pontos de melhoria, principalmente no aspecto comportamental, e crie as condições necessárias para que isso não se repita mais.

Uma forma de reduzir as consequências de um fracasso é começar pequeno, sem dar passos maiores que as pernas. Se você começar logo grande, uma possível queda será proporcional ao tamanho do que investiu, podendo gerar um dano psicológico e financeiro mais devastador. Comece pequeno e assim os fracassos iniciais serão menos danosos. Em outros termos, não tenha altas expectativas de que terá sucesso em sua primeira tentativa, seja no trabalho ou nos relacionamentos. Percorra seu caminho com prudência para poder lidar melhor com os fracassos, mas aja com comprometimento e dedicação para que alcance os resultados esperados tão logo se mostre merecedor. Como disse o poeta Edson Marques: "mude, mas comece devagar, porque a direção é mais importante que a velocidade".

Você já imaginou ser reconhecido como uma pessoa de excelência? Quantas oportunidades possivelmente bateriam na sua porta, não é mesmo? Internalize o lema "um por cento melhor a cada dia" e esteja atento a todas as suas atitudes diariamente, pois só assim saberá o que precisa melhorar. Seja um eterno aprendiz, sempre em busca da excelência!

VIRTUDE 47
« FÉ »

Geralmente, a fé é conhecida apenas pelo seu sentido religioso e espiritual. Mas ela não se restringe apenas a isso, podendo ser tanto humana quanto divina. Sendo as duas complementares, e não antagônicas.

Conforme falei na "Virtude 44: Esperança", a fé pode ser compreendida como a certeza e a convicção de que aquilo que temos esperança de acontecer será concretizado. Essa é justamente a fé humana, e nesse caso ela se refere ao que acreditamos que acontecerá no futuro, em decorrência de nossa própria ação ou atitude, ou seja, é a fé de que podemos conseguir tudo aquilo que desejamos, desde que para isso façamos por merecer. É essa fé que alimenta a nossa autoconfiança e determinação.

Já no sentido da fé como uma virtude teologal ou divina, podemos entendê-la como a crença na existência de uma inteligência suprema, que chamamos de Deus, criador de todas as coisas. Nesse contexto, para termos a fé divina não é preciso ver nem tocar para crer em sua existência. A crença se baseia em nossa própria razão e emoção. Veja que, embora não possamos enxergar um elétron ou as ondas de rádio e de televisão, sabemos que tudo isso existe e está presente em nossa vida. Além disso, apesar de existirem equações matemáticas, físicas ou químicas que justifiquem a existência de muitos acontecimentos da natureza, nem tudo na vida se pode explicar por meio de equações, inclusive a nossa própria vida. Os cientistas ainda não conseguiram explicar nem mesmo a origem da vida na Terra.

Existem milhares de fenômenos na natureza que ainda não foram explicados cientificamente pelo homem, mas isso não significa que não possam existir, e muitos deles fazem parte da própria natureza humana. A nossa mentalidade e capacidade de compreensão é muito pequena diante da grandiosidade e complexidade do universo e de Deus. Infelizmente, as pessoas que deixam de acreditar em Deus, em sua maioria, tornaram-se descrentes porque passaram por alguma frustração, como uma dificuldade pessoal em que não obtiveram sucesso, ou porque perderam algum ente querido de forma prematura. Por não compreenderem todas as leis da natureza, que são as mesmas leis de Deus, e não acharem a realidade justa, acabam por perder a fé. Não sabem que na lógica divina tudo faz sentido, e que todos os problemas são importantes para o nosso crescimento.

Ao contrário do que dizem os céticos e agnósticos, que se utilizam do "ver para crer", para praticar a fé é preciso "crer para ver". Isso quer dizer que devemos primeiro crer, depois agir, para então podermos receber as bênçãos e as providências divinas. Assim, quem possui a fé divina não precisa de sinais externos para acreditar em Deus, aliás, a nossa própria vida já é um sinal suficiente de sua existência.

Apesar de não precisarmos ver para crer, a verdadeira fé não é cega. Pelo contrário, deve ser raciocinada! Porém, com uma lógica espiritual, e não material.

A certeza que possuímos resultante da fé é tão grande que nos permite afirmar "eu sei" (que Deus existe; que eu vou conseguir vencer os desafios; que amanhã eu serei melhor do que hoje) em vez de dizer "eu creio" ou "eu acho". Assim, quem possui fé pode dizer que:

1. Percebe a existência de Deus quando olha para tudo que não seja obra do homem, pois só a mão divina poderia criar coisas tão extraordinárias e complexas.
2. Não existiria vida na Terra se não houvesse uma inteligência universal por trás disso. Vários detalhes físico-químicos do planeta são essenciais para que seja possível existir a vida neste planeta, como a profundidade dos oceanos, a largura da atmosfera terrestre, a distância entre o planeta e o Sol, a disponibilidade de recursos para sobrevivência, a velocidade de rotação do planeta, etc., e só mesmo a existência de um Deus para justificar a preciosidade dos detalhes necessários para a existência da vida.

Cada vez mais cientistas que eram céticos se convencem da existência de Deus e de seus desígnios, pois percebem que só uma inteligência suprema, universal, seria capaz de gerar seres magníficos dotados de inteligência, sentimentos e emoções. Albert Einstein, um dos maiores cientistas da história, falou certa vez que "a ciência sem religião é manca; a religião sem ciência é cega". Assim, quem possui fé deve também entender que a religião e a ciência não precisam andar separadas, mas de mãos dadas, uma apoiando a outra.

As principais leis de Deus, inclusive, se parecem muito com as leis da física. Veja o caso da lei da ação e reação, mais conhecida como lei da semeadura e da colheita (quem planta, colhe), descrita anteriormente na "Virtude 6: Amor". Existe também a lei da atração, pela qual atraímos não somente aquilo em que temos fé, mas também o que permeia nossos pensamentos. Logo, se formos pessimistas e tivermos pensamentos negativos, inevitavelmente teremos resultados negativos, mas, se formos otimistas, positivos e confiantes, nossas chances

de sucesso crescem vertiginosamente. Nesse sentido, é importante colocarmos em prática as atitudes a seguir para não atrairmos tudo que há de ruim para nós:
1. Evitar ter pensamentos negativos, reativos e autodestrutivos – A pessoa negativa costuma se autossabotar e não toma as atitudes necessárias para ter o sucesso desejado. Ela deixa de fazer o que precisa por pensar desde o princípio que não dará certo e que não possui capacidade para isso.
2. Ter pensamento positivo – Qual seria o seu sentimento quando conseguisse alcançar um objetivo? Utilize esse sentimento e a visualização do sucesso toda vez que estiver trabalhando no seu objetivo, e afirme para você mesmo "eu vou conseguir o que desejo". Quando rezamos, agradecendo por todas as bênçãos e pedindo que Deus ilumine nosso caminho, auxiliando-nos com as virtudes necessárias para alcançar nossos objetivos, também estamos polarizando nossos pensamentos positivamente.
3. Agir – De nada adianta pensar positivamente se você não caminhar em direção ao seu objetivo. Não se obtém sucesso fazendo sempre a mesma coisa, é necessário ser e fazer diferente.
4. Não duvidar de si mesmo e das providências divinas – A dúvida causa resistência e atrapalha a sua jornada. Se você está despendendo todos os esforços necessários, tenha fé de que terá a recompensa desejada. A fé faz com que enfrentemos o medo do fracasso e tenhamos a certeza do sucesso.

Além dessas duas leis divinas, se pararmos para observar todos os acontecimentos de nossa vida, veremos que tudo que nos acontece tem uma razão maior, nada é por acaso. Mesmo que sejamos ótimas pessoas e pratiquemos o bem, algo de ruim sempre poderá acontecer. Afinal, sem dificuldades não há crescimento. Porém, a fé é justamente o suporte emocional necessário para superarmos de cabeça erguida as provações mais difíceis. Sem ela, poderemos perder o chão diante das dificuldades e não nos recuperarmos com a mesma facilidade dos que possuem fé.

O que o ser humano mais precisa entender é que todo problema ou dificuldade em nossa vida é na verdade uma oportunidade de aprendizado para nós e para quem convive conosco, mesmo que seja alguma limitação que já tenha nascido conosco. Veja, por exemplo, o autor do livro *O que é impossível para você?*, Marcos Rossi, que não possui braços nem pernas, e hoje é uma inspiração de superação para tanta gente.

Na maioria das vezes, os problemas são decorrentes de nossas próprias ações e atitudes. Porém, são as provações que nos motivam a sermos cada dia melhores. Por isso, diante delas, seja grato, analise quais virtudes associadas ao problema precisa desenvolver e mude! Você perceberá que será bem mais fácil enfrentar as dificuldades, pois compreenderá o motivo por estar passando por isso, e sairá mais rápido do sufoco.

Tenha sempre fé, tanto em Deus quanto na sua capacidade de realização, e persista quando encontrar obstáculos pelo caminho. Assim, o universo irá conspirar a seu favor.

VIRTUDE 48
« FELICIDADE »

Muitos imaginam que a felicidade é o prêmio para quem obtém sucesso profissional, um corpo magro e perfeito, um bom relacionamento conjugal ou um carro caro na garagem. Na verdade, a felicidade depende de nós mesmos, do que temos dentro de nós, e não de algo externo que precise acontecer. Ou seja, ela não é o fim, e sim o meio necessário para alcançarmos o sucesso em qualquer área da vida.

Quem procura a felicidade externamente, lá no topo de uma montanha distante, em que se precisa escalar para conseguir obtê-la, ao chegar ao topo poderá ficar muito contente em um primeiro momento, mas em seguida voltará ao seu estado anterior. Com isso, aumentará constantemente suas expectativas e desejos, querendo subir cada vez em montanhas maiores, na tentativa de buscar uma felicidade inalcançável. Assim, nunca será capaz de ser feliz, pois sente que sempre falta algo para lhe completar, como um emprego melhor, um carro mais confortável, um apartamento maior, uma pessoa perfeita para se relacionar, etc.

Não quero dizer que não devemos desejar ter uma melhor qualidade de vida. Com certeza o dinheiro permite ter várias experiências, aumenta o conforto e colabora com o bem-estar, evitando ainda tristezas e frustrações de não ter o suficiente para se manter. Mas, uma vez que se tenha os recursos necessários para as necessidades básicas de sobrevivência, não é isso que irá manter nossa felicidade.

Como disse o monge Thich Nhat Hanh, "não existe um caminho para a felicidade, a felicidade é o caminho". Assim, você não será feliz porque obteve sucesso, pelo contrário, você obterá sucesso porque é feliz.

Você pode estar se perguntando: "Tudo bem, a felicidade é o caminho para o sucesso legítimo, mas o que é de fato a felicidade e como posso obter esta virtude?". A felicidade é um estado de satisfação plena de nosso consciente em que valorizamos e amamos a vida, o que nos dá uma enorme vontade de viver e de realizar diariamente. Certamente sempre existirão momentos de tristeza e outros de alegria, porém isso não impede que tenhamos felicidade. Inclusive, a pessoa feliz possui gratidão não só pelas conquistas, mas também pelas dificuldades enfrentadas, pois é a partir delas que se tem a oportunidade de crescer, adquirindo novas virtudes.

Existe, inclusive, um campo de estudo da psicologia, denominado psicologia positiva, que analisa os benefícios do comportamento positivo e, por consequência, a própria felicidade. O precursor da psicologia positiva foi o americano Martin Seligman, que a criou na década de 1980. Conhecido como o Doutor Felicidade, Seligman identificou, por meio de experimentos, que as habilidades pessoais necessárias para nos sentirmos felizes são as emoções positivas (otimismo), o engajamento social (caridade), os relacionamentos positivos (amizades e família), o propósito de vida e a realização pessoal. Baseadas nessas cinco habilidades necessárias, seguem algumas dicas que vão lhe ajudar a se sentir feliz desde já:

1. Identifique o seu propósito de vida, algo que dê sentido aos seus dias, seja no trabalho ou em casa. Na "Virtude 81: Propósito", irei ajudá-lo com isso.
2. Lembre-se que todas as profissões são importantes e possuem um propósito maior, que é proporcionar o desenvolvimento pessoal e o benefício de terceiros. Para se sentir realizado, trabalhe com algo em que se sinta útil e que faça sentido em sua vida. Na "Virtude 65: Laboriosidade" e na "Virtude 71: Motivação" irei falar mais sobre isso.
3. Pratique a caridade, fazendo o bem sem olhar a quem, e sem esperar nada em troca. Você se sentirá ótimo com isso, e seus problemas irão parecer bem menores.
4. Compreenda que a vida é imprevisível e efêmera, e o que realmente importa é a nossa constante busca pela excelência pessoal, por meio das virtudes.
5. Fortaleça os laços familiares e de amizade, mantendo contato com as pessoas importantes na sua vida. A solidão é o que mais impacta negativamente na felicidade. Além disso, tenha conversas mais significantes e profundas, em vez de tratar apenas de assuntos corriqueiros.
6. Faça novas amizades com pessoas que possuam os mesmos interesses e valores que você.
7. Contemple a beleza da natureza ou aprecie uma boa música por alguns minutos do seu dia. Esse momento pode ser durante seu percurso de ida e volta do trabalho ou durante uma refeição.
8. Seja grato por tudo que possui e não se desespere com o que lhe faltar. Administre bem o que já tem e busque sempre o autodesenvolvimento. O dinheiro virá como consequência.
9. Não mantenha uma postura de vítima ou de coitado por conta dos

problemas. Olhe para o lado e veja que existem pessoas com problemas bem piores e que permanecem felizes, com a fé inabalada, na certeza de que nesta vida tudo passa que nem fumaça.
10. Supere os problemas do passado para que não o atormentem no presente. A depressão muitas vezes aparece devido a esses problemas mal resolvidos, não superados. Se você estiver com dificuldades, não hesite em procurar uma ajuda profissional.
11. Não condicione sua felicidade a outra pessoa, a exemplo de um mau chefe no trabalho ou de qualquer outro relacionamento. Só você é responsável pela sua reação diante dos obstáculos no meio do caminho. Se você vive sendo agredido verbalmente por pessoas próximas, como irá se sentir e reagir só depende de você.
12. Tenha liberdade de escolha, principalmente para as maiores decisões de sua vida. Não deixe a sociedade escolher nada por você. E, quando achar que fez uma escolha errada, nunca é tarde para mudar suas ações!
13. Sorria, pratique exercícios, tenha uma dieta balanceada e um sono regular. Os hábitos saudáveis para o corpo influenciam diretamente em nossas emoções, como a disposição, persistência e motivação. Isso garantirá, ainda, uma qualidade de vida inclusive na terceira idade.

Seja feliz, apesar de tudo o que possa estar acontecendo em sua vida, e verá o quanto os seus dias serão mais prazerosos de viver. E, com a sua mentalidade voltada para o positivo, conseguirá com muito mais facilidade alcançar os seus objetivos pessoais e profissionais.

VIRTUDE 49
« FIDELIDADE »

A fidelidade é uma virtude essencial em qualquer relacionamento amoroso e também muito importante para nos sentirmos justos com a gente mesmo. Conceitualmente, ter fidelidade significa não esquecer um compromisso assumido, honrando e respeitando os próprios sentimentos e a decisão que tomou em relação a alguém. Assim, só seremos fiéis caso exista vontade de estar comprometido não por pura obrigação, mas pela sinceridade de seus sentimentos.

Mesmo que você tenha autocontrole e não chegue a trair alguém, se você estiver em um relacionamento e não houver amor de verdade, perceba que isso de certo modo é também um desvio da fidelidade. Aliás, quem é verdadeiramente fiel não precisa ter autocontrole, pois em princípio já não existe a vontade de trair. Portanto, perceba que a fidelidade deve acontecer não apenas em nossas ações, mas também nos pensamentos, sentimentos e emoções.

A pessoa que diz que a "carne é fraca", justificando uma traição, na realidade desconhece o que é o amor, despreza totalmente o seu relacionamento e não o valoriza. Se houvesse amor, seria fiel a esse sentimento, não se esqueceria jamais de proteger e fazer durar esse amor.

A fidelidade não deve ser um martírio nem um grande esforço para aguentar as tentações, pelo contrário, ela é a tranquilidade que um indivíduo possui em relação a seus próprios sentimentos. Quando dizemos que somos bem resolvidos no amor, isso significa que nos conhecemos a fundo e somos fiéis ao que sentimos. Portanto, se não existe amor numa relação, não é possível dizer que possui a virtude da fidelidade, pois estará enganando os sentimentos do outro, vivendo uma vida de mentiras e de enganação. Nesse caso, pode até existir a lealdade, em que o indivíduo não se relaciona com outras pessoas, mas não existe a fidelidade. Desse modo, o segredo da fidelidade é justamente conhecer seus sentimentos mais profundos e respeitá-los.

Quer saber se o seu(sua) parceiro(a) é fiel e ama você, sem precisar de um detetive particular? O primeiro comportamento que acontece em um adultério é o distanciamento, percebido pela falta de interesse nas conversas e a diminuição da libido (se já havia traição desde o início, esse ponto não é observado). Outras atitudes também podem ser identificadas, como chegar tarde do trabalho com frequência; evitar sair junto com os amigos do(a) parceiro(a), para não arriscar que reconheçam como namorado(a) de outra pessoa; ficar mais vaidoso(a); aumentar a intolerância e a irritabilidade; esconder as conversas que possui no celular. Infelizmente, é grande a quantidade de pessoas que são infiéis nos relacionamentos, e que já ficaram craques em enganar seus(suas) parceiros(as). Por isso, é importante conhecer também o histórico da pessoa com quem se relaciona e ficar atento desde o início se ele(a) já esconde algumas coisas.

Muitas pessoas não se valorizam e se acomodam, ficando com outras que são reconhecidamente infiéis. Elas caem nas armadilhas da mente, aprisionadas no pensamento de que precisam do(a) parceiro(a) para ser feliz ou para sobreviver, e acham que todos são iguais. Além de não entenderem o que é felicidade, precisam de coragem para ser independentes e ficar longe de quem não as respeita.

Geralmente, quando as pessoas têm muito ciúme, é porque elas mesmas não são confiáveis e fiéis e, por isso, acreditam que o outro age da mesma forma. Seja fiel e fuja de pessoas ciumentas! E não esqueça que um relacionamento apoiado em parceria, respeito e fidelidade faz bem inclusive para você mesmo.

VIRTUDE 50

« FIRMEZA »

A firmeza é uma virtude muito importante em várias situações de nossa vida pessoal e profissional, tendo um papel de destaque principalmente na educação dos filhos.

A firmeza é o oposto da flexibilidade, mas, embora ambas sejam virtudes, cada uma tem sua importância em momentos distintos. Muitas vezes não é fácil discernir se precisamos ser firmes ou flexíveis. É preciso conhecer muito bem a personalidade da pessoa com quem estamos lidando para que seja possível prever a sua reação caso atuemos de modo firme ou flexível e, assim, possamos decidir como nos posicionar.

Para agirmos com firmeza em um diálogo é preciso falar com segurança, solidez, consistência e certa rigidez, porém não como uma pedra sem sentimentos, mas como alguém que aceita a opinião do outro e mesmo assim sustenta a própria ideia. Além disso, é preciso ter seriedade, para que confiem no que falamos; coragem, para que possamos ser firmes diante de injustiças; e tranquilidade, para que a firmeza não se transforme em grosseria.

Na educação dos filhos, é muito importante sabermos agir tanto com firmeza quanto com flexibilidade nos momentos em que for preciso. Muitos pais vivem o drama entre impor limites e regras e, ao mesmo tempo, estabelecer afeto e depositar confiança nos filhos. E a forma de manter o equilíbrio é justamente saber equilibrar firmeza e flexibilidade.

Para ter sucesso na educação, os pais não devem utilizar chantagens emocionais, como dizer que se ficar quieto vai dar um doce, que nunca mais irá levá-lo para tal lugar ou que irá ficar de castigo se desobedecer de novo, pois isso não gera aprendizado, e sim um sentimento de medo e uma vontade de fazer as coisas certas apenas para ganhar um prêmio. Os pais devem assumir o papel de educadores, e não se comportarem de modo imaturo, como se fossem um amiguinho briguento, agressivo e chantagista. As crianças normalmente possuem muita energia e criatividade e, na maioria das vezes, agem sem a intenção de se comportar mal. No fundo, o que elas mais desejam é a atenção dos pais, mesmo que para isso seja preciso contrariá-los. Cabe aos pais entender como devem atuar em cada momento e agir da melhor maneira possível.

Veja algumas estratégias úteis para aprendermos a desenvolver a firmeza:
1. Acentue primeiro algo positivo em seu filho quando precisar ser firme em relação a uma atitude errada dele, mas tome cuidado para não soar falso ou irônico. Por exemplo: "Estou gostando de ver você bem animado e correndo, mas vá brincar naquele outro lugar que possui uma área melhor para você e assim não irá se queimar aqui na cozinha".
2. Seja firme, mas sem irritação. Por exemplo: "Agora que você já brincou bastante, vá estudar para que fique bem sabido e depois da prova possa brincar sossegado".
3. Seja impositivo, mas nunca agressivo, caso a criança esteja muito desobediente, esperneando e fazendo cena. Por exemplo: "Desse jeito você não irá conseguir nada! Quando você se acalmar, a gente conversa sobre isso", e aguarde o momento em que ela estiver mais tranquila, para que possa conversar melhor a respeito, para ela entender seus sentimentos e o motivo de sua imposição. Nunca dê atenção a uma birra e só converse quando ela estiver calma.

Nesses exemplos, deve-se estar muito atento para que a entonação da voz demonstre firmeza e segurança, mas dentro de um contexto sem intolerância ou agressividade. Quando os pais perdem o autocontrole e brigam com a criança, ela irá saber exatamente o que precisa fazer para chamar a atenção deles, criando, assim, um círculo vicioso de mau comportamento e brigas.

Já no trabalho, precisamos ser firmes quando o assunto é proteger nossos interesses, porém, sem nunca faltar com respeito. Muitas empresas não cuidam do bem-estar do trabalhador e cobram resultados como se ele fosse um robô. Não podemos aceitar passivamente certas atitudes empresariais e precisamos de coragem, firmeza e tranquilidade para mostrar que o funcionário não é um escravo.

A saúde física e mental deve ser prioridade em relação ao trabalho. Portanto, se não concordamos com uma rotina ou uma regra imposta, devemos pedir para sair ou ser firmes para relatar que não é possível atender totalmente as expectativas do gestor ou da empresa, mas que dará o melhor de si para gerar bons resultados.

Seja firme quando a situação assim o exigir, principalmente nos momentos em que a falta dessa atitude puder causar danos físicos ou morais a você ou a terceiros. No futuro, todos lhe agradecerão por isso.

VIRTUDE 51
‹‹ FLEXIBILIDADE ››

Muitas pessoas são totalmente inflexíveis ou "linha dura" no modo de pensar e agir, e ainda acreditam que isso seja uma virtude. Como falei no item anterior, o ideal é saber dosar firmeza *versus* flexibilidade, e será o tipo de situação que dirá se é necessário usar uma ou outra virtude.

Observe que quando usamos a maleabilidade e a flexibilidade temos muito mais facilidade para conquistar as pessoas e alcançar os objetivos que almejamos. Essa, inclusive, é uma estratégia muito utilizada nas negociações e na área de vendas para estabelecer um acordo do tipo ganha-ganha, em que ninguém sai perdendo.

O ponto fundamental desta virtude é não impor a nossa opinião ou a nossa verdade em momentos em que isso não seja necessário, evitando assim que o resultado de nossa atitude não seja danoso para nenhuma das partes.

O indivíduo flexível não força a barra para mudar ninguém nem exige que cumpram seus desejos, pelo contrário, ele pode até recomendar o que acha ser mais adequado, mas busca aceitar e respeitar a decisão das pessoas. Todos temos diferenças e não podemos exigir que alguém seja exatamente igual a nós. O que está ao nosso alcance é decidir conviver ou não com os diferentes, e a aceitação é primordial para que possamos viver em harmonia.

É importante sermos firmes em nossas convicções, mas flexíveis para admitir que cada um possui as suas próprias características, virtudes e imperfeições e que devemos aceitá-las, sem impor nosso conhecimento e maneira de agir a ninguém.

Na educação dos filhos, a flexibilidade pode ser utilizada a depender do risco associado à situação e do nível de responsabilidade dos filhos. Na infância, as crianças aprendem, normalmente, mais com a sua própria experiência do que quando os pais falam o que devem ou não fazer. Tudo para ela é novo e, quando ela sente na pele a relação causa *versus* efeito de suas atitudes, nunca mais irá esquecer que não pode fazer certas coisas. Portanto, em vez de dizer repetidas vezes "solte isso!", "pare com isso, menino!", "fique quieto para não se machucar!", analise se o risco associado é baixo, sem possibilidade de acidente grave, e saiba escolher ser flexível para deixar a criança aprender com os próprios erros. Com isso, ela ainda terá chances de desenvolver a sua criatividade e independência, tão importantes na fase adulta.

Na fase da adolescência, é muito comum o adolescente se rebelar e querer contrariar os pais. Assim, quando a educação é muito rígida, a resposta dos filhos tende a ser negativa e vai piorando cada vez mais. Essa é uma fase de autoconhecimento em que o jovem está buscando sua independência, e alguém ao lado falando sempre o que deve ou não deve fazer não é a melhor forma de educar nem de desenvolver essa virtude.

Se houver o mínimo de responsabilidade no adolescente, deve-se depositar confiança nele e ser flexível quando pedir, por exemplo, para sair para um *show* à noite ou levar os amigos para dormir em casa. Porém, antes disso, quando ainda é criança, é preciso desenvolver nos filhos o senso de responsabilidade, ensinando-os sobre as coisas erradas que existem no mundo, para que eles não sejam levados a agir irresponsavelmente quando chegar à adolescência.

Quanto mais preparada a criança estiver para o mundo, mais flexível podem ser os pais quando ela chegar à adolescência, e menos preocupação eles irão ter.

A flexibilidade entre os amigos é um pouco diferente. Em um grupo de amigos, por exemplo, cada um pode ter um gosto diferente de comida, de atividade de lazer, etc., assim, nos momentos de marcar para sair, a divergência pode ser grande. Nesse caso, a solução mais indicada para chegar num consenso é selecionar o que irão fazer juntos por meio do voto, e quem teve voto contrário irá precisar ser flexível para aceitar numa boa o que o grupo decidiu. O que acontece é que a pessoa inflexível acaba desistindo de sair, em vez de priorizar a companhia dos amigos. E, com isso, sua inflexibilidade poderá acabar afastando-a do grupo, e ela terá dificuldades em ter amizades duradouras.

Você não irá perder sua autoridade, nem vão pensar que você é besta por ser flexível. Pelo contrário, seja flexível e você perceberá que as pessoas irão lhe dar muito mais valor pelo fato de você deixar que as pessoas façam o que querem, independentemente da sua opinião.

VIRTUDE 52

« FORÇA »

A virtude da força, que também pode ser chamada de fortaleza, representa a habilidade de permanecer firme diante das dificuldades, sem esmorecer, suportando todos os desafios de cabeça erguida.

Fazendo uma comparação dessa virtude com a força física, enquanto a força física é obtida por meio de exercícios físicos, que condicionam nosso corpo a ficar cada vez mais forte, a virtude da força só é adquirida quando enfrentamos as dificuldades com fé, amor à vida, vontade de viver e de fazer a diferença no mundo. Ou seja, uma provém do treino físico e a outra, do treino da emoção.

A força, no entanto, vai muito mais além de simplesmente ter equilíbrio emocional, ela nos capacita a enfrentarmos os problemas com maestria, coragem e determinação. Cada dificuldade que aparece em nossa vida tem o poder de gerar um aprendizado diferente, que nos deixa cada vez mais fortes. Por isso, devemos ser gratos às dificuldades, pois elas são as responsáveis por sermos quem somos e termos chegado onde estamos.

O segredo para o sucesso não é fazer tudo de modo certeiro, sem erros, seguindo o caminho mais curto, como falei na "Virtude 46: Excelência". A grande questão é saber lidar com os fracassos com força, superação e resiliência, contornando os obstáculos no meio do percurso para se chegar ao seu destino não da maneira mais rápida, mas seguindo sempre em frente, sem desistir, com a certeza de que deu ou está dando o melhor de si, e por meios lícitos.

Quando entendermos que tudo que nos acontece nada mais é que um aprendizado necessário, em vez de enxergarmos o problema como algo que só traz revolta e sofrimento, e tivermos esperança e fé em um futuro melhor, teremos a força necessária para aguentarmos firmes, sabendo que sairemos vitoriosos da situação e melhores que antes.

São várias as situações em que precisamos desta virtude, em algumas muito mais do que em outras, como é o caso de uma doença grave. Porém, mesmo em casos extremos, em que estamos profundamente abalados, podemos ter forças para fazer o que precisa ser feito. Para isso, podemos usar a mesma estratégia que expliquei para sermos disciplinados, de "desligar" os pensamentos desanimadores, para focar na execução de determinada tarefa, e seguirmos adiante apesar de tudo estar desmoronando sobre nossa cabeça.

No trabalho, todos passamos por dificuldades, seja por conta dos invejosos, de gestores carrascos, da falta de interesse na atividade pela qual é responsável ou até mesmo devido a problemas pessoais. Porém, mesmo que não seja o trabalho dos sonhos, se você aceitou esse emprego, faça ele bem feito! Milhões de pessoas desempregadas gostariam muito de estar no seu lugar.

É essencial que preservemos no trabalho a nossa reputação, portanto, mesmo que você não precise mais desse emprego, não fique reclamando de tudo e de todos. Além disso, quando temos força e garra para fazer diferente, tratando o gestor ou os colegas invejosos mostrando a outra face, do bem, do perdão e da compaixão, talvez eles possam se tornar seus amigos e sua vida será muito mais fácil.

Se tivermos um "braço" forte teremos condições de contornar qualquer obstáculo em nosso caminho, com garra, determinação e equilíbrio emocional.

Com relação às mulheres, muitos costumam dizer que são o sexo frágil de uma relação. Pergunto-me se não deve ter sido um homem quem inventou essa afirmativa. A força das mulheres não tem tamanho, tanto é que são consideradas multitarefa, enquanto os homens têm dificuldade de lidar com mais de um problema ao mesmo tempo. As mulheres sofrem assédio na rua; enfrentam discriminação no mercado de trabalho, ganhando menos que homens nas mesmas funções; são demitidas depois de terem filhos; muitas vezes aceitam executar os afazeres domésticos sozinhas, ficando sobrecarregadas sem ninguém para compartilhar a responsabilidade; cuidam dos filhos e de mais um monte de coisas da casa e não são reconhecidas; são muito boas em gerenciar o tempo e encaram todos os desafios com maestria e muita disposição. Afinal, embora a mulher seja mais sensível, a fragilidade está apenas nos olhos de quem vê e não percebe o quão forte ela é. É necessária muita força para enfrentar tantas barreiras sociais e equilibrar os lados pessoal, social e profissional. Portanto, as mulheres deveriam ser reconhecidas por sua força, e não por uma suposta fragilidade. Além disso, o reconhecimento não deve ser apenas na palavra, é importante que a sociedade se transforme, dando principalmente condições igualitárias para permitir que as mulheres se desenvolvam profissionalmente da mesma maneira que os homens.

Imagine que você é como um rio, que segue sempre em frente, contornando os obstáculos que estiverem no meio do caminho, até chegar no mar. Siga firme e forte, não deixe nenhum tempo ruim te parar, e nunca olhe para baixo quando estiver no topo de um abismo, pois o medo pode te derrubar.

VIRTUDE 53
« GRATIDÃO »

A gratidão é uma virtude tão importante que alguns países, a exemplo dos Estados Unidos, possuem um feriado dedicado a ela: o Thanksgiving Day, que é o Dia de Ação de Graças, para que todos se lembrem pelo que devem ser gratos. Aqui no Brasil, também temos o Dia da Gratidão, em 6 de janeiro, mas que não foi convencionado como um feriado.

A gratidão possui um significado muito maior que falar um simples obrigado a alguém ou agradecer a Deus por algum acontecimento. Para ser grato é preciso sentir-se verdadeiramente agradecido e haver sinceridade ao falar.

É comum vermos pessoas demonstrarem a gratidão apenas por obrigação formal ou motivadas pelo desejo de continuar recebendo favores no futuro. Nesse caso, embora estejam agindo com respeito e cordialidade, isso não significa que possuam a gratidão.

Quando éramos crianças, nossos pais pediam para dizermos obrigado quando recebíamos algum presente, porém, fazíamos normalmente apenas por cordialidade, e não por sentir que o outro teve uma boa intenção, se preocupou e teve o trabalho de comprar algo para nós. Ou seja, não fomos ensinados a sermos gratos, e sim cordiais. A pessoa que tem gratidão, até quando recebe de presente algo que não irá utilizar, fica contente pelo simples fato de se importarem em agradá-la. Portanto, não irá fingir que não gostou.

Uma das características da pessoa que se considera feliz é justamente a gratidão por tudo aquilo que possui, em vez de viver preocupada com o que lhe faz falta. A preocupação pode nos levar a um descontentamento generalizado, como se a solução para um problema fosse essencial para se sentir alegre e feliz. O inconformismo construtivo é importante, como falei na "Virtude 12: Audácia", para ousarmos ir além do mediano, mas desde que isso não implique em viver preocupado quando já temos muitas conquistas e realizações em nossa vida.

Muitas vezes, por falta de gratidão, nós mesmos criamos problemas para nossa cabeça, por exemplo, se temos um bom carro, que atende nossas necessidades, é econômico e tem um bom espaço, para que ficar ansioso e angustiado querendo um maior e mais caro?

Volto a dizer que desejar conforto não é errado, porém algumas pessoas nunca se satisfazem com o que possuem e querem sempre mais e maior, sem necessidade; algumas fazem até questão de viverem sempre com dívidas. Assim que quitam um carro, já pensam qual será o próximo que irão comprar.

As únicas coisas saudáveis para se querer cada vez mais são novas virtudes e novas amizades. Assim, se não for isso, analise bem se você está focando seu esforço em algo realmente importante e pelo qual valha a pena lutar.

Um bom exercício para aprender a ser grato, e consequentemente mais feliz, é criar um pote da gratidão. Você pode pegar qualquer pote, e ir depositando papéis nele diariamente com anotações de coisas pelas quais você é grato. Quando se sentir triste, ou em algumas datas especiais, você pode ler tudo que está dentro do pote. Assim, você irá se lembrar dos motivos que tem para se sentir alegre e ser feliz. Podemos fazer isso apenas mentalmente, ao acordar ou antes de dormir, porém, essa forma é mais recomendada para quem já tem o hábito formado.

São vários os motivos para termos gratidão: por estar vivo e poder se locomover, se comunicar, ler, escutar e ter o que comer; por mais um dia que se inicia com novas oportunidades; pelo sol que nos ilumina; por ter um lugar para morar; por ter alguém com quem podemos contar; por estar com saúde; pelas amizades e familiares que temos; por ter um trabalho que nos dá o sustento; por ter Jesus Cristo como maior exemplo do que é ter virtudes; enfim, por todas as bênçãos e também pelas dificuldades diárias, que nos dão a oportunidade de crescer.

Devemos ser eternamente gratos também aos nossos pais, primeiramente por terem nos dado a bênção da vida e, segundo, pela educação que nos deram. Mesmo que tenham dado também maus exemplos, devemos permanecer sendo gratos a eles, pois é com os intolerantes que aprendemos a tolerar, com os impacientes que aprendemos a ter paciência, e com os agressivos que aprendemos a ter calma. Se houver um pouco de discernimento saberemos aproveitar os bons exemplos para segui-los, e os maus exemplos para evitá-los.

É nas pequenas coisas que encontramos os maiores motivos para sermos gratos. E por menor que sejam, ao realizar um exercício de gratidão, o nosso cérebro identifica essas pequenas satisfações e libera o hormônio da dopamina, que aumenta ainda mais a nossa sensação de prazer, dando-nos ainda mais vitalidade, otimismo e satisfação com a vida.

Hoje em dia, as redes sociais viraram um repositório de lamentação e ingratidão para muitas pessoas. Elas publicam o quanto seus dias foram ruins, o quanto as pessoas são falsas, o quanto alguma coisa as incomoda. Quem é assim se esquece de enxergar tudo o que lhe acontece de positivo, e de ser grato por isso, e foca apenas no que acontece de ruim. Caso você seja assim, procure diminuir as reclamações e passe a nutrir pensamentos mais positivos.

Não devemos encher os outros com nossos problemas, pois cada um já tem os seus para lidar, e muitas vezes são maiores que os nossos. Se quiser desabafar, ligue para algum amigo próximo em vez de relatar para todos os seus milhares de amigos nas redes sociais.

A gratidão nos diz muito do caráter do indivíduo. Aquele que é grato costuma ser também humilde e tranquilo. A tranquilidade, inclusive, é favorecida com a liberação da dopamina. A pessoa que é grata, em vez de ser ansiosa, agitada e preocupada, é calma e determinada com os seus objetivos.

Portanto, embora seja muito importante perseguir os nossos sonhos, dê valor a tudo que já possui em sua vida e seja feliz do jeito que é. A gratidão fará com que você alcance seus objetivos sem preocupação e sem desespero.

Como disse Roy T. Bennett, político norte-americano, "seja grato pelo que você já tem enquanto luta para conquistar os seus objetivos".

VIRTUDE 54

« HARMONIA »

Para existir harmonia em qualquer sociedade é necessário que as pessoas tenham respeito entre si, sejam altruístas, compreensivas, aceitem as diferenças, tenham calma, paciência e tolerância, entre outras virtudes interpessoais. Nesse contexto, assim como no ambiente social, devemos ter também o nosso ambiente emocional harmonizado. E é exatamente para isso que serve a virtude da harmonia, para viver em paz consigo mesmo e poder transbordar esse sentimento no ambiente em que estivermos, principalmente em casa e no trabalho, transformando-os em um ambiente harmônico, carregado de positividades e saudável.

Você já observou que ao entrar em determinados lugares é possível sentir um ar pesado, que nos faz querer sair dali o quanto antes? Isso acontece por causa da presença de pessoas negativas, tristes, agressivas, impacientes ou desarmonizadas. Mas o que podemos fazer para termos uma mente sã e viver em paz pelo menos conosco? A resposta para essa pergunta não é nada simples, uma vez que existem muitos tipos de psicopatologias, tratadas apenas com a ajuda de um especialista, além de defeitos e imperfeições morais que todos nós possuímos. No entanto, desde que você iniciou a leitura deste livro, deve ter percebido que, quanto mais virtudes desenvolvemos, mais capazes somos de melhorar a nossa qualidade de vida, assim como obter uma maior paz interior.

É a partir do autoconhecimento, realizando uma introspecção, que podemos perceber os maus hábitos que estão enraizados em nosso ser, quais crenças nos limitam a transpor barreiras, assim como descobrir o nosso real propósito de vida, para então podermos buscar uma vida significativa, com sentido, engajamento e felicidade. Na "Virtude 63: Introspecção" será explicado como você pode olhar para dentro de si.

O mais importante no processo de harmonização é desenvolver as virtudes intrapessoais mais transcendentais, como a alegria, a felicidade, o entusiasmo, o otimismo, a esperança e a fé, começando por silenciar os pensamentos negativos, e substituindo-os por pensamentos e emoções positivas, de vontade de crescer, de ter uma vida saudável e de manter bons relacionamentos com todos ao redor.

Quando somos orientados pela filosofia de vida da melhoria contínua e da constante busca pela alta performance, aproximando-nos cada vez mais de Deus, passamos a direcionar nossos pensamentos, sentimentos e emoções para alcançar nossos objetivos e cumprir com a nossa missão de vida. Agindo assim, poderemos ficar em paz e realizados por estarmos vivendo de acordo com o que estabelecemos ser realmente importante para nós.

É justamente a união entre o autoconhecimento, a busca pelo desenvolvimento e o sentimento de autorrealização que permitem que um indivíduo fique em harmonia consigo mesmo, tendo uma vida repleta de emoções positivas e transmitindo isso para o ambiente à sua volta. Harmonize-se, e colha os bons frutos que a vida te proporcionará!

VIRTUDE 55
« HONESTIDADE »

A palavra honestidade tem sua origem do latim *honos*, que em português significa honra ou dignidade. A pessoa honesta, portanto, é aquela que honra com seus direitos e deveres de cidadão e é digna de confiança.

Hoje em dia, a desonestidade ficou tão comum que, quando se vê uma pessoa honesta, muitos a chamam de besta ou de careta. É o tal do jeitinho brasileiro, de querer ser esperto tirando vantagens ilicitamente, que ainda domina a mentalidade de muita gente. Infelizmente, a desonestidade faz parte da cultura do povo brasileiro e será preciso muito mais que eleger políticos honestos para o governo para removermos esse câncer cultural.

As pessoas gostam muito de apontar o dedo para as outras, mas esquecem que, enquanto apontam um dedo, os outros estão virados para ela mesma. Por isso, antes de falar dos outros, devemos olhar primeiro para nossas próprias atitudes.

A corrupção está cada vez mais perto de nós. Você com certeza conhece alguém que sonega impostos, fura fila, cola em provas, falsifica carteirinha de estudante, fica com o troco errado que recebeu a mais no mercado, compra CD pirata ou produtos falsificados, dá dinheiro ao guarda de trânsito para se livrar de uma multa, entre outros tantos casos de desonestidade. Por isso, cada um deve refletir sobre suas próprias atitudes, principalmente no que já virou comum acontecer, para que possa adquirir esta virtude tão importante para o desenvolvimento da sociedade e para o nosso crescimento pessoal.

Perceba que a nossa omissão também pode ser caracterizada como desonestidade, logo, não pense que "achado não é roubado" nem fique calado quando presenciar um ato desonesto, pois será cúmplice da desonestidade alheia. Se uma pessoa estiver realizando algo errado sem nem perceber, de tão comum que virou a desonestidade, tente pelo menos fazê-la compreender que essa não é a melhor forma de agir, pois estará prejudicando a si mesma, impedindo seu crescimento.

Os "espertos", que tiram vantagens indevidas, podem até conseguir mais fácil e mais rápido os seus objetivos financeiros, porém nunca poderão viver verdadeiramente tranquilos nem se orgulhar de suas conquistas. Por isso, seja honesto com você mesmo, e cresça sem arrependimentos.

VIRTUDE 56

« HUMANIDADE »

É triste ver a humanidade ainda em um nível tão animalesco, em uma espécie de barbárie em que cada um é por si, fechado em seu mundo interior, e com o egocentrismo sempre falando mais alto. O ser humano precisa ser mais humano, precisa tirar a sua viseira (daquele tipo que os cavalos usam na lateral dos olhos) para permitir olhar para os lados. Só assim verá que todas as pessoas são importantes e merecem ser valorizadas.

Para termos a virtude da humanidade, devemos colecionar ainda outras virtudes, como o amor, a caridade, a cooperação, a compaixão, a empatia e o respeito.

Já a pessoa que é desumana pratica o mal por puro prazer, gosta de ver os outros se dando mal, ou simplesmente se omite quando alguém clama por auxílio. Ela não tem iniciativa de emprestar uma caneta, e muito menos para dedicar o seu tempo a ajudar o próximo. No mundo corporativo, ainda vemos muitos gestores desumanos, que dão mais valor ao lucro, a qualquer custo, que ao bem-estar de seus funcionários. Esses gestores não sabem que o maior patrimônio de qualquer empresa é justamente os seus funcionários, e que sem uma equipe motivada não existe negócio que se sustente por muito tempo.

Algumas empresas possuem áreas de recursos humanos (RH) em que o próprio gerente não valoriza sua equipe, é uma pessoa azeda, amarga, e não se sensibiliza quanto às necessidades das pessoas. Geralmente, esses gestores são pessoas frustradas. Foram mal selecionados e não estão preparados para assumir tamanha responsabilidade. Na realidade, muitos assumem funções gerenciais apenas pelo *status* e pela sensação de brilhantismo, pois querem ser estrelas para poder pisar em quem estiver embaixo. Para esse tipo de pessoa, pimenta nos olhos dos outros é refresco.

O funcionário que sofre com esse tipo de gestor muitas vezes se pergunta: "como é que uma pessoa assim virou gerente?". A explicação é simples: muitos diretores e donos de empresa nomeiam gestores agressivos e impositivos por acharem que isso é ter firmeza e pulso firme, e que as empresas precisam de alguém assim para assumir as funções de comando. Porém, como falei anteriormente, ter a virtude da firmeza é bem diferente de agir com grosseria e insensibilidade.

Existem milhões de pessoas insatisfeitas com o trabalho exatamente em função dos gestores que possuem, que não se importam com as suas necessidades, não as valorizam e não reconhecem o seu esforço. Isso causa uma enorme rotatividade, pois é muito difícil que uma pessoa permaneça mais de um ano na mesma equipe ou empresa com um chefe desumano. Sem falar na falta de motivação diária, que atrapalha sobremaneira o psicológico do trabalhador, que acaba levando suas frustrações para a vida pessoal, muitas vezes descontando sua raiva e mau humor nas pessoas que convivem com ele.

A vida das pessoas fica muito mais fácil, tranquila e alegre quando no seu trabalho existe um gestor que está ali para servir, que é uma pessoa humana, amiga e consegue liderar seus colaboradores puxando o barco pela frente, estabelecendo uma liderança pelo exemplo, e não parado lá atrás do barco chicoteando como se estivesse lidando com escravos. A presença de pessoas humanizadas no alto escalão das empresas é um dos fatores primordiais para garantir o sucesso de um negócio, pois isso motiva os colaboradores a serem responsáveis e comprometidos com o trabalho.

O ideal para qualquer organização é que seus gestores, além de terem grande conhecimento técnico, tenham também habilidades bem desenvolvidas de gestão de pessoas, devendo inspirar nos outros a vontade de querer segui-los, sendo verdadeiros líderes.

Se você estiver assumindo um cargo de chefia no momento e quiser ter lucro e resultados positivos, valorize sua equipe e seja humano. Todos irão ganhar com isso.

Não devemos ser passivos diante de quem só nos enxerga como uma ferramenta ou um número, em vez de um ser humano que possui necessidades e emoções. É importante que se busque aceitar as limitações das pessoas e que se combata o mal com o bem, no entanto, se o problema for crônico, talvez seja melhor fugir desse tipo de ambiente para não contaminar o nosso humor e prejudicar a nossa qualidade de vida.

Você já viu alguém se motivar ou se inspirar em quem lhe trata mal e só o enxerga como mais um? Certamente que não! Então seja humano e não incite o ódio dos outros, pois você será o maior prejudicado.

VIRTUDE 57
« HUMILDADE »

Ser humilde não é uma característica especial de quem é menos favorecido economicamente. Muito pelo contrário, a humildade na verdade é a virtude de quem é muito rico, só que de espírito, qualidades e competências.

O filósofo Sócrates foi o primeiro a iniciar os estudos das virtudes humanas, no século V a.C., e nos deu um grande exemplo de humildade quando disse: "Só sei que nada sei, e o fato de saber isso me coloca em vantagem sobre aqueles que acham que sabem alguma coisa". De fato, quem busca se desenvolver, quanto mais obtém conhecimento e experiência, mais percebe a quantidade imensa de informações e habilidades de que ainda não possui domínio. Portanto, irá buscar estar sempre em constante evolução. Já quem acha que sabe tudo, além de não ser humilde, também não irá mais progredir, pois sua mentalidade limitada e ignorante acha que não tem mais nada que precise aprender e, assim, ficará estagnada.

O oposto da humildade é o orgulho, que nos faz achar que somos melhores que os outros. A pessoa orgulhosa acredita que tudo que foi feito por ela é melhor, acha que é a mais inteligente, a mais bonita, e que merece muito mais que qualquer outra pessoa; até quando é para falar de problemas, o seu problema é também o maior. Arruma sempre uma oportunidade para relatar seus feitos, não escuta os outros durante uma conversa e interrompe para contar os próprios exemplos.

Não é legal ter uma amizade em que uma das pessoas só se supervalorize. Quem possui um amigo assim acaba ficando em segundo plano e vivendo mais em função do outro que de si mesmo. Se você tem algum amigo assim, seja sincero com ele. É melhor falar como você se sente com isso e talvez perder a amizade do que ficar calado e não ser o ator principal de sua própria história, sendo um eterno coadjuvante. Se ele for um amigo verdadeiro, poderá entender que realmente precisa mudar; além disso, você estará fazendo o bem, ajudando-o a se tornar mais humilde.

Uma pessoa humilde é agradável para se ter como amiga, pois, por mais qualidades que ela possua, não irá querer parecer maior e diminuir você. Existirá sempre a sensação de igualdade entre os dois.

O humilde também é blindado contra a inveja, pois sua simplicidade é contagiante e inspiradora.

Se você não quiser ser malvisto pela sociedade, como uma pessoa arrogante, prepotente e boçal, convido-o a treinar a humildade. Ela é tão importante que deve andar junto com todas as outras virtudes, caso contrário, de nada adianta praticar qualquer virtude, ou ser muito bom em alguma atividade, quando se está interessado apenas em aparecer.

Para eliminar os maus hábitos e ser mais humilde, é importante trabalhar as seguintes atitudes:

1. Reconheça que ninguém é melhor que ninguém. Cada um possui suas habilidades específicas, e ter *status* social não representa nada quando o assunto é inteligência emocional.
2. Seja sincero quando não possuir determinado conhecimento. Todos nós temos incapacidades que precisam ser superadas, e você não será inferior a ninguém por conta disso. A pessoa humilde assume quando não tem conhecimento suficiente para responder alguma pergunta; não vê problemas em responder com um simples "não sei", mas complementa normalmente com "mas posso descobrir!", pois gosta de desafios e novos aprendizados.
3. Valorize as suas próprias virtudes, mas não chame a atenção para si. Agir é mais importante que falar. Não precisa falar o tempo todo de si, querendo aparecer, para ser benquisto pela sociedade. A pessoa que tem bom caráter já se sobressai aos olhos das pessoas. E quem fala muito de suas qualidades pode até ser que as tenha, mas falta-lhe uma muito importante, a humildade.
4. Saiba pedir perdão e também perdoar. O humilde, mesmo não tendo culpa, pede perdão só para ficar em paz com os outros. Não fica aguardando o pedido de desculpas de ninguém e, em vez disso, é o primeiro a pedir perdão.
5. Saiba ouvir e valorizar o que as pessoas têm a dizer. Mesmo que o outro esteja falando asneiras, devemos respeitar a opinião do outro e não impor o que achamos que seja verdade. Nem todos possuem a mesma capacidade de compreensão das coisas.
6. Não se compare com os outros. Podemos nos espelhar nos bons exemplos e nos motivar por meio deles, mas nunca nos comparar. A comparação só leva ao sentimento de inferioridade ou de superioridade, e nenhum dos dois é bom.

7. Aja com simplicidade e trate todas as pessoas com igualdade, independentemente de quem forem. Sempre teremos algo a aprender com qualquer pessoa e não devemos limitar nossas amizades de acordo com o tamanho da conta bancária de cada um.
8. Questione quando tiver dúvidas. Só teremos a chance de crescer se nossa curiosidade e interesse estiverem presentes. É melhor arriscar fazer uma pergunta boba e ter a oportunidade de crescer que ficar numa eterna ignorância.
9. Peça auxílio ou delegue algum trabalho quando for necessário. Às vezes, quando fazemos tudo sozinhos e dizemos "deixa que eu faço", a mensagem que passamos com isso é de que não confiamos no trabalho dos outros, achando que sozinho o resultado será melhor. Pode até ser melhor, mas, se não der a chance, o outro nunca irá evoluir como você.
10. Tenha gratidão e cordialidade. Demonstrar educação, desejando um bom dia ou sendo grato por alguma ajuda, também é sinal de nobreza e humildade. Essas atitudes significam que você reconhece a importância dos outros. Quem é orgulhoso passa pelas pessoas e levanta a cabeça para não falar com ninguém.

Muitos gestores de empresas, professores e pais acreditam que podem perder a autoridade se transparecer que possuem limitações e dificuldades. Querem estar sempre no alto e nunca descer do pedestal do orgulho. Não são capazes nem de assumir a responsabilidade por seus erros. Por mais que tenham dito algo errado, nunca dão o braço a torcer. Eles não sabem que a arrogância e a prepotência são muito piores para liderar e educar do que usar da sinceridade sobre suas limitações. As pessoas se identificam muito mais com quem fala a verdade e é imperfeito do que com quem deseja se mostrar sempre superior e perfeito. Essa é uma das diferenças entre quem possui autoridade para quem é autoritário, em que um é verdadeiro e tem seguidores, e o outro quer ser superior a todo custo e tem subalternos.

Logo, ser humilde e reconhecer suas dificuldades irá gerar muito mais autoridade. Mas, para não perder a credibilidade, não podemos errar em excesso.

Nunca devemos esquecer que o mundo dá voltas. Hoje você pode estar por cima, mas amanhã poderá estar por baixo e precisar da ajuda das pessoas em que costumava pisar no passado. Portanto, seja humilde e trate todos com igualdade.

VIRTUDE 58

« IDEALISMO »

Certamente você já ouviu falar de ativistas, pessoas que lutam por seus ideais, motivadas pelo desejo de um futuro melhor. Elas clamam pela preservação do meio ambiente, por um país sem corrupção, por uma sociedade justa e igualitária. Muitas delas dedicam toda sua vida a um grande ideal.

Embora essas pessoas possuam a virtude do idealismo bem desenvolvida, não é preciso ser um ativista para adquirir esta virtude. Uma pessoa idealista, por definição, é sonhadora, pensadora, otimista e, principalmente, determinada a fazer a diferença. Além de tudo, tem fé de que conseguirá. Como diria Steve Jobs, um dos grandes idealistas da atualidade, "os que são loucos o suficiente para achar que podem mudar o mundo são os que de fato mudam". E são exatamente dessas pessoas que o mundo precisa para evoluir, pessoas que façam a diferença e provoquem o desenvolvimento.

Embora não seja uma tarefa simples, pode ser mais fácil do que você imagina. Qualquer um pode mudar o mundo, basta começar mudando a si mesmo, o próprio mundo interior. Nossa luta diária deve ser, inicialmente, "contra" nós mesmos, corrigindo nossas imperfeições e adquirindo virtudes, sendo uma pessoa melhor a cada dia. Dessa maneira, mesmo que não sejamos ativistas, já estaremos fazendo a nossa parte para deixar o mundo melhor.

O idealista, pela sua capacidade de observar, pensar e imaginar em detalhes, possui uma visão de mundo que lhe permite identificar os pontos críticos da sociedade e que mais precisam de sua ajuda. E sua curiosidade e criatividade aguçadas permitem também que ele seja um grande empreendedor.

Enquanto todos andam numa determinada direção, o idealista percebe que talvez esse não seja o caminho adequado. Com isso, ele muda de rumo e ainda busca motivar os outros a também fazerem o mesmo. Com o seu otimismo e entusiasmo, ele irá inspirar mais gente a também mudar de direção, gerando uma grande transformação, com capacidade real de fazer a diferença no mundo.

Entre os idealistas mais conhecidos temos Platão, Sócrates, Aristóteles, Buda, Jesus Cristo. Na atualidade, temos Mahatma Gandhi, Martin Luther King Jr., Nelson Mandela. No Brasil, tivemos Zumbi dos Palmares, Chico Xavier e, atualmente, Dr. Augusto Cury, Gabriel Goffi, Flávio Augusto, Érico Rocha, Murilo Gun, Gerônimo Theml, José Roberto Marques, entre tantos outros.

Eu verdadeiramente acredito que o poder para mudar o mundo está em nossas mãos, e não é preciso nenhum político para isso. Portanto, não deixe seus ideais apenas no campo dos pensamentos; tudo que possa trazer benefícios para a sociedade é bem-vindo. Faça parcerias, estude, planeje e propague o que você acredita que poderá desenvolver de alguma forma a sociedade.

VIRTUDE 59
« IMPARCIALIDADE »

Quando pessoas com opiniões diferentes conversam sobre política, religião ou futebol, a tendência que observamos é que cada um fale e valorize só o que lhe convém, alcançando às vezes altos níveis de intolerância e até mesmo de agressividade. Por isso, dizem que esse tipo de assunto não se discute, pois é muito difícil as pessoas não tomarem partido e serem imparciais. Algumas pessoas preferem nem prestar atenção numa opinião contrária, mesmo que ela faça sentido. É como se o que o outro dissesse entrasse por um ouvido e saísse pelo outro; elas nem raciocinam para saber se os argumentos são válidos ou não. Às vezes, vivem numa eterna ilusão, defendendo inclusive partidos políticos manipuladores e corruptos, que se aproveitam da ignorância do povo. Isso acontece porque não possuem a virtude da imparcialidade.

Ser imparcial é argumentar ou selecionar algo com base em fatos, e não na sua percepção seletiva, opinião ou crença. Significa, ainda, ouvir a opinião dos outros e não a descartar logo de início, não sendo preconceituoso nem tirando conclusões precipitadas antes de ter a chance de analisar.

Essa virtude é fundamental para quem trabalha na criação de conteúdo (escritores, jornalistas, formadores de opinião em geral), com a justiça (advogados, juízes, etc.) e com a educação (pais e professores), áreas nas quais quem não for imparcial poderá estar de certa forma sendo manipulador. Esses profissionais podem ser parciais, mas desde que esteja claro que se trata apenas de uma opinião.

Um programa de jornalismo, por exemplo, que não mostra as atitudes negativas de um político e dá ênfase apenas às coisas boas não está sendo imparcial. Observe que a transparência é amiga da imparcialidade. Dessa forma, quem omite ou esconde algo, no intuito de satisfazer ou favorecer seus próprios interesses, estará falhando com esta virtude.

Os advogados que são honestos analisam seus casos com imparcialidade, procurando até mesmo contrapor os argumentos do cliente, para que tenham certeza de que será possível preparar uma boa defesa. Porém, infelizmente, alguns defendem seus clientes a ferro e fogo, escondendo ou deturpando os fatos, pois preferem ganhar dinheiro com a ação em vez de aplicar de fato a justiça.

Já no caso dos pais, se não forem imparciais, poderão deixar seus filhos crescerem desconhecendo a realidade da vida. O que alguma hora não se sustenta, pois eles aprenderão a realidade nas ruas, num ambiente não controlado e muitas vezes prejudicial.

Se os pais, por exemplo, não desejam que seus filhos se tornem pais na adolescência, poderão explicar que o sexo é bom, que dá prazer, mas que é importante que seja com a pessoa certa, no momento certo, no qual exista confiança e amor, e não com qualquer um, e, quando fizerem, que seja feito com proteção. Quando os pais simplesmente obrigam seus filhos a isso ou àquilo em seus relacionamentos, sem dar maiores explicações, não estarão sendo imparciais e a probabilidade de isso dar errado é muito maior. O adolescente normalmente é rebelde e costuma desobedecer aos pais, principalmente no que envolve o seu prazer. O mais adequado na educação é dar conhecimento e bons exemplos para que os filhos saibam discernir o que é mais saudável para eles, em vez de fazer proibições.

Ainda existem pais que querem forçar os filhos a seguirem as mesmas carreiras que eles. Porém, nada forçado produz bons resultados. Os pais que são imparciais explicam aos filhos as vantagens e as desvantagens de sua profissão e também das várias existentes no mercado de trabalho, para que o filho tenha a sua própria opinião e escolha o que entenda ser melhor para ele.

Os pais ou professores que não são imparciais educam as crianças para serem preconceituosas ou limitadas, pois não dão a chance de elas enxergarem o outro lado da moeda, e estas crescem achando que só existe uma resposta certa.

No mercado de trabalho, a virtude da imparcialidade se mostra também muito importante, principalmente nas tomadas de decisão. No caso das admissões ou ascensões de carreira, por exemplo, não é porque uma pessoa é parente ou amiga do chefe que está habilitada para um determinado cargo. Um gestor imparcial analisa as habilidades técnicas e comportamentais dos funcionários e seleciona quem estiver mais preparado para assumir tal cargo.

Na política, vemos também muita deficiência nesta virtude. Existem tantos partidos políticos e muitos se interessam apenas em ter uma fatia do poder. Assim, nas mudanças de governo, na hora de distribuir cargos e funções, muitos governantes não analisam os conhecimentos técnicos e de gestão de quem irá nomear para trabalhar em determinada área, e selecionam apenas por critério de poder, coligação e número de cadeiras ocupadas por partido.

Portanto, pratique esta importante virtude e aja sempre com clareza e transparência, para que não existam injustiças nem manipulação.

VIRTUDE 60
« INDEPENDÊNCIA »

Todos nós nascemos totalmente dependentes dos pais e durante um bom tempo de nossas vidas continuamos dependendo de alguém para poder ter o que comer, vestir, onde morar, e muitas outras necessidades. Com o passar do tempo, muita gente se acostuma a ser dependente e leva essa deficiência para a fase adulta. Isso pode ocorrer devido à educação superprotetora dos pais ou à própria personalidade da pessoa, o que pode causar um comodismo crônico, prejudicando assim o desenvolvimento da maturidade e de outras virtudes fundamentais para se ter sucesso na vida, como a determinação, a atitude, a iniciativa, a criatividade e o desprendimento.

No entanto, ao contrário do que você possa imaginar, ser independente não significa que o indivíduo não dependa de ninguém. Existe um meio-termo recomendável. Nos extremos, observe que a independência total pode levar à solidão, enquanto a dependência exagerada leva à incapacidade de resolver seus próprios problemas sozinho.

Mas o que significa, então, ter a virtude da independência? Ser independente é ter o controle de sua vida, escrever a sua própria história, ter liberdade para tomar suas próprias decisões e não depender da motivação externa para seguir por determinado caminho.

Não precisamos impressionar as pessoas nem receber o apoio delas para nos sentirmos bem com nossas decisões e conquistas. Nossa sensação de realização e dever cumprido deve valer a pena por si só, pois somos os responsáveis pelo nosso sucesso, independentemente do que os outros digam.

Muita gente entra na fase adulta e não percebe que ainda não tomou para si as rédeas de sua vida. Um dos motivos é que a sociedade, os pais, os professores ou a família criam muitas expectativas sobre o jovem, o que pode levá-lo a viver do jeito que os outros esperam que seja, e não como gostaria que fosse.

Faça uma retrospectiva da sua vida: quando você era criança ou adolescente, o que gostaria de ser na vida adulta? Agora olhe para você hoje. Você conseguiu o que queria, ou foi levado pela sociedade a fazer o que é padrão, socialmente aceito? Você gosta do que faz, ou só faz porque precisa ganhar dinheiro e para mostrar aos outros um falso sucesso?

Muitas pessoas sofrem bloqueios emocionais ao longo de toda a vida e chegam a perder a capacidade até de fazer uma autoanálise que lhe permita conhecer suas deficiências, aptidões e o que ama fazer de verdade. Na "Virtude 63: Introspecção", "Virtude 65: Laboriosidade" e "Virtude 81: Propósito", falo um pouco mais sobre isso.

O fato é que não devemos depender da opinião dos outros para tomar qualquer decisão na vida, embora seja importante ouvi-la. Devemos esquecer a típica frase de quem é dependente: "Mas, se eu fizer isso, o que vão pensar de mim?". Para evitar isso, é necessário desenvolver a autoconfiança, sem se importar com o que os outros vão pensar. Não espere alguém dizer qual é o próximo passo nem tomar as decisões no seu lugar, pois só assim terá condições de controlar sua própria vida, sem depender das expectativas da família, dos amigos ou da sociedade.

Embora não devamos depender de ninguém para alcançar nossos objetivos, precisamos saber ouvir com atenção as opiniões e analisar se devemos aceitá-las ou não. Se puder aproveitar algum comentário, ótimo, em caso negativo, é só seguir a sua jornada sem ressentimentos. Pelo menos estão querendo ajudá-lo.

Devemos dar preferência à nossa própria felicidade, em vez de nos preocuparmos em deixar os outros satisfeitos com o que fazemos. Lembre-se que só você pode viver a sua vida e mais ninguém, portanto, só você pode saber qual é o caminho que deve trilhar.

VIRTUDE 61
« INICIATIVA »

A virtude da iniciativa é importante em todas as áreas da vida, em casa, na rua e principalmente no trabalho. Ela é uma das virtudes que as empresas mais desejam que seus funcionários possuam.

Há quem confunda proatividade com iniciativa. Na verdade, em alguns casos elas podem até ser sinônimas, mas há a uma diferença. Como falei na "Virtude 11: Atividade", o conceito de proatividade é agir antecipadamente evitando que algum problema aconteça no futuro. Enquanto a iniciativa pode existir quando um problema já aconteceu e alguém se propõe a resolvê-lo, mesmo que não seja de sua responsabilidade. Nesse caso, a pessoa realiza além do que era esperado dela, o que até pode ser considerado um ato de ousadia.

A iniciativa é uma qualidade inata de todo empreendedor que se dispõe a iniciar um negócio, seja ele inovador ou não. Geralmente, em decorrência de sua iniciativa, ele é uma pessoa ousada, também propensa a assumir riscos, e que, com suas habilidades técnicas e de gestão, promove o crescimento da economia, gerando empregos e permitindo a circulação do dinheiro na sociedade.

Um dos pontos mais marcantes de quem possui esta virtude é a capacidade de questionar e fugir dos padrões. É a pessoa de iniciativa que faz a diferença na sociedade, que corre atrás dos seus objetivos e promove a mudança onde quer que esteja.

No entanto, é importante lembrar que de nada adianta iniciar um projeto e depois abandoná-lo no meio do caminho, por falta de determinação, comprometimento e disciplina. Só é possível dizer que possui verdadeiramente a iniciativa se associado a ela existir o hábito de dar continuidade ao que se começou, mas, claro, sempre analisando se isso for o mais adequado a fazer.

Um grande defeito que nos impede de termos iniciativa é a procrastinação. Você já reparou que as pessoas estão sempre deixando para depois o que poderia fazer agora? Por que será?

Ter iniciativa para resolver um problema e agir dá trabalho, pois necessita de uma maior atividade cerebral e física, normalmente não relacionada com o prazer. Portanto, a pessoa com atitude procrastinadora prefere ter o prazer no presente, evitando o cansaço, e deixar a "dor" para o futuro mais distante possível.

Quem procrastina não percebe que esse tipo de atitude não compensa. Exemplificando, se você é uma pessoa que não pratica exercícios físicos, estará evitando o esforço neste momento, mas no futuro poderá ter problemas de saúde. Se fosse uma pessoa ativa, que se exercita regularmente, ficaria com saúde e não precisaria se preocupar tanto quando ficasse mais velho. Em resumo, a equação emocional do procrastinador é prazer (pequeno) no presente resultando em dor (grande) no futuro, enquanto a da pessoa de iniciativa é dor (pequena) no presente para colher prazer (grande) no futuro.

Agora responda: você prefere assistir à televisão ou continuar lendo para aprimorar seu autodesenvolvimento? Conversar sobre futilidades e acessar as redes sociais durante o horário de trabalho ou capacitar-se para crescer profissionalmente? Resolver um problema familiar pequeno ou deixar que ele fique maior e urgente no futuro?

Se você prefere ter iniciativa, mas ainda não sabe o que deve fazer para adquirir essa virtude, veja algumas dicas:

1. Fique atento ao que precisa ser feito, em casa ou no trabalho, e faça, não fique esperando alguém lhe pedir.
2. Dê prioridade ao que de fato é importante.
3. Tenha disposição para fazer até o que não é de sua responsabilidade.
4. Não faça apenas o básico. Vá além do que esperam de você.
5. É melhor tentar e errar do que não fazer e nunca ter a chance de acertar.
6. Seja o solucionador de problemas, e não o criador.
7. Não se precipite. Pense nas consequências antes de ter uma iniciativa, assim você estará preparado para os problemas que possam surgir decorrentes de sua atitude.
8. Não perca tempo discutindo o porquê de não estar fazendo algo, tanto em casa quanto no trabalho. Talvez seja mais rápido fazer logo do que ficar se justificando.

Agora vai lá e faz, mesmo que esteja fora de sua zona de conforto! Não espere aparecer a coragem, pois uma hora pode vir outro para fazer no seu lugar, e você perderá a oportunidade de crescer.

VIRTUDE 62
« INTEGRIDADE »

Para um objeto ser íntegro, ele precisa estar completo, inteiro, não pode estar quebrado nem dividido em duas ou mais partes. Da mesma forma podemos entender a virtude humana da integridade: quem a possui não fica dividido entre o certo e o errado, pois busca ter uma vida correta e viver em um estado de plenitude moral. Em outras palavras, ser íntegro significa que, em uma balança entre as virtudes e os defeitos, o lado mais pesado será sempre o das virtudes. Além disso, sua conduta é coerente com seus valores, procurando segui-los fielmente sem transgredir as leis universais da honestidade, da ética, do amor, do respeito, da humildade, da imparcialidade, etc.

Você já parou para pensar por que existe tanta gente "quebrada" emocionalmente? Vemos muitas pessoas ansiosas, nervosas, deprimidas, compulsivas, impulsivas, estressadas e agressivas. Nós mesmos podemos ter uma ou mais dessas chagas comportamentais.

A resposta a essa pergunta está dentro de nós mesmos. O ambiente em que vivemos pode até influenciar um pouco a nossa forma de agir, mas é a maneira como reagimos às interferências externas que dita o nosso estado emocional; tudo é questão de escolha.

Assim, a situação em si não é o que gera a agressividade, e sim o que está dentro de nós, nossos defeitos e imperfeições, que precisam ser trabalhados adquirindo novas virtudes.

E para sermos íntegros, antes de tudo, é importante que tenhamos equilíbrio emocional e autocontrole, para que não sejamos contaminados negativamente pelo ambiente e procuremos agir sempre da maneira mais adequada para o momento, com base nas virtudes humanas.

O indivíduo íntegro é puro de espírito, autêntico e corajoso, pois defende seu posicionamento, mesmo que contrarie um padrão errado da sociedade. Não age contra seus valores e princípios só para se sentir parte de algum grupo, pelo contrário, ajuda os membros do grupo onde está inserido, de amizade ou do trabalho, para mudar a percepção deles sobre o que é correto e saudável de se fazer.

Tomando como exemplo a profissão de advogado, um profissional íntegro não aceita qualquer processo para defender apenas para gerar resultado financeiro ao seu escritório de advocacia. Caso perceba que seu cliente está querendo se livrar de alguma responsabilidade, ele não irá aceitar realizar essa defesa.

No caso das pessoas que trabalham com vendas, se forem íntegras, elas irão oferecer o que é mais adequado ao cliente, e não o que gera maior receita ao bolso do lojista.

É muito difícil encontrar pessoas íntegras. Às vezes, até pensamos que conhecemos as pessoas, mas na verdade muitas são falsas, mentirosas e nos enganam tão bem que depositamos a confiança sem medo de errar.

Quem é íntegro não deixa um rastro sujo para trás na estrada da vida. Portanto, se você quiser fazer brilhar sua luz interior, desenvolvendo essa importante virtude, a partir de agora e para sempre repita: "Eu sou sincero, correto, honesto e não minto!", e nunca se esqueça de viver treinando para adquirir cada vez mais virtudes e assim ter uma vida plena, repleta de felicidade e sucessos.

VIRTUDE 63

‹‹ INTROSPECÇÃO ››

A introspecção é o ato de olhar para dentro de si, para o seu íntimo, com a profundidade adequada, de modo a permitir o autoconhecimento necessário para o nosso crescimento. Afinal, se quisermos conscientemente buscar o nosso desenvolvimento pessoal, social e profissional, em primeiro lugar precisamos conhecer o que está guardado lá dentro de nosso "eu" emocional.

Por isso, é importante fazermos uma visita ao nosso inconsciente, trazendo-o ao consciente, para que possamos conhecer nossas virtudes, defeitos e crenças enraizadas em nosso ser. Por um lado, ao conhecermos nossas virtudes, teremos a oportunidade de fortalecê-las, e, por outro, conhecendo os defeitos, poderemos compreender o que nos impede de avançar na escalada do sucesso.

Muita gente gosta de viver reclamando e apontando o erro dos outros, mas não consegue enxergar seus próprios erros. Às vezes, são tão agressivas com as pessoas, por motivos banais, que acabam não percebendo que essa agressividade é muito mais danosa que o motivo pelo qual elas fazem questão de brigar.

É fato que não devemos aceitar passivamente as injustiças e a falta de respeito, mas nunca devemos nos vingar, nem ser agressivos ou intolerantes, pois isso não resolve os problemas, pelo contrário, só aumenta, e ainda gastamos uma energia emocional desnecessária. Logo, é importante que identifiquemos como nos comportamos principalmente diante dos problemas, para que deixemos para trás as nossas reações descompensadas e passemos a nos comportar como pessoas em busca de seu aperfeiçoamento diário.

Sempre que sentir vontade de reclamar ou sentir um desconforto emocional (impaciência, intolerância, raiva), faça a seguinte autoanálise: por que estou tendo essa reação? Preciso mesmo reagir assim? Que ganho terei com uma atitude descontrolada? O problema pode estar em mim? Como posso falar sem ser rude, agressivo ou desrespeitoso? Será que só o outro deve mudar, ou eu também preciso adquirir virtudes? Será que meu mau temperamento também poderá prejudicar a outra pessoa, além de também me desgastar? Vale a pena continuar assim?

Existem alguns métodos utilizados para realizar o autoconhecimento, que podem ser feitos sozinho, com a ajuda de amigos ou de algum profissional, a exemplo do processo de *coaching*, do processo de Hoffman, da terapia do espelho e da psicoterapia. Tais métodos possuem como base perguntas poderosas que têm o poder de extrair do seu interior todas as respostas de que precisa para se conhecer melhor, eliminar os maus hábitos, para que, então, você possa alcançar seus objetivos. Essas perguntas nos fazem pensar e refletir sobre nossas atitudes, e quando são conduzidas com a ajuda de um profissional o resultado é muito mais rápido. Com este livro, de alguma maneira já estou provocando em você muita reflexão, porém, quando falamos de nós para alguém, numa conversa, e não apenas para nós mesmos, a reflexão tende a ser maior e mais eficaz.

De acordo com o conceito das janelas de Johari, criado por Joseph Luft e Harrington Ingham em 1955, nós temos quatro janelas ou áreas de consciência sobre nós mesmos. Na primeira janela estão as características que a pessoa sabe que possui e todos também as percebem (área livre); na segunda janela estão as características que a pessoa não conhece, mas os outros as percebem (área cega); na terceira janela estão as características que a pessoa sabe que possui, mas ninguém as conhece (área secreta); e na quarta janela estão as características que a pessoa não sabe que possui, ninguém conhece, e só passará a conhecer quando passar por desafios ainda não enfrentados no passado (área inconsciente ou desconhecida). Por isso, uma conversa franca com amigos ou terapeuta nos ajuda a identificar mais facilmente nossas áreas cegas, nos permitindo uma introspecção mais profunda.

Se alguém lhe perguntar "quem é você?", o que você responderia? Muitos respondem com nome, profissão, estado civil e naturalidade. No entanto, essa resposta tão comum só define o que você faz e seus títulos. O que qualifica quem você é de fato são suas virtudes e imperfeições.

Portanto, sugiro que escreva as respostas para as seguintes perguntas, com a ajuda de alguém que o conheça bem:

1. Quais são as cinco virtudes que representam quem eu sou?
2. Quais são os meus principais defeitos que os outros percebem?
3. Quais são os meus principais defeitos percebidos apenas por mim?
4. Qual é a razão das minhas deficiências?
5. Quais são as minhas crenças, meus medos ou minhas limitações que me impedem de crescer?
6. Qual é o propósito ou o sentido da minha vida?
7. Por que ter esse propósito é importante para mim?
8. O que tenho realizado para alcançar o meu propósito?
9. Estou utilizando as virtudes que me representam para alcançar meus objetivos ou estou me sabotando?

10. Quais virtudes ainda preciso adquirir para que eu possa seguir em direção aos meus objetivos de curto, médio e longo prazo?

Se ainda não conseguiu responder as perguntas de 1 a 9 deste item, as "Virtude 65: Laboriosidade" e "Virtude 81: Propósito" irão ajudá-lo a concluí-las. Já a pergunta número 10, você será capaz de responder após ler e compreender as cem virtudes deste livro.

No processo de autoconhecimento, um dos pontos principais para se descobrir são as crenças que nos limitam, que estão registradas em nosso inconsciente há tanto tempo e que por conta delas não conseguimos subir o próximo degrau na escalada do sucesso.

Muitas dessas crenças surgem de comentários de outras pessoas ao longo de nossa vida. Quando um pai diz à criança, por exemplo, que ela é bagunceira, burra, chata, peste, etc., ela pode interiorizar essa característica, registrando em seu subconsciente, e passar a se enxergar assim, achando que é incapaz de ser organizada, inteligente, agradável, calma. Essas crenças limitantes às vezes podem fazer com que as pessoas se autossabotem durante toda vida, impedindo-as de desenvolver hábitos fundamentais para o seu crescimento pessoal, social ou profissional.

Em outros casos, a crença pode ser causada pela própria experiência da pessoa, como é o caso da timidez. Quem sofre com a timidez acha que sua voz é feia, que não irá conseguir falar quando lhe perguntarem alguma coisa, tem medo de falar bobagem e ser criticado. O indivíduo acredita que não consegue antes mesmo de tentar, e isso acaba impedindo de iniciar qualquer coisa que exija a habilidade de falar e se comunicar bem.

Para eliminar tais crenças, você pode utilizar a técnica do DCD (explicada na "Virtude 36: Disciplina") para duvidar e criticar tudo que o limita e determinar que a partir de agora você só terá crenças estimulantes e fortalecedoras, em vez de limitantes.

Utilize a introspecção para se conhecer, compreender aonde quer chegar, por qual caminho deseja seguir e o que fazer para alcançar sua realização pessoal. Assim, você terá pronto o "P" da ferramenta PDCA (explicada na "Virtude 10: Atitude"), para promover a sua melhoria contínua. E, a partir daí, basta ter atitude para executar o que planejou para sua vida e se motivar a buscar todos os dias a sua alta performance.

VIRTUDE 64
« JUSTIÇA »

Vemos injustiças acontecerem diariamente em todos os lugares possíveis e imagináveis, na televisão, em casa, na rua, na escola, no trabalho, nos hospitais, na política, nos presídios. A causa disso tudo é atribuída ao egoísmo ainda tão presente na sociedade, em que o indivíduo não se importa com o direito dos outros e só o que lhe interessa é atender aos próprios desejos, por mais absurdos que sejam.

Para sermos justos, é necessário desenvolvermos principalmente o amor e a empatia pelo próximo, que nos possibilitam agir com respeito e sem discriminação, seja qual for a classe social, credo ou cor da pele.

As pessoas de uma sociedade justa e igualitária são tratadas de maneira imparcial, com os mesmos direitos e oportunidades, e sem privilégios. No entanto, esse tipo de sociedade é quase uma utopia, pelo menos aqui no Brasil. Em nosso país, as pessoas de baixa renda não possuem uma educação pública de qualidade nem fácil acesso às condições básicas de sobrevivência (saúde, saneamento básico, alimentação). Assim, principalmente por falta de igualdade de oportunidades, comparando com quem consegue estudar em uma escola particular, convencionou-se um sistema de cotas para entrar em universidades e também no mercado de trabalho, que, entre outras questões, acaba sendo um paliativo para compensar a falta de investimento na educação e a desigualdade socioeconômica ainda tão presente na sociedade.

Se pararmos para analisar, o que você acha que tudo isso pode causar numa criança que cresce no meio de tanta injustiça, pobreza e discriminação? Como ela vai querer se comportar fazendo parte de um ambiente emocionalmente ignorante e diante de tamanha falta de oportunidades de crescimento que a sociedade lhes impõe? Não estou tentando justificar o instinto dos ladrões e assassinos, mas para quem cresce nesse tipo de ambiente, e não tem acesso à educação de qualidade para saber diferenciar o que é certo do errado, esse tipo de atitude acaba sendo uma maneira de revolta contra a sociedade. Só mesmo tendo pais honestos e de boa índole, que valorizem as virtudes humanas, para que elas cresçam desde cedo buscando superar as dificuldades.

As pessoas que não possuem empatia para compreender isso acreditam que, só porque uma pessoa moradora de rua conseguiu passar em um vestibular, qualquer um deveria apresentar um comportamento semelhante de superação, resiliência e determinação, apesar dos problemas que enfrenta.

As leis e políticas públicas são criadas justamente para que as pessoas possam viver de modo justo e a sociedade possa crescer igualitariamente. No entanto, ao olharmos para nossa própria justiça, embora as leis sejam utilizadas para julgar e prender quem as infringe, o sistema prisional não aplica a devida justiça. Não apenas na forma de tratamento desigual na aplicação da lei, entre pessoas de classes econômicas distintas, mas também dentro dos presídios.

O sistema prisional ideal deveria sociabilizar, doutrinar e proporcionar aos presos a oportunidade de trabalhar, dando o devido retorno à sociedade em contrapartida ao mal que foi praticado. A prisão, portanto, deveria ser um departamento de correções, e não simplesmente de punição, contendo e controlando as pessoas com o uso da força, como vemos por aqui no Brasil. Isso só gera mais caos e os presos saem piores do que entraram, com uma mentalidade mais deteriorada ainda.

Da mesma forma que os juízes realizam julgamentos, todo ser humano é naturalmente julgador. Ele julga as pessoas pela aparência, pela forma de se vestir, pela profissão, pelo sotaque, pela religião, por opiniões diversas, ou por qualquer ação que o outro tenha feito, seja ela certa ou errada. No entanto, nem todo julgamento é indevido. Perceba que o senso crítico é muito importante para nos dar segurança em seguir por determinado caminho ou ter confiança em alguma pessoa ou empresa. Porém, não devemos julgar um livro apenas pela capa. Ao fazermos isso, estaremos alimentando a sociedade com mais injustiças, e inevitavelmente esse mal irá retornar para nós mesmos. Afinal, quem planta injustiça colhe injustiça.

Portanto, antes de sair por aí criticando as pessoas, lembre-se que ninguém é perfeito, inclusive você mesmo. Já parou para se observar no espelho da vida? Quantas centenas de falhas nós temos, não é mesmo? Como você se sentiria sendo julgado por algum erro seu, ou até mesmo por algo que não cometeu?

Seguem algumas estratégias para você treinar a virtude da justiça:

1. Procure conhecer as pessoas com profundidade e entender as suas reais intenções antes de julgar a sua moral, dando sempre o direito à defesa.
2. Analise bem todos os fatores envolvidos antes de julgar a atitude de alguém, não só os fatores pessoais, mas também os fatores do ambiente que a influenciaram.
3. Antes de fazer críticas construtivas para alguém, elogie o trabalho ou a

atitude como um todo, enfatizando alguns pontos positivos, para que ela fique receptiva ao comentário de melhoria que será feito depois. Isso evita que a pessoa se ofenda e assim possa compreender que precisa melhorar.
4. Não forme opinião sobre alguém baseado em fofocas. As fofocas normalmente são repletas de inveja e de inverdades. Dê a chance para a pessoa mostrar a você quem ela realmente é.
5. Nem sempre existe o certo e o errado nas discussões; podem existir percepções diferentes entre duas pessoas e ambas serem igualmente verdadeiras. Portanto, deixe de pensar que a sua opinião é sempre a mais correta, seja aberto e aceite que cada um tem direito a ter opinião própria.
6. Enxergue além das aparências. Não tire conclusões precipitadas sobre as pessoas apenas pela sua forma de vestir ou pelas características físicas. Não é porque alguém é rico, popular, roqueiro ou *hippie* que podemos julgar a sua inteligência emocional.
7. Tenha amizades com pessoas que possuam ideias diferentes das suas, de variadas áreas de profissão. Isso o ajudará a ter perspectivas diferentes, a ser mais compreensivo e a aumentar o seu repertório de conhecimento.

De acordo com algumas passagens da Bíblia, os justos e mansos herdarão a Terra, e são justamente estes que inspiram todos à sua volta a terem também o senso de justiça, serem mais confiáveis e agirem com equidade. Assim, se você deseja ter credibilidade e não praticar injustiças na sua escalada do sucesso, pratique esta grande virtude.

VIRTUDE 65
« LABORIOSIDADE »

Dizem que laboriosidade é a qualidade do trabalhador que é esforçado e dedicado. No entanto, essa definição é um tanto quanto simplória e nem sempre é verdade que ser esforçado no trabalho representa uma virtude. Existem pessoas que são viciadas em trabalho e que vivem apenas em função dele, dando mais importância ao trabalho que à sua vida pessoal e social, negligenciando sua própria saúde e sua família. Nesse caso, o vício representa uma falha comportamental, e não uma virtude.

O trabalho deve ser visto como o meio para alcançarmos os nossos objetivos ou propósitos de vida, sendo a busca pela qualidade de vida também uma de suas finalidades. Se o trabalho deixar de ser o meio e passar a ser o fim, nada irá importar senão ele mesmo, ficando de lado a nossa própria felicidade. Nesse sentido, o ideal para que se consiga adquirir a virtude da laboriosidade é ter um trabalho que seja prazeroso, que gostemos de exercê-lo, e que nos faça sentir úteis por estar fazendo algo que faça sentido em nossa vida. E, além disso, que ele permita o equilíbrio entre a vida pessoal, social e profissional, proporcionando-nos uma boa qualidade de vida. Embora também seja possível desenvolvermos essa virtude em atividades laborais nas quais não tenhamos tanto interesse.

Ao contrário do que muitas pessoas pensam, o trabalho e o prazer não são mutuamente excludentes. O trabalho pode e deve caminhar junto com o prazer, de mãos dadas. Porém, lembre-se de que não é necessário fazer apenas o que gosta para sentir prazer e satisfação com o trabalho, afinal nem tudo é um mar de rosas e sempre existirão tarefas inerentes ao seu trabalho das quais você não irá gostar, mas mesmo assim é importante que as faça. O ideal é que ao menos setenta por cento de nosso tempo seja realizando atividades em que tenhamos satisfação.

O sentimento de autorrealização e de estarmos fazendo algo útil para nós mesmos ou para a sociedade é o que nos faz acordar todos os dias com um sorriso no rosto, prevendo um belo dia de trabalho pela frente, com resultados positivos para todos.

A pessoa realizada acorda animada inclusive na segunda-feira, enquanto, para quem não vê sentido em seu trabalho, esse é o pior dia da semana.

Como disse Aristóteles, "o prazer no trabalho aperfeiçoa a obra". De fato, quem possui satisfação com o trabalho que executa com certeza irá se dedicar e se comprometer a gerar bons resultados e, com isso, nunca irá parar de crescer, sendo esse o diferencial que define quem terá sucesso ou não em sua vida profissional. Essa é a equação do sucesso profissional, e, embora seja bem lógica, às vezes o óbvio nem sempre é tão fácil de as pessoas enxergarem.

Em resumo, quando temos aptidão para determinado trabalho e nos sentimos úteis em realizá-lo, sentimos grande prazer e satisfação, que, em consequência, nos motivam a sermos dedicados: com isso, conseguiremos obter cada vez mais sucesso.

Confúcio também dizia: "escolha um trabalho que você ame e não terá que trabalhar um só dia de sua vida". E, se você ainda estiver em dúvida sobre qual rumo dar a sua vida profissional, siga o conselho de Osho e "opte por aquilo que faz o seu coração vibrar", algo que você continuaria fazendo mesmo se não precisasse mais ganhar dinheiro. Não esqueça que para isso é importante se conhecer, saber quais são os seus talentos e em quais atividades você consegue entrar em estado de fluxo (explicado na "Virtude 40: Eficiência"). A partir daí, seja você mesmo, faça o que gosta e não o que os outros acham que você deveria fazer.

Porém, nem sempre temos muita opção de escolha em função das circunstâncias da vida. Precisamos muitas vezes andar por uma estrada de terra com pedregulhos durante um tempo, realizando algo que não seja de fato o que nos faça sentir realizados, para que a gente consiga satisfazer algumas necessidades básicas de sobrevivência. No entanto, independentemente de qual trabalho tivermos, sempre é possível encontrarmos motivação para nos dedicar e desenvolver a virtude da laboriosidade, como você verá na "Virtude 71: Motivação".

Algumas pessoas que são mais dispostas ao risco, e que não possuem a responsabilidade de sustentar uma família, largam tudo e se entregam de corpo e alma a novos negócios ou à busca por um emprego que lhes traga autorrealização. No entanto, mesmo largando tudo, é importante que exista um planejamento mínimo do que irá fazer ao se desligar do emprego atual, para que, com muita determinação, disciplina e fé, consiga o que deseja. Mas isso não é o mais recomendado em um processo de transição de carreira, caso a segurança seja um valor importante na vida da pessoa. É possível se dedicar nas horas livres do trabalho atual para se preparar para o que deseja no futuro, embora possa demorar mais que no caso anterior. Dependendo da situação, pode-se começar a realizar paralelamente o segundo trabalho, assim, quando tiver certeza de que ele irá garantir sua sobrevivência, largue o emprego anterior.

Você já parou para pensar que passamos em torno de setenta por cento de nosso dia no trabalho? E que todo esse tempo representa a maior parte de nossa vida? Então, por que será que tanta gente aceita viver toda a sua vida sem realizar algo que lhe dê satisfação de trabalhar e de se comprometer? Lembrando que uma insatisfação no trabalho gera também uma insatisfação em outras áreas da vida.

Como diz o comediante e professor de criatividade Murilo Gun, existem pessoas que sofrem da síndrome da vinheta do Fantástico (programa de televisão da rede Globo), em que, ao escutarem a vinheta na noite do domingo, sentem uma tristeza porque o fim de semana acabou e vai começar mais uma semana de trabalho. Essas pessoas ficam de segunda a sexta-feira torcendo para que chegue logo o fim de semana, o que afeta negativamente o seu humor.

Se o trabalho ocupa boa parte de nossa vida, devemos fazê-lo valer a pena! Mesmo que estejamos em um emprego provisório, que não seja a nossa paixão, é importante que saibamos tirar proveito de cada experiência. Tudo na vida nos traz oportunidades para desenvolver alguma área da vida, adquirindo novas virtudes. Tudo é aprendizado! Portanto, seja o emprego que for, dedique-se a ele. A sua reputação está em jogo, e para quem é esforçado com certeza existirão oportunidades de crescimento, dentro ou fora da empresa ou do órgão em que atua.

Algumas pessoas acreditam que ter um equilíbrio entre vida pessoal e profissional significa que enquanto estiver em casa deve se esquecer do trabalho, e vice-versa. Mas não é bem assim: imagine como seria bom você à noite, no jantar, junto com o cônjuge e filhos, conversando sobre como foi o dia de cada um, como foi positivo o resultado de algum trabalho, como poderia ter melhorado em alguma atividade, ou até para desabafar sobre algo que lhe trouxe frustração. Afinal, o desabafo faz parte do processo de cura. É bom compartilhar sobre o nosso dia, pois isso fortalece a conexão entre os familiares, os filhos percebem como é a realidade de um adulto, e ainda ajuda a superar as dificuldades.

O que atrapalha de fato o equilíbrio entre vida profissional e pessoal é quando o problema de um influencia no outro. Ou seja, começa a existir um desequilíbrio quando uma pessoa está com um problema no trabalho e, ao chegar em casa, só fica pensando nele, não consegue se desligar do trabalho e ter um tempo de qualidade com a família. Da mesma forma, se estiver com um problema pessoal e durante seu horário de trabalho não conseguir tirá-lo da cabeça, o seu rendimento e sua efetividade serão prejudicados. Assim, o equilíbrio não está em separar totalmente um problema do outro, e sim em saber lidar com eles, sem deixar que um interfira na qualidade do outro.

Existem também pessoas que se dedicam bastante ao trabalho, mas não porque amam o que fazem. Para muitos, o trabalho é pura sobrevivência, como falei anteriormente; para outros, o esforço é motivado pela competitividade, vaidade e interesse por *status*; já alguns viciados em trabalho acham que precisam trabalhar doze horas todos os dias para conseguir dar conta de tudo. Nesse último caso, mesmo que existam muitas atividades a serem realizadas, normalmente isso acontece porque não realizam um bom planejamento das tarefas, são ineficientes ou desorganizados e dão prioridade a coisas que não são tão importantes.

Trabalhar duro e com esforço não significa que precisamos trabalhar além do nosso expediente. Se aplicarmos a intensidade adequada de esforço e foco durante as horas normais de trabalho, entrando no verdadeiro estado de fluxo, não será necessário ficar além do horário normal, e conseguiremos equilibrar bem a vida pessoal e profissional. Obviamente, existem exceções em que, por conta de prazos curtos, pode ser importante fazer horas extras de trabalho durante algum período, mas no geral o que falta é tornar as horas trabalhadas mais eficientes e produtivas.

Alguns pais, que não possuem uma noção do que é realmente importante para os filhos, costumam se dedicar muito ao trabalho, para ter muito dinheiro, e não priorizam a sua participação nas atividades da família. Eles acreditam que é suficiente prover todos os bens materiais e negligenciam o que é mais importante: a presença deles na vida dos filhos. Estar presente e dar educação possuem muito mais valor que qualquer presente material que se possa dar.

Por isso, não esqueça que para sermos bem-sucedidos, termos um emocional equilibrado e uma boa qualidade de vida é necessário balancear bem o tempo dedicado ao trabalho, à nossa saúde física e mental e aos nossos relacionamentos familiares e de amizade. E, quando associado ao que realizamos, existe a satisfação e sentimento de utilidade, é possível entrarmos em estado de fluxo, de alta concentração e dedicação, o que nos torna muito mais eficientes e capazes de ter sucesso no equilíbrio entre vida pessoal, social e profissional.

VIRTUDE 66
« LEALDADE »

Enquanto a fidelidade é uma virtude baseada no sentimento do amor, a lealdade tem o foco nos valores morais. Assim, quando deixa de existir o amor entre um casal e eles se separam, não faz mais sentido falar de fidelidade; porém, se em respeito ao passado que tiveram eles continuarem prezando pelo bem-estar um do outro, isso significa que possuem a lealdade.

Quando somos leais a alguém, mesmo que estejamos brigados, com o relacionamento desgastado ou sem falar com essa pessoa, permanecemos cuidando dela e zelando pela sua proteção, porque entendemos ser o correto a se fazer. Veja o caso de amigos que se afastaram, mas que são leais: os segredos que foram compartilhados durante sua amizade continuarão guardados a sete chaves.

A lealdade, porém, não é obtida apenas por uma simples obrigação moral. Escolhemos ser leais a alguém devido ao nosso grau de afinidade e respeito por essa pessoa. É o caso, por exemplo, da relação entre um gestor e seus funcionários. O chefe que possui um perfil de liderança terá mais facilidade de conseguir colaboradores leais, que sigam seus comandos por acreditarem nele e em seus ideais.

Em nossas amizades, quando conseguimos estabelecer uma conexão forte, com sinceridade, respeito, união e sem inveja, isso provoca em nós o interesse em sermos leais, de querer cuidar do outro e estar disponível quando precisarem de nós.

O melhor exemplo de lealdade que podemos ver é a relação de um cachorro com seu dono. Embora não seja um exemplo humano, ilustra bem o que significa ter essa virtude. Aconteça o que for, o cachorro que cresceu sendo bem cuidado pelo dono nunca irá fazer mal nenhum a ele. O dono pode brigar ou tratá-lo mal em certos momentos, mas basta sair de casa e voltar que o cachorro o recebe sempre com muito carinho e atenção. Se for preciso, o cachorro arrisca até a própria vida para salvar ou proteger o dono.

Utilize a lealdade dos cachorros como referência para seus relacionamentos. Afinal, se um animal irracional consegue agir assim, você também consegue.

VIRTUDE 67

« LIDERANÇA »

Por definição, líder é aquele que consegue influenciar positivamente pessoas a seguirem na direção de um objetivo comum, a partir de suas ações e palavras. A liderança é uma das virtudes mais difíceis de se encontrar, principalmente no mercado de trabalho, porém, podemos encontrar verdadeiros líderes nas religiões, na família, nos grupos de amigos, na política, e à frente da execução de projetos sociais.

Especificamente no ambiente de trabalho, entre ter a função de chefe e ser um líder, a distância é enorme. Inclusive, é possível que o indivíduo seja um líder, mas não exerça a função de chefia, ou seja, os conceitos são distintos. No entanto, obviamente, o ideal seria que os cargos de gestão fossem assumidos apenas por pessoas com o perfil de liderança.

Entre os perfis mais comuns de gestores, podemos identificar cinco tipos:

1. Chefe exigente: sobrecarrega os funcionários e nunca está satisfeito com os resultados.
2. Chefe permissivo ou ausente: deixa os funcionários fazerem sua autogestão, às vezes não assumindo a responsabilidade quando a equipe não gera bons resultados.
3. Chefe paternalista: não confia na habilidade de seus funcionários e assume tudo para si. Tem dificuldades em delegar tarefas.
4. Chefe autocrático ou autoritário: faz a gestão pelo medo, é tirano, age de forma agressiva e opressora, toma as decisões sozinho, não se importa com a boa ambiência do trabalho e com os interesses pessoais dos seus colaboradores.
5. Chefe democrático ou líder: puxa a equipe pela frente, fazendo todos seguirem seus passos, em vez de empurrar por trás e dar "chicotadas". Ele, por ser uma referência e um exemplo a ser seguido, inspira os funcionários a alcançarem os objetivos corporativos.

Algumas pessoas parecem ser líderes natos, desde criança apresentam a habilidade de serem decididas, persuasivas e motivadoras. Porém, a liderança não é um dom, ela pode ser aprendida e, para isso, é preciso buscar muito conhecimento técnico e de gestão, e também desenvolver muitas outras virtudes.

O fundamental na liderança é a vontade de servir! Essa é a principal diferença entre um líder e um chefe ordinário, o qual, em vez de querer servir, deseja apenas ser servido. Se você estranhou quando eu disse que o líder é quem serve o funcionário, e não o contrário, talvez você não tenha se relacionado com um líder até o momento.

É o líder quem deve assumir a função de prover os recursos necessários para sua equipe executar o trabalho com eficiência, seja por meio de recursos materiais, técnicos ou emocionais. Quem gera resultados e executa as atividades são os colaboradores, e, se o líder não servir de suporte, como a equipe terá motivação para realizar um bom trabalho?

Seguem algumas dicas para você treinar a virtude da liderança no trabalho, mas que poderão também ser aplicadas na sua vida pessoal e social:

1. Pratique a liderança pelo exemplo: seja comprometido, determinado, disciplinado, decidido, honesto, ético, responsável, humilde, com senso de humor, otimista, criativo, paciente, proativo, com iniciativa, organizado e ame o que faz. Não adianta, por exemplo, exigir que o funcionário seja comprometido ou tenha qualquer outra qualidade comportamental se o próprio gestor não age assim. O líder deve ser uma referência para que os colaboradores se espelhem nele.

2. Faça uma boa gestão de tarefas, priorizando as demandas conforme o grau de importância e urgência: trate de imediato os itens importantes e urgentes, planeje para não deixar que as coisas importantes virem urgentes, delegue o que é urgente e pouco importante e descarte as atividades circunstanciais que sejam desnecessárias. Normalmente, a urgência é algo ao qual o gestor não deu a devida atenção no tempo adequado, portanto, nunca peça para o funcionário resolver algo "para ontem". Assuma a responsabilidade do atraso e peça o seu empenho para que não piore ainda mais a situação.

3. Identifique o perfil e as habilidades dos funcionários, conforme descrito na "Virtude 19: Compreensão", de forma que possa delegar as atividades de acordo com a capacidade e o interesse de cada um e ainda buscar capacitá-los para eliminar suas deficiências e fortalecer suas competências.

4. Estabeleça uma comunicação aberta, sendo acessível e transparente. Isso evita mal-entendidos e boatos e fortalece os relacionamentos.

5. Repasse os serviços para um funcionário de modo que ele entenda sua importância nos resultados da equipe e se sinta parte do time, em vez de simplesmente solicitar "faça isso", "faça aquilo". Ou seja, é necessário

informar o contexto do que se pede, para que possa haver motivação na execução da atividade.
6. Ouça ativamente, valorizando a opinião de cada um e envolvendo os funcionários nas decisões. Às vezes, uma pessoa só quer ser ouvida e ter a atenção de alguém, não necessariamente está pedindo uma solução para seu problema.
7. Assuma a responsabilidade pelos fracassos da equipe e dê crédito ao colaborador que apresentar bons resultados. Além disso, evite apontar o erro de alguém na frente de todos, isso inibe a criatividade e a iniciativa dos demais. Ou seja, elogie na frente de todos e critique em particular.
8. Não privilegie ninguém e não tenha favoritos. Todos devem ser igualmente importantes na equipe. Reconheça e recompense as pessoas mais esforçadas e comprometidas, mas valorizando sempre o trabalho coletivo, em que todos são essenciais para chegarem juntos ao objetivo comum. Isso estimula os funcionários a buscarem a excelência.
9. Dê *feedbacks* sobre o desempenho dos colaboradores regularmente, iniciando sempre pelos pontos positivos, para gerar receptividade, e, em seguida, fale sobre os pontos que precisam ser melhorados. É muito bom para o funcionário ouvir que está indo pelo caminho certo, conhecer suas deficiências e saber que não é proibido errar. Isso irá motivá-lo a continuar se desenvolvendo e a melhorar sua performance.
10. Foque na solução, e não no problema. Quem foca no problema perde tempo procurando culpados e discutindo o passado. O foco na solução impulsiona a pessoa para o futuro, no que precisa fazer de agora em diante para solucionar alguma questão e como não deixar que volte a acontecer o mesmo tipo de problema. Se um funcionário lhe apresentar um problema, agradeça pela contribuição dele e questione o que ele pode fazer para contorná-lo, quais opções ele tem e qual é a mais viável.
11. Tenha o mínimo de conhecimento técnico e prático sobre todos os assuntos relacionados com o seu negócio, o suficiente para dar o suporte necessário nas atividades dos seus colaboradores. Quando um líder coloca a "mão na massa" com humildade isso inspira as pessoas a quererem segui-lo e a se comprometer mais ainda com a atividade.
12. Valorize as pessoas agindo com humanidade, respeito, paciência, calma, tolerância, empatia, cordialidade e compaixão. A agressividade e a arrogância constroem paredes entre as pessoas, e ninguém vai querer ultrapassá-las para se aproximar de um chefe assim.

Um líder não precisa impor ordens, pois já desperta nos outros a vontade de trabalhar com comprometimento e dedicação. Seja um líder e desenvolva-se para que tenha a equipe que tanto deseja.

VIRTUDE 68
‹‹ MATERNIDADE/PATERNIDADE ››

Ser um bom pai ou uma boa mãe também é uma virtude, por isso, fiz questão de colocar este item no livro referente à maternidade/paternidade.

Uma das grandes responsabilidades que o ser humano pode assumir em sua vida é ter um filho. E, embora colocar uma criança no mundo seja muito fácil, o difícil é educá-la para ser uma pessoa do bem, que ame a si mesmo e o próximo.

Educar, no entanto, não significa apenas pagar um bom colégio, ter uma babá que cuide dos filhos e dar presentes para deixá-los ocupados se divertindo. A principal função dos pais é justamente prover uma educação emocional dentro da própria família. Eles precisam ser verdadeiros líderes e professores, caso queiram ser pais brilhantes.

Antes de decidir se querem ter filhos, as pessoas devem realizar uma autoanálise de sua vida, fazendo-se as seguintes perguntas: estou preparado psicologicamente e financeiramente para uma mudança permanente em minha vida? Terei tempo para me dedicar aos filhos? Tenho experiência de vida suficiente que me permita servir de bom exemplo? Quais maus hábitos serão necessários eliminar para não atrapalhar na educação?

Uma má educação pode causar sérios danos emocionais numa criança, que se propagam até a vida adulta e causam várias limitações no seu dia a dia. É nessa fase que adquirimos as chamadas crenças limitantes, que nos impedem de crescer ou vencer certas dificuldades, podendo ocasionar uma vida medíocre, infeliz e sem grandes realizações.

Veja alguns tipos de pais e os problemas que as suas ações causam nos filhos:

1. Pais superprotetores: fazem de tudo pela criança, não a deixam fazer nada sozinha e ficam em cima dela o tempo todo para que não se machuque. Não deixam a criança correr nenhum risco e estão sempre reclamando para ela largar os objetos, parar de correr ou parar com alguma brincadeira. Decidem tudo pela criança, fazem os trabalhos da escola e evitam que ela tenha qualquer frustração. Quando a criança cresce, esses pais começam a reclamar que ela não faz nada direito, que precisam fazer tudo por ela, e não sabem por que é tão dependente, indecisa e irresponsável. Não percebem que eles mesmos provocaram isso nela.

Os filhos desses pais demoram muito a conseguir ter maturidade e decidir o que querem para suas vidas. São pouco criativos e muito dependentes para resolver seus problemas. Eles acreditam que não servem para nada, de tanto ouvirem isso dos pais.

2. Pais permissivos ou liberais: não sabem impor limites, permitindo que os filhos façam o que quiserem, onde quiserem e do jeito que quiserem. Não educam os filhos para serem responsáveis pelas tarefas domésticas e não regulam as atividades básicas, como alimentação, horário para dormir ou brincar. Os filhos tomam suas próprias decisões e não recebem *feedbacks* positivos (elogios) nem negativos.

Os filhos desses pais são independentes e decididos, mas possuem baixa autoestima, são desobedientes, desorganizados, mal-educados e acham que podem fazer de tudo, inclusive passar por cima dos outros.

3. Pais autoritários: são rígidos, intransigentes e intolerantes. Querem mandar em tudo e não aceitam contestação, só o seu jeito é o correto. Impõem obediência, respeito e disciplina igual a um quartel. O relacionamento com os filhos é frio, sem conversas e sem afeto, criando muitas vezes um clima tenso, em que a criança fica perdida sem saber o que pode ou não pode fazer, pois os pais irão reclamar de um jeito ou de outro. Costumam ser agressivos e utilizam a punição física ou ameaças. Os filhos desses pais crescem com medo e ansiedade, o que pode atrapalhar a sua capacidade de lidar com as dificuldades da vida, às vezes até evitando assumir novos desafios para que não sofram com as consequências de um possível fracasso. Podem apresentar problemas de comunicação e timidez, baixa autoestima e tendência a ter depressão. São pouco decididos e muito dependentes. Embora possam ter um bom rendimento nos estudos, sofrem com a pressão e a expectativa alta quanto ao seu futuro profissional. Frequentemente escolhem fazer vestibular para o curso que os pais querem, e não para aquele em que possuem interesse, o que acaba gerando o sentimento de eterna infelicidade. Alguns, na adolescência, ficam fortemente rebeldes, fazendo até uso de drogas como uma forma de punir os pais.

Perceba que a forma como os pais educam os filhos influencia sobremaneira o comportamento deles para o resto de suas vidas. Muitas pessoas que tiveram um dos três tipos de pais mencionados não percebem que muitos de seus problemas pessoais e profissionais acontecem em função de seus medos e crenças adquiridos ainda na infância, e acabam repetindo os mesmos erros dos pais na criação dos seus filhos.

Todos que desejam ser pais deveriam primeiro buscar conhecer suas próprias deficiências, medos e crenças e buscar tratá-las. É muito importante cavar fundo até chegar ao nosso íntimo, na raiz das crenças em nosso inconsciente, para saber as razões reais dos comportamentos que limitam o nosso crescimento.

Veja alguns exemplos de crenças que muita gente entende como verdade, quando são apenas pressuposições de uma realidade distorcida:

1. "Se trabalho fosse bom, não se chamaria trabalho, se chamaria lazer". Essa é uma desculpa que muita gente dá porque não ama o que faz, não se sente realizado e útil. O trabalho não deve ser um fardo, só será se você escolher trabalhar no que não lhe satisfaz. As pessoas mais antigas costumavam falar muito isso, e acabaram passando esse sentimento para os filhos.

2. "Se eu abandonar o meu trabalho atual para fazer o que amo, talvez não tenha sucesso financeiro e depois eu não conseguirei mais voltar atrás". Esse é mais um pensamento sabotador. Quando éramos crianças, aprendemos que devemos seguir o padrão da sociedade, ser um empregado a vida toda e nunca trocar o certo pelo duvidoso. Por isso, as pessoas antigamente costumavam passar a vida inteira em um único emprego, mesmo que não se sentissem bem nele. Se a segurança for um valor importante para a pessoa, não precisa largar tudo, é possível desenvolver duas atividades simultâneas e abandonar uma delas quando tiver a segurança de que dará certo.

3. "Não tenho jeito para nada". As pessoas generalizam porque em alguma época da vida ouviram dos outros ou sentiram que não tinham habilidade em algo específico. No entanto, existem nove tipos de inteligência, conforme Howard Gardner identificou na teoria das inteligências múltiplas, e todos possuímos ao menos uma delas, só precisamos identificá-la. Se você não é bom com a inteligência lógico-matemática, por exemplo, poderá ser com a inteligência musical, corporal, espacial, interpessoal, etc. E isso é suficiente para ser muito bom em uma profissão que fizer uso dessa inteligência.

4. "Eu tenho que mudar". Se você pensou isso ao longo deste livro, essa pode ser também uma crença reativa, em que você diz que tem que mudar, mas no fundo não existe interesse e motivação para mudar de fato. Se você excluir do seu pensamento o "eu tenho que" e trocar por "eu quero, eu posso, eu consigo", você se sentirá capaz de vencer todas as suas limitações e terá uma atitude realmente transformadora.

Mas como os pais devem agir para dar uma boa educação aos filhos? O ideal é um meio-termo entre os três tipos de pais descritos, ou seja, dar a devida atenção e proteção aos filhos, sem exageros, e ser flexíveis ou firmes, a depender da situação e personalidade da criança. Veja agora como se comportam os chamados pais democráticos, considerados o tipo ideal para uma boa educação:

1. Pais democráticos ou consultores: desenvolvem um ambiente harmonioso, sem agressividade, impaciência ou intolerância. Possuem as ferramentas adequadas para lidar com a maioria das situações, buscando intensificar a aprendizagem positiva nos filhos e não gerar crenças limitantes. Comunicam-se abertamente e interagem com afetividade, demonstrando o amor. Sabem impor limites quando necessário, principalmente nas situações de alto risco que possam causar problemas para si e para os outros. No entanto, se o risco for baixo, os pais são flexíveis e permissivos, pois sabem que a melhor forma de aprender é com a própria experiência. Aplicam o modelo de aprendizagem do tipo 70/20/10, em que 70% do aprendizado da criança vem com a própria experiência, 20% com o exemplo dos pais e 10% com o ensino formal, por meio das conversas. Dessa forma, esses pais usam mais ações que palavras na educação. Permitem que os filhos tenham seus próprios interesses e liberdades de escolha, desde que sigam pelo caminho do bem. Oferecem, ainda, opções para que trabalhem a capacidade de decisão e se responsabilizem por elas. Os filhos desses pais sabem que eles estarão sempre disponíveis para ajudar e dar o suporte emocional necessário. Eles possuem mais facilidade para adquirir a maturidade, independência, habilidade de decisão e empatia. Sabem que o importante na vida é ser feliz, e o seu sucesso será consequência disso.

Mesmo sendo pais democráticos, lembre-se de que cada pessoa tem sua própria personalidade, que vem desde o nascimento. Não é porque você dá uma boa educação que seu filho será exatamente o que você espera que ele seja. No entanto, as chances são maiores de os filhos de pais democráticos se tornarem adultos virtuosos, felizes e realizados.

É importante, ainda, que os pais identifiquem a personalidade dos filhos (introvertido, extrovertido, agitado, preguiçoso, colérico, calmo, etc.) e trabalhem a sua educação para que eles aprendam a fortalecer os pontos fortes de sua personalidade e eliminar as deficiências que possam causar algum mal ao futuro deles.

Filhos não são brinquedos nem animais de estimação, por isso não tome uma decisão irresponsável de trazer um novo ser a este mundo sem antes estar preparado para dar a educação que ele merece. E, quando os tiver, seja eternamente grato por ter essa maravilhosa missão de educá-los e faça todo o possível para que sejam pessoas do bem, que façam do mundo um bom lugar para se viver e conviver.

VIRTUDE 69
« MATURIDADE »

Como você já deve saber, existe a maturidade física, que todos nós conseguimos ao alcançar a maioridade, e a virtude da maturidade emocional, que não depende da idade, mas sim de nossas experiências de vida.

Enquanto algumas pessoas se tornam emocionalmente maduras ainda no início da fase adulta, outras permanecem imaturas o resto da vida, sem nunca perder a sua infantilidade.

Mas como podemos dizer que somos emocionalmente maduros? Para responder a essa pergunta, vamos lembrar primeiro como é o comportamento de uma criança em desenvolvimento, e que não possui maturidade.

Ao nascer, somos altamente dependentes para sobreviver e, por isso, as pessoas da família fazem tudo o que nós queremos ou precisamos durante alguns anos. A criança, com sua inocência e falta de experiência de vida, não sabe o que é humildade, cordialidade, gratidão, paciência e responsabilidade. Portanto, ela se chateia, chora, grita e briga por qualquer banalidade que lhe aconteça, por querer que todos os seus desejos sejam satisfeitos na hora que quiser. Logo, se não tivermos uma boa educação, podemos crescer acreditando que o mundo gira ao nosso redor, motivo pelo qual muitos se tornam tão egoístas.

Até entrarmos na fase adulta, se aprendermos com os percalços que surgem em nossa caminhada, decorrentes até mesmo da falta de maturidade, poderemos crescer emocionalmente, sendo capazes de nos responsabilizar por tudo que nos aconteça, e de reagir às adversidades de forma pacífica e madura.

As pessoas que resistem ao amadurecimento normalmente não reconhecem a importância do autodesenvolvimento e dão mais valor aos bens materiais e ao *status*. Costumam viver de aparências, tendo uma vida superficial, e às vezes atoladas em dívidas, só para mostrar aos outros uma imagem falsa de si mesmas. Além disso, costumam ser invejosas, egoístas, orgulhosas e nunca assumem as rédeas de sua vida.

Já a pessoa madura resolve seus conflitos por meio do diálogo. Não fica "de mal" com o outro, sem se falar, e possui as virtudes da abertura, da aceitação e do amor ao próximo. Além disso, por ser responsável, não põe a culpa dos seus problemas nos outros, não vive reclamando da vida e resmungando porque algo não aconteceu exatamente da maneira que esperava.

Desenvolva-se, cresça, seja autêntico, reduza suas expectativas no outro e não insista em discutir algo que só trará revolta. Você quer ser feliz ou quer ter sempre razão numa discussão?

VIRTUDE 70
« MODERAÇÃO »

Você certamente já deve ter ouvido dizer que nada em exagero é bom. E isso é a pura verdade. Trabalhar demais causa esgotamento, descansar demais causa sedentarismo, comer demais engorda e causa doenças cardíacas, exercitar-se demais pode causar lesões e fadiga muscular, por isso, tudo na vida necessita de moderação.

O segredo para adquirir as virtudes humanas está justamente na moderação. Veja o exemplo que relatei na "Virtude 27: Coragem". Quem a possui em excesso torna-se imprudente, já quem não possui é covarde. Por isso, a moderação é a qualidade de todas as virtudes. Até mesmo para fazer o bem e praticar a caridade é preciso de um meio-termo. Afinal, quem doa demais pode acabar se endividando e ficando sem recursos inclusive para si mesmo; parece algo impossível de acontecer, mas existem pessoas que fazem isso.

Porém, na tentativa de eliminar algum exagero, cuidado também para não exagerar. Veja o exemplo de uma pessoa que deseja emagrecer: se ela cortar totalmente a gordura e os doces do seu cardápio, irá começar a emagrecer, mas, após tanta privação e sofrimento, poderá cair em tentação e logo desistir da dieta. Qualquer mudança radical tende a ser insustentável a longo prazo. O resultado é reganhar o peso que tinha perdido ou engordar ainda mais do que antes da dieta.

Caso troque a privação total pela redução gradual seguida da moderação, a probabilidade de emagrecer e depois permanecer no peso será muito maior. E, para treinar a moderação, você pode utilizar as técnicas de autocontrole, equilíbrio emocional e racionalidade, em que o bom senso é fundamental.

Tenha uma vida abundante e repleta de conquistas, mas sem exageros no modo de agir, falar e se relacionar. Pois, se não tivermos moderação em nossas atitudes, em vez de abundância teremos a escassez de felicidade, de saúde, de paz, de amor e de prosperidade.

VIRTUDE 71
« MOTIVAÇÃO »

O que te motiva a trabalhar? O que te motiva a continuar em um relacionamento? O que te motiva a fazer exercícios físicos? O que te motiva a estudar? O que te motiva a eliminar maus hábitos? O que te motiva a sair de sua zona de conforto? Você já parou para pensar sobre tudo isso? Em caso negativo, pare um pouquinho de ler e responda a si mesmo essas seis perguntas.

Muitas pessoas precisam de motivos externos para se sentirem motivadas, como o reconhecimento do chefe no trabalho, uma promoção, um presente, alguém que cobre a execução de suas tarefas. Já outras pessoas são capazes de se motivarem sozinhas, sem precisar de qualquer estímulo externo.

A virtude que vou descrever aqui é justamente a motivação, ou automotivação, que nada mais é que uma força interior que nos impulsiona a agir. Sucintamente, a motivação surge quando temos um objetivo ou motivo que nos dê vontade de estar em ação, ou seja, um motivo para a ação, sendo esses objetivos exatamente o que precisamos definir com clareza para nos sentir motivados. Exemplificando, veja o caso de um profissional que atua na construção de uma grande fábrica ou indústria. Ele pode se motivar a trabalhar para fazer parte de algo grandioso, que irá gerar empregos e desenvolver economicamente o seu estado. O seu objetivo maior, portanto, é gerar desenvolvimento no seu estado, o que o deixará motivado a ser responsável e comprometido em gerar resultados, sem precisar que ninguém lhe cobre o que fazer.

A grande questão é que, para surgir essa força motivacional dentro de nós, precisamos definir antes um motivo que faça sentido para nossa vida e que tenha um enorme poder de nos colocar em ação. Se tivermos bons motivos para agir, e que sejam dignos de uma pessoa íntegra e virtuosa, a chance será grande de nos sentirmos motivados.

É importante observar, no entanto, que não estamos livres de perder nossa motivação devido aos problemas que se apresentam no dia a dia. Porém, nesses momentos, mesmo desmotivados podemos utilizar a virtude da disciplina para continuarmos avançando em nossa escalada do sucesso.

A fé poderá ser também um ótimo fator motivacional, associada aos nossos objetivos. Afinal, quem a possui tem a certeza de que está seguindo pelo caminho correto, e que no fim todo o esforço valerá a pena. Assim, permanece firme com o seu propósito, buscando incansavelmente o sucesso.

Agora me diga: o que pode te motivar a acordar todos os dias com alegria? Para mim, em primeiro lugar, estar vivo, pela graça de Deus; em segundo, por ter e perseguir um propósito de vida de ser melhor a cada dia; e por iniciar mais um dia repleto de oportunidades para ajudar meu país em seu crescimento social e econômico.

Será que você consegue responder melhor agora as outras perguntas que fiz no início deste item?

Calma, se ainda não consegue responder, vamos conhecer um pouco sobre a pirâmide de Maslow, ou a hierarquia das necessidades de Maslow, teoria elaborada por Abraham H. Maslow, em 1943, e que é importante para entendermos objetivamente e com mais profundidade o funcionamento de nossa motivação.

Maslow relata que as necessidades humanas são hierarquizadas em níveis de satisfação: na base da pirâmide, temos a necessidade fisiológica, mais fácil de atender, e, no topo, a necessidade de realização pessoal, mais difícil de alcançar, mas que gera muito mais satisfação quando alcançada. Em cada nível, temos vários motivos para agir, sendo que a motivação só irá brotar se dermos muita atenção e importância a essas necessidades.

Fonte: J. Finkelstein (traduzido para o português por Felipe Sanches).

Segundo Maslow, existem cinco níveis de necessidade:
1. Nível fisiológico (base da pirâmide): necessidades básicas como comer, beber, trabalhar, ter saúde, educação e moradia.
2. Nível de segurança (pessoal ou financeira): necessidade de se sentir seguro em casa, no trabalho, ou até mesmo ter um plano de saúde e seguro de vida.
3. Nível social/relacionamento: necessidade de constituir uma família e sentir-se parte de grupos sociais, como um grupo de amigos, da equipe do trabalho, de sua religião, etc.
4. Nível de autoestima: necessidade de se sentir útil e importante, com suas habilidades bem aproveitadas, ser reconhecido por suas competências e respeitado por isso.
5. Nível de realização pessoal (topo da pirâmide): necessidade de fazer o que ama, cumprindo com o seu propósito de vida e aproveitando todo seu potencial.

Quando têm uma necessidade básica não atendida, isso costuma gerar mais desespero nas pessoas. Por isso, os níveis mais baixos da pirâmide são os primeiros que desejamos satisfazer. Porém, o bom é que são os mais fáceis de conseguir.

Como estamos sempre em busca do crescimento, ao satisfazermos um nível da pirâmide surgem então novas necessidades, que provavelmente são as do próximo nível. E, quanto mais subirmos na pirâmide, mais difícil se torna atender nossas necessidades e mais satisfeitos ficaremos ao obter sucesso. Sendo o último nível o estado de motivação plena.

O interessante dessa teoria é que podemos ver claramente que, ao conseguirmos atingir nossos objetivos, sempre poderemos encontrar outras motivações para continuar seguindo em frente, inclusive após a aposentadoria. Portanto, não podemos ficar estagnados sem objetivos, pois é isso que acaba com a nossa motivação em qualquer área da vida.

Observe que, para subirmos até o topo da pirâmide, é importante que exista um bom planejamento de curto, médio e longo prazos. Caso contrário, durante a escalada, podemos perceber que precisamos descer alguns níveis, quando conquistamos algo que não nos realiza, para poder corrigir a rota e permitir chegar ao topo. O ideal é começar a atender as necessidades mais básicas já sabendo o que queremos lá no futuro, mas nem sempre o nosso percurso é tão retilíneo assim.

A estrada é longa e cada passo que damos deve ser dado com a certeza de que estamos indo em direção aos nossos objetivos de vida. Não precisa ser em linha reta nem correr em alta velocidade. Com paciência e humildade, saberemos qual será o próximo passo a ser dado, sempre dispostos a dar o nosso melhor. E, com muito esforço e dedicação, pode ter certeza de que o sucesso e a realização virão em algum momento.

Algumas pessoas acreditam que não são capazes de crescer profissionalmente e que não precisam se sentir realizadas. Elas vivem sem grandes pretensões na vida e apenas sobrevivem. Essa crença tende a inibir a sua motivação, fazendo com que executem apenas o básico no seu trabalho, mas, sem se esforçar, não tem jeito, nunca irão crescer.

Muitas pessoas não ultrapassam o nível 1 da pirâmide de Maslow a vida inteira, outras chegam ao nível 3 ou 4 e permanecem nele, pois, mesmo sem fazer o que gostam, acabam se acomodando. Esse crescimento depende principalmente de nossas crenças sobre do que somos capazes.

Embora possam existir correntes filosóficas contrárias à hierarquização definida por Maslow, que dizem ser possível atingir níveis superiores da pirâmide sem ter satisfeito todos os inferiores, a importância de descrever essa teoria aqui é para abrir a nossa mente quanto às possibilidades de objetivos tangíveis e mensuráveis que podemos ter. E, com isso, podermos utilizá-los para sermos eternamente motivados.

Para você entender a aplicabilidade da pirâmide de Maslow na vida de uma pessoa, veja o caso hipotético de alguém que está desempregado em tempos de crise econômica no país, em que o nível de desemprego é alto. Essa pessoa sente a necessidade de trabalhar para que não falte dinheiro para ela ter o que comer. Essa necessidade irá motivá-la a procurar qualquer emprego disponível, tanto faz se dá direito a plano de saúde, se ela irá gostar da atividade ou se suas habilidades serão bem aproveitadas. Ela estará preocupada apenas em atender as necessidades do nível fisiológico.

Quando conseguir um emprego, ela ficará muito contente, mas agora irá mudar sua motivação para atender outras necessidades. Se ela tiver um bom discernimento, a partir daí já poderá começar a planejar e agir para continuar crescendo profissionalmente ou fazer uma transição de carreira, para algo que possa lhe trazer realização profissional e permita chegar ao topo da pirâmide.

No entanto, não necessariamente ela irá precisar fazer uma transição de carreira para se sentir realizada. Talvez, ao dar um sentido e importância ao que faz, como no exemplo que relatei do funcionário da construção de uma grande indústria, isso poderá fazê-la se sentir realizada, útil e motivada.

Nunca se esqueça de que para tudo na vida podemos buscar motivos para agir, crescer e sair da zona de conforto ou da estagnação.

Um dos maiores objetivos capazes de nos motivar diariamente a termos disposição é ter uma vida dedicada ao desenvolvimento das virtudes, conforme nos ensinou Jesus Cristo, Buda, Mahatma Gandhi, Krishna, entre tantos outros. Assim, onde quer que estejamos morando, trabalhando, e quem quer que sejam as pessoas com quem nos relacionamos, poderemos todos os dias buscarmos ser melhores que ontem, sempre comprometidos com o nosso crescimento pessoal, social e profissional.

E quando o nosso propósito maior está na eternidade, e não apenas na vida terrena, a nossa escalada do sucesso será motivada pela necessidade de nos aproximar de Deus pela eternidade!

Agora volte ao início deste item e responda a todas as perguntas novamente. Escreva suas respostas e coloque em um lugar visível para que possa se inspirar e nunca perder sua motivação.

VIRTUDE 72
« OBJETIVIDADE »

A objetividade é uma virtude que possui abrangência um pouco maior em relação à virtude da assertividade. Enquanto a pessoa assertiva possui uma argumentação clara e sem rodeios, quem é objetivo, além de ser assertivo na comunicação, adota também uma postura direta em todas as suas ações, não apenas na comunicação.

Ser objetivo, no entanto, não significa escolher o caminho do mínimo esforço, mas sim o caminho com o melhor aproveitamento do esforço e da energia, que nos permita alcançar um resultado desejado.

Se você parar para analisar a natureza, verá que a ordem natural do universo é bem objetiva. Observe que a corrente elétrica busca passar pelos caminhos de menor resistência; as plantas crescem na direção de locais iluminados e com água; e a luz só viaja em linha reta. Portanto, não devemos ser diferentes.

A falta de objetividade em nossa vida só gera desgastes desnecessários e desperdício de tempo, impactando diretamente a eficiência e a produtividade de nossas atividades.

Podemos treinar essa virtude em qualquer tarefa que executamos e que exija um mínimo de raciocínio, a exemplo da escrita, das atividades laborais, e até mesmo na forma de nos comportar em nossos relacionamentos.

Algumas pessoas, por exemplo, costumam falar demais e solucionar de menos. As reuniões de trabalho com esse tipo de gente costumam ser longas e com pouco resultado. Elas gostam de ficar discutindo o passado, são reativas e não buscam soluções para o futuro. Para eliminar esse defeito, caso você o possua, lembre-se de refletir previamente se o que deseja fazer ou falar irá realmente acrescentar algo ou apenas criará discussão sem resultados positivos.

Se existe algum problema, não adianta ficar desesperado, procurando culpados e lamentando pelo leite derramado. Foque no que precisa fazer para solucioná-lo, que rapidamente você irá conseguir.

O perfeccionismo também é outro vilão na busca pela objetividade. O indivíduo que gosta de atingir a perfeição em qualquer trabalho irá perder em velocidade e praticidade. Se você tem esse perfil, deve se perguntar se não existe uma maneira mais simples e rápida de se chegar ao mesmo resultado. Embora a qualidade seja importante em tudo que fazemos, existe uma razoabilidade de tempo despendido que deve sempre ser levado em conta. Portanto, tenha em mente que feito é melhor que perfeito.

É importante, ainda, que tenhamos objetivos mais claros e específicos, conforme descrevi na "Virtude 33: Determinação", e planejemos melhor nossas ações para termos um percurso mais tranquilo. Isso evitará que nos sintamos perdidos, como se estivéssemos andando em círculos, e saibamos quais os próximos passos a dar em direção aos nossos objetivos, sem perder o foco nem se distanciar deles.

Não desperdice seu tempo nem o das outras pessoas. Elimine as atitudes negativas que não trazem resultados e que demandam de você um tempo desnecessário. Raciocine: para que complicar se podemos simplificar nossa vida e a de quem convive conosco?

VIRTUDE 73
‹‹ ORGANIZAÇÃO ››

Organizar é algo que qualquer um pode fazer, seja planejando suas tarefas, fazendo seu planejamento financeiro, ordenando seus objetos pessoais ou de trabalho. Porém, nem todo mundo consegue fazer tudo isso naturalmente e continuadamente por toda a vida. A virtude da organização é exatamente o que precisamos ter para que, de maneira espontânea, evitemos a bagunça, a desorganização e a falta de planejamento em qualquer área de nossa vida. Porém, sem exageros, afinal, quando estamos em casa ou no trabalho, sempre vai existir uma "desarrumação" controlada, já que fazemos uso de vários objetos ao longo do dia e é impossível deixar tudo em seu devido lugar enquanto estamos em atividade.

Quem é desorganizado, para que consiga deixar suas principais limitações de lado, a preguiça e a procrastinação, deve inicialmente exercitar a sua motivação. Para isso, analise as vantagens de ser organizado, bem como as desvantagens em ser desorganizado, e as utilize como motivo para adquirir essa virtude. Perceba que a nossa motivação pode ser tanto pelo prazer (o que eu ganho em ser organizado?) quanto pela dor (o que eu perco em ser desorganizado?).

Entre as vantagens, a pessoa organizada tem o controle de sua vida e de suas tarefas, não fica perdida com tantas coisas para fazer, sempre executa o que planeja, nunca diz que não tem tempo para nada, e não perde tempo tentando achar suas coisas. Com isso, ela consegue ter uma melhor qualidade de vida, com dias mais produtivos e bem-humorados. Já a pessoa desorganizada costuma perder oportunidades e possui dificuldades até para crescer profissionalmente.

Uma das coisas que mais nos atrapalha é a grande quantidade de informações e distrações com as quais lidamos diariamente. Por isso, é preciso muitas vezes nos blindarmos daquelas que não nos acrescentam nada e focar no que realmente for importante ao nosso crescimento.

Veja algumas estratégias que vão lhe ajudar a ter uma vida organizada:
1. Defina prioridades e mantenha o foco na execução de cada uma de suas atividades, seja estudar, trabalhar, relacionar-se com alguém, fazer exercícios físicos ou até mesmo descansar. Quando necessário, evite ser interrompido, dessa maneira você não perderá o foco e, consequentemente, manterá a qualidade do que estiver fazendo. Para isso: elimine as

distrações desligando a internet ou os avisos instantâneos de aplicativos de celular (WhatsApp, Facebook, Instagram, etc.); acesse os e-mails apenas em horários específicos do dia; e só atenda ligações telefônicas se forem importantes ou urgentes, caso contrário poderá retorná-las quando tiver tempo disponível.
2. Defina um lugar específico para cada objeto e, sempre que precisar dele, use e retorne ao seu respectivo lugar logo em seguida, ou pelo menos no mesmo dia. Faça o mesmo com arquivos digitais: você pode criar pastas para cada tipo e, sempre que houver um novo arquivo para salvar, direcione-o imediatamente para a pasta predefinida, em vez de acumular na área de trabalho. O segredo é estabelecer métodos rápidos e fáceis de encontrar, retirar, repor e adicionar objetos/arquivos antigos e novos, e uma organização que tenha uma aparência agradável.
3. Doe ou jogue fora tudo aquilo que não usa mais. Além disso, analise melhor suas necessidades antes de comprar um item novo. Você realmente precisa dele? Existe espaço para guardá-lo?
4. Reduza a quantidade de objetos à sua vista. A poluição visual gera desconforto e prejudica a nossa disposição para sermos organizados.
5. Utilize uma agenda ou um calendário, físico ou digital, e crie o hábito de verificá-lo todo dia. O mais comum é o calendário de mesa, que pode ser colocado ao lado do seu computador do trabalho ou em casa.
6. Faça um planejamento e controle financeiro, registrando no papel ou em planilha a renda familiar, todos os gastos fixos e variáveis, e acompanhe mensalmente. Atente-se para não gastar mais do que ganha e viva de acordo com o padrão que pode sustentar; evite compras parceladas, pois é melhor se organizar para pagar à vista; compre apenas o que é necessário, para não comprometer o orçamento; e estabeleça metas de gastos e investimentos mensais.
7. Alimente-se de maneira mais saudável, pratique exercícios físicos e tenha sempre uma boa noite de sono. Assim terá mais energia, disposição e paciência para ser mais organizado.

Se você der mais valor ao seu tempo e ao seu bem-estar, perceberá a importância da organização. Portanto, organize sua vida e suas ideias, e libere espaço para o seu crescimento! Esse é um dos segredos para ser uma pessoa de sucesso.

VIRTUDE 74
‹‹ OTIMISMO ››

Em geral, existem três perfis de pessoa: pessimista, realista e otimista. E, para que você entenda a razão de dizermos que apenas o otimista é virtuoso, vamos diferenciar cada um dos perfis:

1. Pessimista: espera sempre o pior das situações, costumar pensar que vai dar tudo errado e que não há nada a fazer para mudar o rumo das coisas. Seus pensamentos geram um estado de conformismo e imobilidade. Portanto, não busca soluções criativas para solucionar seus problemas e, consequentemente, tem dificuldades em desenvolver seu lado pessoal, social e profissional.
2. Realista: essa denominação surgiu como um meio-termo entre o otimista e o pessimista, para representar supostamente uma pessoa que é "pé no chão". O realista é aquele que enxerga o padrão da sociedade e segue na mesma linha. Não acredita em sonhos e por isso se contenta em ter uma vida medíocre, sem grandes ambições e com um trabalho que não lhe dá satisfação. O realista dificilmente se sente realizado e nunca muda suas atitudes, pois para ele essa é a realidade do mundo.
3. Otimista: compreende a realidade e sabe que nem tudo que faz dará certo de primeira. No entanto, foca no aspecto positivo dos resultados obtidos. Acredita também que o fracasso faz parte do sucesso, portanto o encara como um aprendizado e não como algo que o impede de seguir adiante. O otimista possui o foco na solução, e não no problema. Com isso, ele não se deixa abater e persiste em seus objetivos. É ele quem consegue realizar grandes feitos, para si e para o mundo.

O otimismo é tão importante que até na recuperação de doenças graves ele tem contribuído decisivamente. No livro *Aprenda a ser otimista*, Martin Seligman, precursor da psicologia positiva, afirma que, para uma pessoa deixar de ser pessimista e se tornar otimista, primeiramente precisa se conhecer, ou seja, precisa analisar como se comporta diante das adversidades, identificar quais são suas crenças pessimistas, que fazem com que tenha esse tipo de comportamento, e quais as consequências para ela mesma se continuar agindo assim.

Após o processo de autoconhecimento, o próximo passo é buscar argumentos para contestar suas próprias crenças. Para isso deve analisar:
1. Alternativas: as coisas precisam acontecer realmente da maneira como eu pensava? Existe a possibilidade de conseguir resultados positivos? Quais seriam esses resultados?
2. Implicações: se eu pensar diferente, mudando minha mentalidade, poderei ter atitudes ou comportamentos que garantam o meu sucesso? Apenas mudar de pensamento já me ajudaria?
3. Provas: outra pessoa no meu lugar conseguiria ter sucesso? Por que não daria certo comigo também? O que eu preciso fazer para reduzir a probabilidade de fracasso?
4. Utilidades: qual é a vantagem de enxergar apenas o lado ruim das coisas? Não estaria prejudicando meu estado emocional, atraindo só o que é negativo para mim? Não é melhor então lidar positivamente com todos os desafios?

Por fim, após esse debate interno, é possível girar nossa chave mental para o lado positivo, passando a nutrir apenas emoções positivas.

Além disso, uma prática importante para sermos otimistas é utilizar a gratidão diária e desenvolvermos nossa fé. O ser humano costuma viver com muitas expectativas em relação ao que ainda não possui, o que pode causar certa frustração ou insatisfação crônica. Muita gente quer sempre mais, um apartamento maior, um carro maior, uma roupa melhor, mas se esquece de ter gratidão por tudo aquilo que já possui.

Como falei na "Virtude 48: Felicidade", o importante é ser feliz durante toda nossa jornada, e não apenas quando conseguimos ter algum sucesso. E a pessoa otimista sabe bem disso! Mesmo que tenha resultados indesejados ao longo de sua jornada, ela não ficará menos feliz por isso, pois sabe que todos os obstáculos podem ser contornados. Exemplificando, ser demitido do emprego para um pessimista pode ser motivo para entrar em desespero ou até em uma depressão. Enquanto o otimista poderá ver isso como uma grande oportunidade para buscar fazer algo em que se sinta bem, em que tenha prazer e que lhe dê satisfação. O seu otimismo dará muito mais disposição e determinação para batalhar em busca de seus objetivos, proporcionando-lhe mais chances de vencer a dificuldade do que teria se pensasse de forma pessimista.

Ainda no mesmo exemplo, um pessimista não aceita ganhar menos em outro emprego nem assumir uma função com nível inferior, pois sua insatisfação crônica e alta expectativa o fazem pensar que não merece nunca regredir. Já o otimista percebe que o mercado não está permitindo muita escolha e aceita algo pequeno no momento. Ele poderá, ainda, aproveitar para desenvolver outras virtudes importantes, como a humildade, a resiliência e a superação, e posteriormente poderá buscar algo melhor.

O ser humano às vezes é tão complicado que, mesmo quando está tudo bem, cria problemas. Nos relacionamentos, por exemplo, as pessoas costumam julgar demasiadamente sem antes compreender as reais intenções do outro. A pessoa cria todo um contexto na sua cabeça sobre o outro, que muitas vezes não é a realidade, e acaba gerando conflitos desnecessários, principalmente entre casais. Se desenvolvermos emoções positivas com tudo que já conquistamos, sendo gratos a Deus por isso, poderemos entender que a vida é simples, as pessoas é que complicam com sua ânsia neurótica por grandeza, fama e *status*.

Seja otimista e direcione todos os seus pensamentos, emoções e atitudes para o positivo. Pare de procurar defeitos em tudo, não reclame das adversidades da vida e perceba que na realidade a vida é linda e merece ser vivida com muita gratidão, alegria e felicidade.

VIRTUDE 75
« PACIÊNCIA »

A paciência é uma das virtudes mais difíceis de se obter, pois as pessoas costumam ter uma expectativa muito alta diante de situações das quais não têm controle, principalmente no que diz respeito à velocidade em que as coisas acontecem.

Imagine, por exemplo, que você está voltando para casa do trabalho e o trânsito está bem engarrafado. Como você se sente nessa situação? O que você faz? Fica com raiva e mudando de faixa a todo instante, para tentar ir mais rápido, ou coloca uma música legal para cantar e relaxar a mente depois de um dia de trabalho? Segue normalmente o fluxo do trânsito, sem se irritar, e ainda permite que outros passem à sua frente quando precisarem ou não deixa que ninguém faça você perder nem um segundo do seu tempo na fila do trânsito?

Quando as coisas não acontecem da maneira que queremos e no tempo desejado, seja devido à atitude de outras pessoas, às circunstâncias do momento, ou até mesmo em função de nossas próprias ações, muitas pessoas se sentem contrariadas e impacientes. E, para suportar esse tipo de situação sem prejudicar nosso humor, é preciso uma boa dose de paciência e autocontrole.

Ser paciente, portanto, significa tolerar com tranquilidade e prudência as situações que exigem nossa espera. Citando outros exemplos que acontecem diariamente, ter paciência é esperar a comida esfriar para não queimar a boca, apertar o botão de apenas um elevador em vez de chamar todos ao mesmo tempo, não dirigir perigosamente no trânsito para ultrapassar os mais lentos, permitir que um pedestre atravesse na faixa quando estiver dirigindo, aguardar uma resposta de alguém ou de alguma empresa sem ficar cobrando a toda hora.

Você já parou para observar que nessa última década a população tem ficado cada vez mais impaciente? Isso tem acontecido em parte porque, devido ao avanço tecnológico, passamos a ter quase tudo ao alcance de nossas mãos. Veja como exemplo o desenvolvimento dos *smartphones* e a criação de vários aplicativos. Atualmente, conseguimos acessar todo tipo de informação disponível no mundo com poucos cliques no celular. E, com isso, estamos nos acostumando a desenvolver uma agilidade imensa para resolver problemas, que antes demandava muito mais tempo.

Hoje em dia, é possível solicitar por meio de um aplicativo de celular um transporte particular na porta de casa, que chega em menos de cinco minutos; podemos acessar o site do banco e realizar todo tipo de transação por meio do celular; é possível comprar o que quiser em sites de lojas *on-line*. As possibilidades de uso de um celular realmente não têm limites.

No entanto, com essas praticidades que inegavelmente facilitam nossas vidas, as pessoas têm se tornado pouco resistentes a qualquer tipo de demora ou atraso. Elas desejam que tudo aconteça de imediato e, quando não acontece assim, perdem facilmente a paciência, reagindo de forma agressiva, utilizando palavras carregadas de raiva e intolerância. As pessoas impacientes costumam usar a desculpa de que "paciência tem limites". Mas será que tem mesmo?

Como já falei anteriormente, na "Virtude 70: Moderação", nada em exagero é bom. E no caso da paciência não é diferente, existe um limite entre ser paciente e ser submisso, passivo e conformado. Esperar horas ou dias por alguém que não o valoriza não é nada razoável. Porém, nada justifica um comportamento rude, agressivo e impaciente.

Existem situações em que somos tratados direta ou indiretamente com desrespeito, por pessoas ou instituições. Vemos profissionais e empresas sem um bom planejamento de atendimento e sem consideração com o tempo dos clientes, por exemplo, em bancos e consultórios médicos, causando filas imensas, e longas horas de espera. Não devemos aceitar passivamente certos tipos de tratamento, como se o nosso tempo fosse insignificante. Nesses casos, podemos fazer uso da indignação, mas sem perder a tranquilidade. Como a nossa sociedade costuma ter uma grande variedade de opções de serviços, é possível não utilizar os ruins e procurar serviços que demonstrem mais respeito pelo cliente e que tenham um tempo médio de espera razoável para o atendimento.

Se quisermos usar nossa indignação para ajudar esses lugares a mudar, podemos sugerir no serviço de atendimento ao cliente que seja reduzido o tempo de espera dos clientes, contratando mais funcionários ou treinando os que já estão lá para serem mais eficientes, pois, se continuarem assim, poderão perder os clientes. Infelizmente, as empresas só mudam quando percebem que pode doer no bolso.

Lembre-se, porém, de que não podemos exigir nada de ninguém, e, em certas ocasiões, quando, por exemplo, um dos atendentes é mais lento que os outros, é importante termos compreensão para continuar sendo pacientes, afinal, não sabemos pelo que a pessoa do outro lado está passando. Certamente, no seu trabalho também existem pessoas que vivem momentos de mau humor devido a problemas pessoais, e que atrapalham a eficiência de seu trabalho. Em vez de reclamar, podemos ajudá-las a se sentir melhor.

Outro tipo de situação em que precisamos ter paciência é quando estamos batalhando para alcançar algum objetivo, e os resultados demoram a aparecer. Nesses momentos, enquanto ainda não obtivemos o sucesso esperado, é importante lembrar que tudo tem a hora certa para acontecer. Não conhecemos os desígnios de Deus, e, quando achamos que algo possa estar demorando, é porque precisamos enfrentar ainda mais algumas situações e dificuldades para aprendermos com elas antes de alcançarmos o sucesso. Essa espera é o pedágio que precisamos pagar para chegarmos fortes ao destino que tanto almejamos.

Se tivermos paciência, fé em Deus e muita determinação para correr em busca de nossos sonhos, em algum momento sairemos vitoriosos. Pense sempre que no fim tudo dará certo, e, se ainda não deu, é porque ainda não chegou ao fim.

VIRTUDE 76
« PATRIOTISMO »

Talvez você esteja se perguntado: mas patriotismo é uma virtude? A resposta é sim! E muitas das características desta virtude já foram descritas neste livro.

O patriotismo não é apenas valorizar as tradições culturais do país e respeitar os símbolos nacionais, como o hino e a bandeira. É muito mais que isso, ele representa o amor à pátria, à natureza e à sociedade. E a demonstração desse amor pode ser vista nas atitudes de solidariedade, cooperação, respeito, humildade, cordialidade, gratidão e consciência ambiental. Sendo esses os principais símbolos que devem ser exaltados dentro de qualquer sociedade.

A mesma relação de cooperação que temos com a nossa família, o patriota tem com a população de seu país. Afinal, se cada um servir ao bem comum, ajudando uns aos outros, a prosperidade virá igualmente para todos. Nesse sentido, se alguém faz uso de benefícios sociais do governo de forma indevida ou sonega impostos e tributos, estará roubando o povo, indo contra o bem comum, e prejudicando o progresso de seu país. Essa pessoa, além de desonesta, não é patriota. Da mesma maneira, se utilizamos nosso direito de votar para eleger políticos despreparados, com a ficha suja, que não possuem conhecimento necessário nem disposição para desenvolver a região em que foram eleitos, estaremos falhando com a sociedade.

Os políticos deveriam ser as pessoas mais patriotas que existem, uma vez que sua principal função é trabalhar pela ordem e pelo progresso de seu país, promovendo o desenvolvimento social e econômico, além do acesso a uma boa educação e saúde. Porém, como a diferença é grande entre a sua função e o que muitos deles realmente fazem, se eu e você atuarmos para mudar essa realidade, seja votando em pessoas íntegras, fiscalizando o trabalho dos políticos, ou até mesmo nos candidatando aos cargos políticos, estaremos fazendo a nossa parte, mesmo que em pequena escala.

Aqui no Brasil, muitas pessoas costumam reclamar dos problemas, mas não apresentam uma solução nem mudam suas próprias atitudes. O nome do país inclusive virou justificativa para a acomodação: "ah, é Brasil, é assim mesmo!". Ame a sua pátria, faça a diferença e ajude a mudar essa realidade!

VIRTUDE 77
« PAZ »

Certamente você deseja ver a paz no mundo. Mas o quanto tem contribuído para isso? A paz deve começar em nossa própria casa, no trabalho e em nossos relacionamentos, e todos podem contribuir de alguma forma com ela. No entanto, para desenvolvermos esta virtude, não é suficiente ter paz interior, a exemplo do que falei na "Virtude 54: Harmonia", nem simplesmente manter a calma e a paciência onde estivermos.

As pessoas que possuem a virtude da paz, denominadas de pacificadoras, são as que possuem a habilidade de apaziguar ou conduzir a paz para um pequeno grupo ou para um povo, harmonizando os ambientes sociais.

Não precisamos almejar ganhar o Nobel da Paz, mas, para nos inspirar um pouco, podemos seguir o exemplo do que fizeram os ganhadores desse importante prêmio. Entre os ganhadores, há políticos, ativistas, líderes de organizações e líderes religiosos. Veja o tipo de atuação que eles tiveram e como podemos levar esses exemplos para nossa vida, em nossos relacionamentos com a família, os amigos, os colegas de trabalho e a sociedade como um todo:

1. Nobel da Paz: realizou acordos de paz para acabar com conflitos internos ou internacionais.
   Nós: da mesma maneira, podemos dialogar com as pessoas ou com grupos que estejam atrapalhando a harmonia de algum ambiente, combinando atitudes individuais que possam beneficiar a todos.
2. Nobel da Paz: construiu democracias em países conflituosos.
   Nós: em casa, no trabalho ou em grupos de amizade, sempre que percebermos conflitos de interesse, podemos recomendar que seja valorizada a democracia nas decisões.
3. Nobel da Paz: fez protestos pacíficos em prol dos direitos humanos básicos de educação, saúde e igualdade, e contra a violência, tortura, opressão, preconceito e injustiças.
   Nós: podemos organizar e participar de protestos pacíficos em nossa cidade, por exemplo, defendendo nossos direitos como cidadãos.
4. Nobel da Paz: promoveu o desarmamento e evitou que a energia nuclear fosse usada para fins militares.

Nós: muitas pessoas vivem sempre "armadas", prontas para reclamar ou criticar as outras, esperando apenas a deixa para descarregar o ódio sobre elas. Podemos buscar motivar as pessoas a largar suas "armas" emocionais e deixar apenas o amor protegê-las.

5. Nobel da Paz: disseminou o conhecimento sobre mudanças climáticas provocadas pelo homem e promoveu o desenvolvimento sustentável.
Nós: também podemos fomentar a consciência ambiental, promovendo a ideia de união por um objetivo maior.

6. Nobel da Paz: realizou trabalhos humanitários para promover o desenvolvimento econômico e social das camadas mais baixas da população e também socorreu quem vivia em estado de miséria em diversos países.
Nós: quanto mais pobreza e miséria existir, mais violência teremos em nossa sociedade, portanto, ao praticarmos a caridade por meio de trabalhos humanitários, estaremos ajudando a diminuir a miséria e criar uma sociedade mais pacífica.

Todos nós podemos ajudar a promover a paz no mundo, talvez não na mesma proporção de quem ganhou um Nobel da Paz, mas, com as facilidades de divulgação de vídeos e publicações diversas em redes sociais, temos a capacidade de alcançar muito mais gente do que podemos imaginar.

Para sermos pacificadores, além das ações mencionadas que podemos desempenhar, perceba que é importante desenvolvermos também a habilidade de nos comunicar assertivamente e de gerir conflitos.

Você pode atuar ainda escrevendo livros, compondo músicas, juntando-se a ONGs, afiliando-se a partidos políticos. Ou seja, existem inúmeras maneiras de começar a praticar esta virtude desde já.

Em vez de andar "armado" com ódio, raiva e intolerância, ande "amado", inundado de amor pelo povo, transbordando a paz e promovendo a união de todos.

VIRTUDE 78

« PERDÃO »

Ninguém é perfeito, todos nós estamos sujeitos a erros, falhas ou deslizes, intencionalmente ou não. Como dizem, errar é humano. E é justamente por termos essa natureza que o perdão deveria fazer parte de nosso dia a dia. No entanto, perdoar as falhas dos outros é uma atitude rara de se encontrar. É comum vermos pessoas se desentenderem por coisas banais, virarem inimigas e nunca mais se falarem, sem conseguir pedir perdão nem perdoar.

Mas por que será que o ser humano se magoa tanto, guarda rancor e tem ressentimentos? Será devido às atitudes ofensivas que sofremos, que seriam imperdoáveis, ou porque nós é que não somos capazes de perdoar? Você já parou para pensar sobre isso? Quando não perdoamos alguém, é só o outro que deve mudar, ou nós também precisamos?

A Bíblia relata que o apóstolo Pedro certa vez perguntou a Jesus: "Senhor, quantas vezes deverei perdoar a meu irmão quando ele pecar contra mim? Até sete vezes?", e Jesus respondeu: "Não até sete, mas até setenta vezes sete". Ou seja, devemos perdoar sempre, em qualquer situação, em todos os momentos de nossa vida, e a qualquer pessoa que tente nos ferir com boato, calúnia, violência, injustiça, traição ou desprezo.

Sei que o desafio é grande, mas vou descrever melhor o significado do perdão para que você compreenda como isso é possível. Primeiramente, perdoar não significa esquecer um mal que praticaram contra nós. Afinal, não podemos simplesmente apagar de nossa memória tudo de ruim que aconteceu conosco. Também não é algo que você seleciona, numa escala de coisas perdoáveis, qual delas é possível ou não perdoar. Não quer dizer, ainda, que você precise continuar uma amizade ou um relacionamento amoroso, como se nada tivesse acontecido, para demonstrar o perdão.

Praticar o perdão é uma decisão que devemos tomar, utilizando mais a razão que a emoção, para que nossa reação a alguma maldade não seja contrária à virtude do amor. Quando se está sobrecarregado de emoções de mágoa, ressentimento, rancor, ódio, irritação e desejo por vingança, se a pessoa continuar permitindo a emoção dominar sua mente, não irá perdoar tão cedo. Com o tempo, além do mau humor, todo esse lixo emocional pode se transformar em doenças psicossomáticas, a exemplo da hipertensão, taquicardia, gastrite, urticária, enxaqueca e tensões musculares.

Perceba que quem possui a intenção de causar algum dano a nós, físico ou emocional, na verdade está causando a ele mesmo. Logo, em vez de ficarmos ressentidos, com raiva ou magoados, devemos ter misericórdia por essa pessoa, que não sabe o que está fazendo com ela mesma, prejudicando a própria saúde emocional. Lembre-se do que Jesus disse na cruz diante de seus algozes: "Pai, perdoa-lhes, pois não sabem o que fazem!". Portanto, se alguém consegue praticar o perdão com seu próprio carrasco no momento de sua morte, somos capazes de perdoar a quem quer que seja.

Outro trecho da Bíblia descreve que devemos perdoar para que sejamos perdoados. Assim, se formos racionais, perdoaremos quantas vezes for necessário, já que desejamos também ser perdoados de nossas falhas, além de não querermos nos envenenar com emoções destruidoras do bem-estar.

Sentir-se triste, chateado e decepcionado em alguns momentos é natural. Não somos robôs sem sentimentos. A grande questão é que o perdão nos permite seguir adiante, sem guardar dentro de nós o sentimento de raiva e vingança por quem nos machucou.

Se você costuma guardar rancor, pergunte-se se vale a pena continuar nutrindo um sofrimento por tanto tempo. Para que carregar esse peso emocional desnecessário? Proteja suas emoções praticando o perdão!

Quem acredita que é necessário esperar o tempo passar para dizer se perdoará ou não é desprovido da virtude do perdão e, quando disser que perdoou alguém, não estará sendo sincero. Talvez tenha superado a tristeza, mas o ressentimento e o rancor continuam, e, sempre que relembrar a situação, o mesmo sentimento de raiva, irritação e desejo por vingança retornarão.

A espera pode ser necessária para se recuperar emocionalmente e analisar como será sua relação com quem o feriu. Porém, para querer o bem do outro, mesmo que longe de você, não precisa de tempo para pensar.

Veja o exemplo de um casal em que houve uma traição. Caso não exista mais confiança no outro e não se perceba o mesmo amor recíproco, a infidelidade e a falta de respeito poderão significar o fim do relacionamento, porém, a separação não implica na falta do perdão. É possível perdoar e mesmo assim não querer mais compartilhar a vida a dois. Com o perdão, é possível desejar que o outro siga com sua vida, repense seus atos, se arrependa e seja feliz com outra pessoa. Ao se praticar o perdão, uma traição não deixará sequelas emocionais para o resto da vida, e sim apenas um aprendizado de que não se pode confiar nem mesmo nas pessoas mais próximas, e que é preciso se valorizar.

Não é legal prejudicar nossa saúde emocional, guardando ressentimentos e rancor, em função do erro dos outros. Quem erra possivelmente irá colher os frutos podres de sua atitude de acordo com as leis de Deus. Além disso, a vingança não fará o outro se arrepender nem aprender com os seus erros, ela só irá satisfazer o desejo absurdo de praticar o mesmo mal, o que significa que um é tão errado quanto o outro.

Devemos entender que as outras pessoas não são iguais a nós, cada uma tem suas virtudes e defeitos. E não conseguimos mudá-las para serem iguais a nós, só elas podem tomar a decisão de ser melhores, por isso, é importante que tenhamos não só o perdão, mas também a aceitação.

A pessoa que tem o perdão não vive criticando nem apontando as falhas dos outros, pois não se sente atingida negativamente por elas. Inclusive, muitas vezes, observa-se que quem errou não tinha nem a intenção de fazer por mal. E, mesmo que tenha sido por pura maldade, o máximo que devemos sentir é compaixão ao ver que essa pessoa está estagnada na escada da evolução. Nossa atitude deve ser ajudá-la a enxergar que está perdendo seu tempo, que deveria aproveitar para seguir seus próprios sonhos e buscar sua felicidade, em vez de querer prejudicar alguém.

Embora praticar o perdão seja uma decisão, existem algumas estratégias para evitar continuar triste com o erro dos outros e não chegar ao nível de sentir mágoa e rancor:

1. Mantenha um diálogo sincero, relatando seus sentimentos quando o outro tiver alguma atitude que não lhe agrada.
2. Resolva uma situação de conflito no momento em que ela acontece, sem raiva nem agressividade, mas sabendo ser firme quando preciso. Evite ir dormir brigado com alguém, principalmente se for com uma pessoa da família.
3. Analise bem para verificar se quem está errando não é você mesmo. É muito comum as pessoas reclamarem de algo em que elas mesmas estão falhando.
4. Não alimente os sentimentos de tristeza e decepção, mude seus pensamentos e coloque em seu lugar a gratidão.
5. Incomode-se menos com os deslizes dos outros. Pense bem se vale a pena se deixar atingir pelos outros, ficando triste e com mau humor.

Muitas pessoas que não resolvem os conflitos de relacionamento no momento em que acontecem vão guardando e acumulando ressentimentos por cada erro do outro, até chegar um momento em que se sentem engasgadas, soltando de repente tudo de uma vez, de forma agressiva, cheia de rancor. E, como não se resolve nada com agressividade, não conseguirão fazer o outro enxergar que poderia ter feito algo diferente; pelo contrário, só irão piorar a situação.

O homem costuma errar muito mais em seus relacionamentos amorosos que a mulher. Por isso, se você for homem, é importante que procure saber da sua parceira tudo que você faz que a entristece, para analisar se precisa mudar algum mau comportamento. Se você for mulher, não acumule dissabores. O rancor só envenena a alma e a deixa cada vez mais intolerante ao parceiro, podendo deixar insustentável a relação.

Uma frase atribuída ao Papa Francisco diz que "o primeiro a pedir desculpas é o mais valente. O primeiro a perdoar é o mais forte. O primeiro a esquecer é o mais feliz". Lembrando que "esquecer" nesse caso significa não guardar rancor. Portanto, seja feliz, pratique o perdão!

VIRTUDE 79
« PERSONALIDADE »

Quem é você? Quais são suas habilidades, seus talentos e suas imperfeições mais marcantes? Você age conforme seus valores e princípios ou simplesmente segue a manada?

Cada um possui uma forma particular de pensar, sentir e agir, que é o que define a nossa personalidade. Porém, nem sempre o seu perfil comportamental é originalmente "seu". Como se diz popularmente, muita gente é "maria vai com as outras", ou seja, não possui opinião própria e é facilmente influenciada ou manipulada, pois é mais fácil imitar que ter a sua própria personalidade.

Quando alguém se comporta à sua maneira nas mais variadas situações, isso o diferencia dos demais e mostra quem a pessoa realmente é, com seus defeitos e virtudes. Não é preciso vestir nenhuma máscara de bom moço ou de carrasco, pois é uma pessoa de personalidade própria.

O grande problema de quem não tem personalidade própria é que geralmente não se imitam as virtudes das pessoas, e sim os maus hábitos. Se fosse o contrário, talvez não fosse considerado um defeito. E, sem desenvolver suas próprias virtudes, não será possível obter qualquer crescimento pessoal, social e profissional, apresentando inclusive dificuldades para ser feliz.

Se um indivíduo que não tem uma identidade definida deseja se enturmar num grupo em que todos costumam desrespeitar, por exemplo, quem tem renda mais baixa, ou num grupo em que todos fumam e consomem bebida alcoólica, ele poderá se deixar levar pela maioria e praticar o mesmo mal, apenas para não parecer inferior nem careta e ser aceito no grupo. Esse indivíduo pensa que para ser aceito deve ser igual aos outros.

Quem não possui a virtude da personalidade geralmente vive de aparências, fica preocupado com o que os outros vão pensar e perde a oportunidade de escrever a sua própria história, ao permitir que a sociedade, os pais, os amigos ou o cônjuge digam o que deve fazer e não muda uma vírgula sequer. Fazer diferente dá trabalho, pode ocasionar a perda de amizades, e o que essas pessoas sem personalidade gostam mesmo é da lei do mínimo esforço. Arranjar um outro grupo de amigos que o aceite vai dar um trabalhão, então se acomodam em sua zona de conforto.

Vemos pessoas assim serem influenciadas por corruptos, assaltantes, drogados, por grupos violentos, agressivos e preconceituosos. No mercado de trabalho ou nas escolas, também existem grupos de pessoas irresponsáveis, que não se comprometem e não conseguem obter bons resultados, contaminando as pessoas que ainda não possuem personalidade formada.

Assim como a maturidade, a personalidade não é definida em poucos anos de vida. Em cada faixa etária, desenvolvemos novos comportamentos, a partir das dificuldades e das experiências vivenciadas, que auxiliam na formação psicológica. A fase mais importante em que é estruturada nossa personalidade é a infância, quando são formados os principais traços de comportamento, definindo se será uma pessoa introvertida ou extrovertida, agitada ou tranquila, ansiosa ou paciente. No entanto, de acordo com o psicólogo Erik Erikson, criador da expressão "crise de identidade", a personalidade está em constante formação durante toda a vida.

Na adolescência, enfrentamos o estágio de maior confusão de identidade. Nesse período, ainda não sabemos qual será nosso papel na sociedade, estamos em busca de amizades, namoros e escolhendo uma profissão que irá nos proporcionar a autorrealização. Sem saber muito bem quem são e para onde vão, os adolescentes estão muito mais sujeitos às influências do meio em que vivem que os adultos.

Felizmente, a boa notícia é que não é difícil praticar e adquirir esta virtude. Para ser uma pessoa de personalidade é importante apenas ser você mesmo, com suas próprias características e particularidades morais. Portanto, não minta nem para você nem para ninguém, simplesmente mostre quem é de fato. Além disso, não tenha vergonha de rejeitar as influências negativas e mostrar o seu lado virtuoso; a vida é sua, é você quem vai responder pelas consequências de seus atos, e não os outros.

Como comentei na "Virtude 5: Amizade", dizem que somos a média das cinco pessoas com quem passamos mais tempo. E isso é realmente verdade, não porque somos influenciados, mas sim porque devemos nos aproximar daquelas pessoas com quem temos mais afinidade, que nos puxam para cima, e não daquelas que nos derrubam e nos deixam caídos sozinhos.

Quem vive para agradar aos outros acaba não agradando a si mesmo. Além de não ganhar nada com isso, no máximo algumas amizades falsas, ainda perde um tempo precioso, que poderia ser usado para seu próprio crescimento. Por isso, tenha a sua própria identidade e seja a sua melhor versão todos os dias!

VIRTUDE 80
« PRECAUÇÃO »

Ser precavido ou prevenido é uma das virtudes de um bom planejador. Como diz o ditado: "É melhor prevenir que remediar". E é exatamente para isso que serve esta virtude, para evitarmos passar por apuros, assim como planejar quais ações iremos tomar caso um determinado problema aconteça, para não sermos pegos despreparados ou desprevenidos.

Fazendo um paralelo com a manutenção de equipamentos, muita gente só faz manutenção quando é para reparar algum problema ou defeito. Mas, se for realizada uma manutenção preventiva, é possível aumentar a confiabilidade do equipamento, reduzindo a probabilidade de apresentar falhas. O mesmo acontece com o ser humano: se formos prevenidos, reduziremos a probabilidade de errar ou ter problemas naquilo que nos dispusermos a fazer.

Uma pessoa precavida analisa muito bem tudo que vai precisar para realizar determinada atividade, verifica os problemas que podem ocorrer, busca saber previamente as soluções mais simples para cada um dos problemas, prepara os recursos que poderá utilizar, e, por fim, vai lá e faz, com a certeza de estar pronta para o que der e vier.

Mas é lógico que não é possível prever tudo. O importante é se sentir preparado, pois isso nos ajuda também a sermos otimistas e confiantes, outra virtude fundamental para obter sucesso em nossos objetivos.

Por exemplo, se uma pessoa precavida deseja passar num concurso, primeiro ela programará uma rotina para estudar todas as matérias, pesquisará os itens mais prováveis de serem abordados na prova, se esforçará ao máximo nos estudos para chegar no dia da prova sentindo-se preparada, terá um descanso físico e mental no dia anterior à prova, irá preparar todos os materiais necessários para realizar a prova com tranquilidade (relógio, lápis, apontador, borracha, canetas, água, lanche), chegará com antecedência ao local, antes de iniciar a prova irá ao banheiro para garantir que não precisará sair da sala nas próximas horas, durante a prova irá reservar um tempo máximo para cada questão, e, antes de concluir, ainda fará uma revisão final de todas as respostas. Todos esses passos são realizados para aumentar as chances de sucesso. E, embora não seja garantido que irá passar, ao menos ela irá sair da prova com a certeza de que fez tudo o que estava ao seu alcance. Isso é muito importante para que a pessoa se mantenha bem, psicologicamente, e continue persistindo.

Outros exemplos mais simples em que podemos ter esta virtude no nosso dia a dia é ir para um *show* com o celular bem guardado, para não ser roubado; carregar comida e água quando for fazer um passeio longo, caso não encontre um restaurante com facilidade; passar protetor solar se for ficar sob o sol em horários em que possa se queimar; e muitos outros casos em que devemos estar atentos diariamente tanto em casa quanto no trabalho.

Podemos utilizar ainda esta virtude para nos auxiliar a eliminar os maus hábitos e nos tornar pessoas mais pacientes, calmas, tolerantes, corajosas, etc. Embora não seja comum vermos as pessoas aplicando a prevenção dessa forma, essa estratégia é fundamental para adquirir novas virtudes.

Se você planejar as suas reações diante de possíveis problemas que possam acontecer diariamente, no momento que acontecer tal situação, antes de ter o impulso negativo, você se lembrará de reagir conforme o programado, permitindo assim o maior controle de suas emoções. Com a prática, não será mais necessário planejar uma determinada reação positiva, pois ela já se tornou um novo hábito, e assim você terá adquirido novas virtudes essenciais para o seu bem-estar.

Quem não planeja a sua vida e não se prepara para o futuro estará sempre atrasado e poderá perder grandes oportunidades. Tenha sempre a atitude de se precaver, reduzindo a probabilidade de falhas durante a sua escalada, e se permita alcançar mais rápido seus objetivos.

VIRTUDE 81
« PROPÓSITO »

Em virtudes anteriores[1], foi feita uma breve introdução sobre o propósito. Você já deve ter percebido, até aqui, o grau de importância em termos um propósito em nossa vida e o quanto isso influencia nossos comportamentos, não é mesmo? Mas, então, o que vem a ser propósito de vida, e como podemos descobrir a nossa missão?

Podemos definir o propósito, em termos filosóficos, como a razão de nossa existência, o sentido da vida, o motivo de estarmos aqui neste mundo. Nesse contexto, esta virtude trata justamente de descobrir o seu propósito e permitir ser guiado por ele.

Primeiramente, observe que existe um propósito que é comum a todas as pessoas, e também um individual, específico para cada um de nós. Você já percebeu que existe um comportamento natural do ser humano de querer estar em constante aperfeiçoamento? A gente nasce sem saber andar, falar, e sem qualquer outra habilidade. Depois crescemos, somos educados, estudamos para ter uma profissão, desenvolvemos nossas habilidades e na vida adulta buscamos o crescimento contínuo em nossa carreira profissional, na vida pessoal e social. Para quem tem filhos, os pais ainda se responsabilizam pela educação e pelo desenvolvimento dos filhos, propagando a ideia da melhoria contínua.

Talvez você nunca tenha parado para pensar sobre isso, mas nossa vida inteira é dedicada à nossa própria evolução e, ainda, à de outras pessoas. E é por isso mesmo que eu escrevi este livro, para, primeiramente, desenvolver-me, e também auxiliar na sua evolução, tanto nas áreas pessoal e social quanto na profissional. O seu sucesso significará que estarei conseguindo alcançar o meu próprio propósito!

Quando éramos crianças, aprendemos na escola que o ciclo natural da vida é nascer, crescer, se reproduzir e morrer. Você consegue ver nisso algum sentido que lhe dê uma motivação para acordar todos os dias com um propósito maior? Para uma bactéria, um protozoário, ou um animal irracional esse ciclo serve

---

1. "Virtude 48: Felicidade", "Virtude 54: Harmonia", "Virtude 60: Independência", "Virtude 63: Introspecção", "Virtude 65: Laboriosidade" e "Virtude 71: Motivação".

muito bem. Mas para nós, seres humanos, não! A descrição do ciclo da vida na Terra mais coerente deveria ser nascer, crescer, evoluir e morrer. Primeiro, porque nem todos podem ou querem ter filhos biológicos; segundo, porque a nossa vida é focada principalmente na evolução, e não apenas na continuidade de nossa espécie. A reprodução, na verdade, faz parte da evolução, afinal, casar e ter filhos é uma das experiências mais desafiadoras e engrandecedoras que existem. Portanto, o propósito de vida comum a mim e a você é a nossa própria evolução, independentemente de religião. E Jesus Cristo veio a este mundo exatamente para nos ajudar a compreender esse propósito, por meio de seus exemplos e ensinamentos.

Outro ponto a ser observado no ciclo da vida é que a morte não é o nosso fim, pois não somos simples matéria. O entendimento comum a todo cristão é que somos eternos, sendo a morte do corpo material apenas uma transição para a nossa verdadeira forma. Desse modo, a nossa evolução aqui neste mundo deve ser trabalhada com foco na eternidade, e não apenas com a visão limitada de dias, meses e anos.

Embora todos nós tenhamos como propósito maior a constante evolução, ou a melhoria contínua, como você preferir chamar, cada um atua à sua própria maneira, exercendo um papel específico na sua vida e na sociedade. E esse papel que desempenhamos é justamente o que se chama de missão ou propósito de vida individual.

Muita gente possui dificuldade em descobrir a sua missão, vive seus dias sem perceber um verdadeiro sentido por trás de suas atitudes, o que pode trazer em algum momento da vida uma sensação de que está faltando algo, mesmo que tenha conquistado muitas coisas, e não encontra um sentido para sua vida.

O psiquiatra austríaco Viktor Frankl denominou esse fenômeno de vazio existencial, ou vazio interior. Ele identificou, a partir de uma pesquisa com outros prisioneiros no campo de concentração de Auschwitz, enquanto esteve preso durante a Segunda Guerra Mundial, que as pessoas que acreditavam ter algo importante ainda a realizar, dando a elas um significado para viver, eram as que apresentavam maior sobrevida e suportavam muito mais os sofrimentos.

Após sua pesquisa, Viktor Frankl criou a logoterapia, terapia baseada na busca pelo propósito de vida, de modo que a pessoa, após compreender o sentido de sua existência, se sinta bem, com emoções positivas. Dessa forma, perceba que ao direcionar a sua vida a atingir um grande objetivo, um propósito maior, pode afetar diretamente a sua longevidade. É o que acontece, por exemplo, com pessoas que possuem alguma doença grave como o câncer. Quem não vê mais razão para viver sucumbe rapidamente à doença, em contrapartida, quem visualiza um futuro de muitas realizações, acreditando que ainda possui muito a contribuir com este mundo, terá muito mais chances de conseguir se curar.

A nossa missão, ou propósito de vida individual, no entanto, não precisa ser apenas uma única coisa. Existem várias funções que podemos desempenhar durante a vida, e que nos ajudam a cumprir com o nosso propósito. Elas podem estar relacionadas com você mesmo (conquistas pessoais ou profissionais), com a família (educar os filhos e ajudar o cônjuge a ser uma pessoa melhor) e com a sociedade (ações humanitárias).

Para identificar a sua missão, faça uma introspecção e responda as seguintes perguntas (só passe para a próxima pergunta quando tiver respondido a anterior):

1. O que te faria acordar todo dia de manhã com alegria?
2. Quais são as coisas que você mais ama fazer?
3. O que te faz entrar em estado de fluxo, de alto envolvimento e concentração, perdendo até a noção do tempo?
4. Se não precisasse mais de dinheiro, o que você faria da sua vida? O que gostaria de realizar no seu dia a dia?
5. Quais conquistas deseja contar para seus netos e de que forma você quer ser lembrado?
6. Quais são as suas virtudes, e quais defeitos você deseja se esforçar para mudar a partir de agora?
7. Quais são os seus talentos? Em que você é muito bom, que poderia ser pago para fazer, e que, ao mesmo tempo, é útil para o mundo?
8. Quais são os seus valores? As suas atitudes estão de acordo com os seus valores?
9. De que maneira você quer fazer a diferença na vida das pessoas?

É possível termos várias missões ao mesmo tempo, e elas podem variar de acordo com o momento de vida de cada pessoa. Para alguns, a sua missão atual é prover o sustento de sua família e dar uma boa educação para os filhos; para outros, pode ser tratar as pessoas com respeito, cordialidade e alegria, inspirando nelas o interesse em retribuir do mesmo modo; promover o desenvolvimento do país por meio do serviço público; defender as leis para tornar o país mais justo; auxiliar as pessoas a terem uma vida digna, doando-se por alguma causa social; realizar pesquisas que desenvolvam a cura de alguma doença; ajudar pessoas a alcançar o sucesso pessoal, social ou profissional.

Após ler este item, talvez você perceba que já estava realizando sua missão e não sabia. Porém, se ainda não descobriu, escreva todas as suas respostas, pegue seus principais talentos, uma com as coisas que mais ama fazer, e como você deseja ser lembrado. Essa é a sua missão! Escreva então qual é a sua missão, para não esquecer, e lute por ela.

Uma das minhas missões, por exemplo, é utilizar a minha fé e determinação (talentos) para ajudar as pessoas a ter sucesso com seus objetivos, por meio da minha escrita (uma das coisas que mais amo fazer), deixando um legado de amor e paz para a humanidade (como eu quero ser lembrado).

Quem acredita que a sua profissão faça parte de sua missão nunca irá acordar pela manhã chateado por ter de trabalhar. Pelo contrário, terá alegria e disposição por mais um dia de vida, com a oportunidade de realizar a sua missão, de cumprir aquilo que faz a sua existência ter sentido.

Muitas pessoas vivem no piloto automático e não sabem mais que rumo estão tomando. Tudo acontece tão rápido, e, quando menos espera, os anos já se passaram, e a pessoa continua com um vazio interior, sem realizar o que realmente era importante para sua vida. Se você estava assim, pare agora! Puxe o freio de mão, e, se necessário, dê um passo atrás. Pratique o autoconhecimento, planeje sua vida e se permita ser feliz trabalhando no seu propósito e nas suas missões.

Caso você termine de ler este livro e ainda assim não tenha identificado a sua missão, não se preocupe! Um profissional de *coaching* poderá auxiliá-lo a identificar a sua missão, definir seus objetivos e metas e desenvolver as virtudes e habilidades necessárias para alcançá-los. Só não deixe de buscar o seu verdadeiro propósito. Isso lhe dará plena consciência de que você está neste mundo por um motivo.

VIRTUDE 82
« PRUDÊNCIA »

A prudência é a virtude necessária para agirmos com cuidado e cautela, de modo comedido e ponderado. Ela pode ser associada a qualquer outra virtude, e, por isso, foi denominada a mãe de todas as virtudes pelo frade Tomás de Aquino, no século XIII.

Tendo em vista que o nosso maior propósito de vida é a evolução, é prudente que busquemos desenvolver diariamente as nossas virtudes. Dessa maneira, quando alguém tenta nos irritar, a prudência nos leva à calma, à paciência e à tolerância, evitando brigas e descontrole emocional. Se uma pessoa deseja se livrar de algum vício, seja com comida, bebida alcoólica, compulsão por compras ou qualquer outro mau hábito, a prudência irá ajudá-la a resistir às tentações.

Vivemos em um mundo cheio de perigos, e grande parte deles é causada por pessoas imprudentes, que colocam sua própria vida e a dos outros em risco. Seja dirigindo no trânsito sem praticar a direção defensiva; poluindo o meio ambiente; soltando fogos de artifício; ou fazendo má administração do dinheiro público.

Para praticarmos a prudência é importante termos discernimento para refletir sobre a consequência de nossos atos e, assim, poder tomar a decisão mais sensata. Se tomarmos nossas decisões com base no que for melhor para todos, calculando os riscos associados à decisão e analisando o impacto ao bem-estar de todos, teremos os elementos básicos para agir com prudência.

Exemplificando, se a velocidade máxima permitida para uma rodovia é de cem quilômetros por hora, não devemos dirigir a 150, pois estaremos colocando a nossa vida e a de outras pessoas em risco. E com certeza não vale a pena arriscar a vida de ninguém para você chegar mais rápido no seu destino, não é mesmo? Quem corre feito um louco, chega mais cedo ao cemitério!

Seja prudente, e como resultado você terá uma vida longa com muita saúde e paz. Suas atitudes ainda poderão inspirar os outros. Portanto, contribua para uma sociedade mais segura, pacífica e desenvolvida.

VIRTUDE 83

« PUREZA »

Dizemos que uma água é pura quando ela está isenta de impurezas, ou seja, não tem sujeiras nem bactérias e está livre de todo mal que a torne inadequada para o consumo humano. Da mesma forma somos nós: quando uma pessoa é moralmente pura, ela está livre de pensamentos negativos e desprovida de maldade no coração, levando assim uma vida tranquila, com muitas virtudes e poucas imperfeições.

Na Bíblia, há uma passagem que denomina "bem-aventurados os puros de coração, porque eles verão a Deus". Podemos entender, a partir desse trecho bíblico, que a pureza nos aproxima cada vez mais d'Ele. Portanto, quanto mais desapegados de todo o mal, mais próximos estaremos de nossa essência divina, e mais capazes seremos de vivenciar a fé e a felicidade.

Algumas pessoas possuem pensamentos extremistas, exagerados, dizem que para ser puro de coração é preciso se abster de prazeres sexuais e viver em castidade, mas isso não é verdade. O ato sexual em si não é uma imperfeição moral, só será a depender da forma como se pratica. O sexo entre um casal que se ama é uma representação do amor, e, quando realizado, causa uma proximidade e maior cumplicidade entre os dois, sendo assim benéfico. Entretanto, quando não existe amor, e é realizado com qualquer um, torna-se uma luxúria, distanciando a pessoa da perfeição moral e dos seus propósitos de vida.

Outras pessoas confundem, ainda, a pureza com a inocência, isso porque quem busca ser puro costuma enxergar e valorizar mais as qualidades que os defeitos das pessoas. Porém, não significa que não percebam suas imperfeições. Enquanto o inocente é enganado por pessoas de má índole, por não acreditar que são capazes de tal maldade, o puro é prudente e cauteloso, pois sabe do mal que as pessoas são capazes de praticar, no entanto, busca valorizar e exaltar apenas as qualidades, para dessa forma auxiliar as pessoas a fortalecerem suas virtudes e eliminarem seus defeitos.

Ser puro, portanto, não é ser casto nem inocente, é não desejar nem praticar o mal a outra pessoa, e focar seus pensamentos e ações no que é positivo, justo, honesto e verdadeiro. Além disso, quanto mais ajudamos as pessoas, mais nos preenchemos do que é bom. Essa é a melhor maneira de eliminar nossas imperfeições, sermos cada vez mais puros e nos aproximarmos de Deus.

Portanto, livre-se de todo mal que permeia seus pensamentos e purifique a sua alma! Assim, certamente existirão menos obstáculos na sua escalada do sucesso.

VIRTUDE 84
« RACIONALIDADE »

O que diferencia o ser humano dos outros animais é a sua racionalidade. Mas será que todos nós somos realmente racionais? De fato, somos seres cognitivos, capazes de adquirir conhecimento, pensar, imaginar, nos comunicar e agir de acordo com a nossa razão ou emoção. Porém, muitas pessoas ainda agem pelo instinto, como se lutassem pela sobrevivência diante de um predador, em vez de utilizarem o bom senso.

Ser racional, portanto, é uma virtude de quem utiliza seu raciocínio ou lógica para praticar o bom senso, ou seja, para pensar, analisar e ponderar bem uma situação antes de agir. Já a pessoa irracional costuma agir por instinto, de modo impulsivo, mantendo o mesmo mau hábito em qualquer situação, nunca questionando se a sua reação não poderia ser diferente para ter um resultado distinto daquele que sempre conseguiu.

Para evitar erros irracionais e praticar o bom senso:

1. Seja aberto a novas ideias e sugestões de mudança ou melhoria. Algumas pessoas não raciocinam e respondem logo com um não a qualquer mudança que os outros sugerem. Analise e aprenda a dizer sim. Não responda negativamente sem antes ponderar.
2. Não acredite, sem raciocinar, em tudo que ouve ou lê. Primeiro analise, e, em seguida, utilize o bom senso para descartar as informações que não lhe parecem válidas ou aproveitar o que faz sentido para você. Além disso, mesmo que não concorde com alguém, não precisa falar isso para todo mundo, muitas vezes é só uma questão de opinião.
3. Realize uma introspecção para conhecer as crenças interiores que o estejam impedindo de dar um passo a mais em direção aos seus objetivos. Distancie-se um pouco da sua realidade, como se fosse dar um conselho a você mesmo, e utilize o bom senso para contrapor todas as suas crenças, aplicando a técnica do DCD (explicada na "Virtude 36: Disciplina").
4. Aumente o seu repertório de conhecimento e experiências. Assim você terá a oportunidade de aprimorar o seu bom senso e terá respostas mais rápidas em diversas situações.

5. Não complique, simplifique. Não seja tão detalhista e perfeccionista. O bom senso nos diz que o ótimo é inimigo do bom.
6. Aprenda com seus erros. Errar é humano, mas insistir no erro é falta de bom senso.

A pessoa racional é uma eterna questionadora. Adquirir esse hábito não é fácil e será sempre trabalhoso, mas, como recompensa, você não será injusto com ninguém, inclusive com você mesmo.

VIRTUDE 85
« RENÚNCIA »

A vida é muito corrida para todos e muita gente entra num estado de piloto automático, deixando os anos passarem diante de seus olhos e vivendo ordinariamente, sem saber o propósito de sua vida, e sem buscar novos desafios. Essas pessoas envelhecem, se aposentam, os filhos saem de casa, e chega um momento em que não sabem mais o que fazer para ocupar seus dias. É por esse motivo que existe tanta depressão em pessoas recém-aposentadas. Nesse exemplo, podemos identificar dois tipos de pessoas: as que não possuem sonhos e ambições, e as que possuem sonhos, mas acreditam que são grandes demais para conseguir realizá-los e, portanto, desistem deles cedo demais.

Para quem acha que não vale a pena ir em busca de seus sonhos, que não tem tempo para isso e que o caminho será longo e incerto, digo-lhe que, além de precisar das virtudes da atitude, determinação e disciplina para tirar seu projeto do papel, é muito importante também desenvolver a virtude da renúncia.

Você já parou para pensar nas coisas que está disposto a abrir mão, renunciar ou sacrificar, para ter a chance de realizar seus sonhos, que o façam ter uma boa qualidade de vida e se sentir realizado?

É importante entender que nem tudo que podemos renunciar precisa ser definitivo. A renúncia é apenas o meio para atingir o fim, sendo que, após ter atingido a sua finalidade, não precisa mais abdicar, a não ser que perceba que isso não é mais importante para você. Nesse caso, o que antes era uma renúncia agora toma outra conotação, de mudança de hábito ou costume.

Além disso, quando deixamos de realizar alguma atividade para poder nos dedicar a outra mais importante, esse sacrifício não deve ser visto como um martírio ou sofrimento. Caso se sinta assim, é porque o seu objetivo não vale tanto a pena para você ou renunciou a algo que não deveria.

Se você tem interesse, por exemplo, em empreender um novo negócio, ser aprovado num concurso, obter uma nova formação profissional, cumprir certas responsabilidades desafiadoras do trabalho atual, escrever um livro ou realizar qualquer projeto pessoal, talvez você precise se sacrificar e renunciar, por exemplo: a algumas noites de sono; a alguns fins de semana, que eram de descanso; a saídas em casal ou com os amigos; a acessos às redes sociais e aplicativos de bate-papo; a programas de televisão; etc. Esses são apenas alguns exemplos e não precisam ser totalmente cortados deste momento na sua vida, você pode apenas reduzi-los para se dedicar mais ao seu objetivo principal.

Tome muito cuidado, no entanto, quando for renunciar à diversão em detrimento do trabalho, porque, quando cortamos totalmente nossas atividades de lazer e de descanso, isso pode causar um cansaço não sustentável, ainda mais quando envolve pessoas próximas a você. E, quando ficamos sobrecarregados, há grandes chances de acabarmos desistindo de tudo, pois surge o pensamento de que não aguentaremos o ritmo e que não vale a pena continuar desse jeito.

Por isso, é fundamental saber dosar tudo que você pode renunciar. A recomendação é começar devagar e ir experimentando aos poucos. Suas escolhas devem permitir que você continue saudável física e psicologicamente. No entanto, saiba que o cansaço é inevitável, e não há nada de errado em se sentir assim, você só precisa saber administrá-lo, dosando para mais ou para menos as suas renúncias, de modo que continue com a motivação em alta.

É importante notar que existe uma diferença entre estresse e cansaço. Dizemos que estamos estressados quando somos responsáveis por algo que não faça sentido para nós e exija muito esforço físico ou psicológico. Enquanto o cansaço só ocorre quando nos esforçamos em algo que realmente vale a pena para nós. Ou seja, o estresse deve ser evitado, e o cansaço, administrado.

Para quem não sabe o que pode renunciar, dentro do possível, sugiro que faça a seguinte reflexão: imagine que você participará de uma competição muito importante, na qual irá apresentar um trabalho seu, numa área em que possui muito interesse. O primeiro colocado da competição irá ganhar dez milhões de reais, e a sua apresentação está marcada para daqui a seis meses. O que você faria a partir de hoje para começar a se preparar para essa competição? Como seria a sua vida nos próximos seis meses? Acredito que você mudaria bastante a sua rotina, não é mesmo? Mas por que será? A sua motivação seria devido ao desafio em fazer algo que gosta e possui interesse, ou devido ao grande prêmio? Seja sincero!

Se você respondeu que a motivação é o prêmio em dinheiro, vou lhe fazer uma outra pergunta. Não existe competição nenhuma e você simplesmente tem muito interesse em fazer algo que ainda não teve coragem de começar. Você concorda que o grande prêmio seria justamente fazer aquilo que tanto desejava, que lhe dará o sentimento de realização pessoal? Pois é, quando temos um bom motivo, sabemos tomar as decisões corretas para nossa vida. Só assim conseguimos atingir nossos objetivos e realizar nossos sonhos, tendo atitude para dar início aos nossos projetos, renúncia para aumentar o nosso foco e o nosso desempenho, determinação para fazer diferente quando algo der errado e disciplina para continuar fazendo o que for necessário, sem jamais desistir, até que o sucesso vire realidade.

Na vida, as pessoas se preocupam muito em ter, mas, antes de conseguirmos conquistar ou ter qualquer coisa, é preciso "ser" e "fazer", pois nada cai do céu em um passe de mágica. É preciso ir lá tirar o leite da vaca! Sem esforços e sacrifícios, dificilmente teremos sucesso na vida.

Veja que a renúncia também pode ser utilizada em nossos relacionamentos, principalmente no conjugal. Afinal, como diz a clássica frase: quem ama, renuncia! Quando amamos, não pensamos apenas em nós mesmos, e sim no bem-estar do casal e da família. Por isso, muitas vezes é preciso renunciar alguns interesses pessoais para poder conviver bem com todos. Veja como exemplo uma família muito pobre e que mal tem dinheiro para se sustentar. Nos momentos de maior sufoco, os pais renunciam até a própria comida para que seus filhos tenham o que comer. E, se preciso for, dão a própria vida por eles. Você consegue imaginar quanto amor podemos demonstrar por meio de uma renúncia?

Refazendo a pergunta que fiz no início, mas mudando o contexto: você já parou para pensar no que está disposto a abrir mão, renunciar ou sacrificar, para poder ter a chance de viver bem com seu cônjuge, filhos e amigos, que o façam ter uma boa qualidade de vida e se sentir feliz?

Certamente você tem alguns hábitos que, caso renunciados, facilitariam a vida de todos e permitiriam chegar mais rápido aos seus objetivos, mas só depende de você tomar essa decisão. Analise, experimente mudar e veja como as coisas ficarão melhores.

VIRTUDE 86
« RESILIÊNCIA »

De acordo com o estudo das propriedades mecânicas dos materiais na física, se um material possui a propriedade de absorver energia quando sujeito a pressão e estresse, sem causar sua ruptura, ele é denominado resiliente. E, quando deixa de sofrer tensão, tal material pode voltar ao estado original ou sofrer uma deformação. Portanto, quanto mais resiliente for o material, maior capacidade terá de retornar à condição inicial sem nenhuma deformação, como é o caso de uma mola de aço.

Esse mesmo conceito é aplicado ao comportamento humano, sendo que, no nosso caso, a resiliência é a virtude de quem é capaz de suportar grandes pressões, mas sem perder o equilíbrio emocional. Além disso, sob condições de estresse ou cansaço, ainda consegue obter mais força e energia, o que lhe impulsiona positivamente para superar as dificuldades.

É importante notar que nem sempre a pressão é algo ruim. No trabalho, por exemplo, a pressão pode ser o simples fato de existirem prazos estabelecidos para cumprir suas tarefas. Se não houvesse prazo, as pessoas poderiam procrastinar indefinidamente. Já quando um prazo é definido como improrrogável, esse fato força a pessoa a se dedicar e despender toda a energia necessária para que consiga cumprir sua tarefa em tempo.

A pessoa que é resiliente não se desespera, pois sabe que é possível passar ilesa sob esse estado de pressão, e que no fim tudo dará certo. Mesmo diante do caos, ela permanece com sua tranquilidade inabalada. Toda a tensão que estiver passando ela transforma em foco. Sendo este foco na solução, nos passos que precisa tomar para vencer, e não no problema. Não perde tempo remoendo que determinado problema não deveria estar acontecendo e que não merece passar por isso. Assim, ao manter o foco na solução, ela será muito mais eficiente, produtiva e equilibrada.

Infelizmente, muita gente direciona seus pensamentos para o problema, para o obstáculo em sua vida, o que pode causar emoções negativas e ter consequências desastrosas. Por achar que não irá conseguir e que o problema é maior do que é capaz de enfrentar, a pessoa fica triste e insegura, podendo chegar a um estado de ansiedade e desespero por ter que passar por isso. Suas emoções ficarão abaladas e será bem mais difícil conseguir superar.

O problema pode ser qualquer um: entrega de um trabalho, prova de um concurso, doença, desemprego, prejuízo financeiro. Podemos utilizar o poder da resiliência para enfrentar todos os problemas com ânimo e disposição, nos moldando a cada obstáculo, dando o máximo de esforço necessário, para que saiamos da situação vitoriosos e mais fortes que antes.

Mas como é possível obter toda essa energia e manter o controle em situações que para muitos é motivo de desânimo e desespero? Primeiramente, como já falei no início do livro, devemos aceitar as dificuldades que a vida nos traz, pois são elas que nos permitem crescer. Portanto, é possível parar de reclamar e passar apenas a agradecer por mais um desafio a ser enfrentado. Dessa maneira, ficaria bem mais fácil, emocionalmente falando, enfrentar qualquer dificuldade, não é mesmo?

Nós só adquirimos virtudes se passarmos por situações que exijam a utilização delas. É a prática que nos leva à perfeição. Portanto, agradeça se você precisar treinar sua paciência, sua tolerância, sua determinação e seu foco e comemore por conseguir vencer as provações. A gratidão é exatamente o que nos dá a energia e o equilíbrio emocional necessários para superar tudo, tornando-nos resilientes.

Além disso, os desafios são muito importantes em nossa vida e dão dinâmica e movimento a ela. Se não buscarmos novos desafios, não existirão problemas na execução, porém, teremos uma vida sem graça, sem tempero e sem sal. Ao estabelecermos objetivos desafiadores, caso surja algum problema no meio do caminho, significa que estamos realizando algo bom e grandioso e que vale a pena enfrentar.

Por mais prudentes, precavidos, inteligentes, trabalhadores, focados e confiantes que sejamos, nunca teremos uma vida sem problemas e dificuldades. Portanto, não tenha medo e nem se assuste quando aparecer um problema.

Deus não permite que um problema seja maior do que somos capazes de suportar. Seja resiliente e aguente firme toda pressão que cair em cima de você, e, com a mesma força, tome atitude para empurrá-la de volta, enfrentando com emoções positivas e com foco na solução.

VIRTUDE 87

« RESPEITO »

O respeito é uma das mais importantes virtudes no relacionamento humano. A sua ausência é o que mais gera discórdia e ódio na sociedade. Obviamente, todo mundo quer ser respeitado, mas para que isso aconteça é preciso primeiramente respeitar os outros e também se dar ao respeito. Ou seja, primeiro você respeita (planta) para depois ser respeitado (colher os frutos), e não o contrário.

Embora sejamos todos iguais perante a lei de Deus e dos homens, cada um possui suas próprias características físicas e comportamentais, o que nos faz sermos únicos. Porém, muita gente não respeita essa realidade e age com preconceito, intolerância, arrogância, falta de humildade, de abertura e de consideração. Não existe ninguém exatamente igual a mim nem a você, nem mesmo um irmão gêmeo. O respeito serve exatamente para sabermos conviver com os diferentes de modo pacífico, seja com a família, os amigos, os colegas de trabalho ou desconhecidos na rua. E, quanto mais diferentes são as pessoas, maior a necessidade de desenvolvermos o respeito por elas.

Para respeitar, não é preciso concordar com a opinião dos outros, com o seu jeito de viver, com suas atitudes, crenças e gostos, é necessário apenas não discriminar, não agir com desprezo, e aceitar que cada pessoa é única e tem o direito de viver como bem entender, desde que para isso não machuque nem interfira no bem-estar de ninguém.

Como falou um dos importantes ícones da história, Nelson Mandela, que lutou contra o *apartheid* (segregação racial) na África do Sul, "ninguém nasce odiando outra pessoa pela cor de sua pele, por sua origem ou ainda por sua religião. Para odiar, as pessoas precisam aprender, e, se podem aprender a odiar, podem ser ensinadas a amar".

O racismo remonta à Antiguidade e cresceu principalmente na época da expansão das nações europeias na Idade Média, quando alguns reinos com forte organização bélica e uma cultura usurpadora subjugavam os mais fracos, transformando-os em escravos. E, como os colonizadores eram pessoas com a pele branca, e os povos que viraram escravos em sua maioria tinham a pele negra, desde esse tempo surgiu, e se perpetuou ao longo das gerações, o sentimento de superioridade em função da cor da pele.

Ainda hoje, após tantos anos da abolição da escravidão, vemos pessoas tratando as outras como se fossem suas escravas, apenas por causa da cor de sua pele. A nossa cor não diz nada sobre quem somos e, independentemente das vantagens ou desvantagens, não devemos nos sentir superiores a ninguém por conta da cor da pele, por ter maiores condições financeiras, uma educação escolar mais avançada, ou qualquer outra coisa. Nada justifica o preconceito e a falta de respeito pelo próximo.

Quem age como se fosse superior, na verdade, está se rebaixando, já que uma das maiores imperfeições do ser humano é ter preconceito. Todos somos humanos, e igualmente precisamos comer, dormir, respirar e ir ao banheiro, sem distinção. E, mesmo que tenhamos muitas virtudes, se não tivermos a humildade e o respeito, elas não servirão de nada diante de Deus e permaneceremos ignorantes emocionalmente.

Vemos acontecer muita falta de respeito também nas relações de hierarquia, seja no trabalho (chefe e subordinado), nas prestações de serviço (cliente e atendente), ou ainda dentro da própria família (pais e filhos). Até em religiões, infelizmente, vemos algumas pessoas desprezarem quem compartilha de uma fé diferente e ainda faltarem com o respeito. Elas acreditam que a sua doutrina é a única correta e que quem não a seguir estará condenado. É importante lembrar que nenhuma religião prega o ódio e o desrespeito, esse mal é particular de algumas pessoas, e não de suas doutrinas. Perceba que todas as religiões possuem o mesmo objetivo: ajudar as pessoas a desenvolver suas virtudes, fazendo com que saiam da escuridão moral e sigam pelo caminho da luz, que, no caso do cristianismo, significa viver conforme os ensinamentos de Jesus Cristo; do islamismo, conforme os ensinamentos de Maomé; do judaísmo, conforme as leis transcritas por Moisés; do budismo, conforme os ensinamentos de Buda; do hinduísmo, conforme os manuscritos sagrados escritos por pessoas inspiradas por deuses; etc.

A principal diferença entre as religiões está na crença das coisas que não são visíveis ao olho humano. E é justamente por conta dessa diferença que surgem as pessoas extremistas, que pensam que a salvação só será obtida por quem for de sua religião, e, por isso, não são capazes de tolerar e conviver com pessoas de crenças diferentes das suas.

Um dos comportamentos extremistas é tentar angariar mais pessoas para a sua religião, sem antes procurar saber se elas estão satisfeitas com a religião que estão seguindo. Cada indivíduo possui afinidade com o que lhe parece melhor para si, com o que lhe faz sentir bem e possa mantê-lo no caminho do bem. Por isso, é fundamental respeitarmos os gostos, os interesses e as crenças de cada um.

O mais importante não é a religião escolhida, e sim a maneira como vivemos. Se você, por exemplo, quiser mudar de religião ao longo da vida, para uma que o faça se sentir melhor, com frequentadores mais alegres, que não discriminem ninguém e aceitem todos de maneira acolhedora, deve se sentir livre para mudar. Não tenha uma visão fechada do mundo, existem muitas coisas que não damos a chance de conhecer, que estão fora de nosso radar, mas que poderiam ser melhores para nós e gerar um crescimento muito mais rápido. Precisamos ser abertos quanto a essa busca do que é melhor para nós.

Até mesmo os ateístas, que não acreditam em qualquer divindade, ou os que acreditam em Deus, mas não possuem religião, seguem na mesma direção dos religiosos, buscando o autodesenvolvimento, cada um à sua própria maneira. Portanto, se todos temos o mesmo propósito de vida, para que segregar e discriminar? Devemos nos unir e buscarmos construir juntos um mundo melhor para nós e para as próximas gerações. Como dizem, religião, política e futebol não se discutem, portanto, tenha o seu gosto e sua opinião, mas não imponha a sua a ninguém.

Além do racismo e da intolerância religiosa, existe também muita falta de respeito com as mulheres e com pessoas LGBT+. As mulheres muitas vezes são tratadas pelos homens apenas como um objeto sexual, recebendo cantadas e olhares desagradáveis por onde passam. Além disso, o mercado de trabalho não as valoriza, dando-lhes salários menores para uma mesma função.

A homofobia, ou preconceito contra os LGBT+, chega a ser ainda pior. Vemos acontecer agressões nas ruas, verbais e físicas, o que representa não só uma falta de respeito, mas uma completa ausência de humanidade.

Se tratássemos todos como se fossem nossos irmãos de sangue, sem qualquer distinção de cor, raça, credo, sexo, língua, cultura, ideologia, opinião política ou situação socioeconômica, grande parte dos problemas sociais seria eliminada. Até mesmo os salários e as oportunidades seriam mais justos para todos. Portanto, lute contra qualquer tipo de preconceito e desrespeito!

VIRTUDE 88
« RESPONSABILIDADE »

Todos nós assumimos muitas responsabilidades durante a vida, principalmente depois que saímos da casa dos pais: começamos a trabalhar, casamos e temos filhos. Mas será que somos realmente responsáveis por tudo? Ser responsável ou ter responsabilidade significa fazer tudo o que é necessário para cumprir uma tarefa que lhe foi atribuída, arcando com as consequências dos seus atos, sejam elas positivas ou negativas.

Para ser responsável não é preciso gostar de tudo que faz, é importante apenas ter o senso de que há um dever a ser cumprido. Assim, agimos sem precisar que ninguém cobre nada de nós, nem mesmo quando estamos sozinhos sem ninguém olhando.

Podemos ser responsáveis pela educação dos filhos, pela organização do lar, pela liderança de uma equipe, pela realização de funções inerentes ao trabalho e por todas as decisões e ações que tomamos em nossa vida.

Em nossa profissão, só conseguiremos crescer, tanto numa carreira técnica quanto numa gerencial, se tivermos a virtude da responsabilidade extremamente desenvolvida. Lembrando que o crescimento de que falo aqui é com base no merecimento, e não por outros motivos. Em algumas profissões, especialmente na área da saúde, a falta de responsabilidade é um pouco mais séria, podendo ser considerada um crime. É o caso das pessoas negligentes, que faltam com o cuidado necessário na execução de determinado procedimento médico, ocasionando danos físicos a seus pacientes.

Já no que se refere a nossos relacionamentos, no livro *O pequeno príncipe*, Saint-Exupéry descreve que "somos eternamente responsáveis por aquilo que cativamos". De fato, quando cativamos a confiança ou o amor das pessoas, somos eternamente responsáveis por nutrir esses sentimentos e buscar atender o que esperam de nós. Quando traímos a confiança que nos foi depositada, estamos agindo de forma irresponsável e desleal.

Uma importante passagem da Bíblia diz que "a quem muito foi dado muito será exigido", que é uma referência à responsabilidade que devemos ter diante das coisas que Deus nos confiou. Logo, se não formos responsáveis, por exemplo, em fazer bom uso do dinheiro, as condições favoráveis que antes existiam de repente podem desaparecer e aí perdemos até mesmo a fonte desse dinheiro.

O mesmo acontece com o conhecimento, como dizem: com o conhecimento vem a responsabilidade. Assim, se tivermos acesso a muito conhecimento, mas não o aplicarmos em nossa vida e não o compartilharmos com outras pessoas, essa irresponsabilidade poderá causar uma série de dificuldades em nossa vida, até chegar o momento de aprendermos na prática que precisamos fazer bom uso de tudo aquilo que conquistamos.

É importante retribuirmos ao mundo tudo de bom que recebemos. Foi por isso que escrevi este livro, para dar minha contribuição à humanidade por tantas bênçãos que já tive em minha vida. Ao construirmos essa via de mão dupla (receber e retribuir), transformamos nossa vida em um círculo virtuoso, em que, quanto mais nos doamos, a cada vez que nos doamos, mais recebemos de volta.

Após ler este livro, você também terá a grande responsabilidade de mudar suas atitudes e compartilhar estes conhecimentos com as outras pessoas. Assim, poderá fazer a diferença na vida daqueles com quem se relaciona, ajudando a criar um mundo melhor para se viver e conviver.

Seja também um propagador do bem, e verá o quanto a sua vida poderá melhorar. Tenho certeza de que, com a ajuda deste livro, você conseguirá gerar muita transformação na sua vida e na de outras pessoas.

Agora, veja algumas dicas para se tornar uma pessoa responsável:

1. Busque se interessar e se comprometer pelas tarefas que desempenha, tendo sempre em mente o propósito maior pelo qual você assumiu tais responsabilidades.
2. Tenha disciplina para cumprir as tarefas, mesmo sem disposição ou vontade para executá-las.
3. Não arrume desculpas quando tudo der errado, colocando a culpa em outra pessoa ou em algum evento do qual não possua controle. Isso é um sinal de que está tentando tirar de si a responsabilidade. Simplesmente admita seus erros e faça diferente da próxima vez.
4. Dê a devida atenção para cada uma de suas responsabilidades, não negligenciando uma em detrimento de outra. E, quando existirem muitas atividades, planeje uma rotina diária para que nenhuma deixe de ser realizada.
5. Analise se é possível assumir novas responsabilidades. Aceite apenas o que tiver certeza de que vai dar conta, assim você não ficará sobrecarregado. É importante aprender a dizer não quando for preciso, seja no trabalho, em casa ou em grupos de amigos.

6. Não fuja da responsabilidade de ser um pai ou uma mãe. Dê a educação necessária aos seus filhos e o sustento necessário até a idade em que consigam ser independentes.
7. Cumpra com a responsabilidade de morador. Divida todas as tarefas do lar de modo justo, quer seja você homem ou mulher, para que ninguém fique sobrecarregado.

Para sermos bem-sucedidos pessoal, social e profissionalmente é necessário que sejamos cem por cento responsáveis por tudo que acontece em nossa vida, independentemente de ser bom ou ruim. Quando adquirimos essa postura, não perdemos tempo nos lamentando nem tentando achar culpados pelos problemas e passamos a focar apenas na solução; nos sentimos inteiramente responsáveis por nossa felicidade assim como por nossas tristezas, e não deixamos que nada nem ninguém impacte negativamente o nosso bem-estar.

Portanto, pare de colocar a culpa no governo, no chefe, no cônjuge, na chuva, no trânsito, etc., assuma a responsabilidade pela situação em que está vivendo e mude suas atitudes para que tenha apenas resultados positivos.

VIRTUDE 89

« SABEDORIA »

A sabedoria provoca o interesse da humanidade desde os primórdios da civilização. Na mitologia egípcia, acredita-se que por volta do ano 2700 a.C. viveu o deus Thot, o deus do conhecimento, da sabedoria e da escrita, também conhecido como Hermes na mitologia grega, o mensageiro dos deuses, e a ele foi atribuída a autoria de 42 livros que buscavam desvendar os segredos da natureza, do universo e da humanidade.

Assim, desde a Antiguidade até os dias de hoje, a sabedoria tem sido definida como a compreensão do mundo e da vida, obtida a partir de muito conhecimento, reflexão, atitude e experiência.

Os antigos filósofos acreditavam que a sabedoria era uma dádiva concedida apenas para eles mesmos, sendo essa uma das razões pela qual Platão entendia que as cidades deveriam ser governadas por filósofos. Atualmente, no entanto, já se reconhece que a sabedoria não é uma dádiva concedida apenas a poucas pessoas, mas uma virtude que pode ser adquirida por todos. Portanto, ela não é um privilégio de anciões barbudos que vivem nas cavernas, como é contado em piadas e filmes. Existem jovens de extrema sabedoria que mais parecem idosos no corpo de um jovem de tanto conhecimento e compreensão da vida que possuem. Logo, qualquer um de nós pode se tornar um sábio, independentemente da idade.

Muitos estudos já foram feitos a respeito da sabedoria, inclusive pela psicologia, e, entre eles, algumas características foram associadas à pessoa sábia, como: maturidade, equilíbrio emocional, capacidade cognitiva, atitude reflexiva, interesse e preocupação com os outros, capacidade para resolver problemas, pensamento lógico, habilidade de compreender um problema além do óbvio, capacidade de entender e respeitar o ponto de vista dos outros, reconhecimento dos próprios limites, habilidade para orientar as pessoas, experiência de vida, lealdade aos valores morais, paz de espírito e, por fim, a humildade.

A partir de todas as definições existentes a respeito da sabedoria, podemos afirmar que o sábio é aquele que encheu o cálice da vida com tantas virtudes, que acabou transbordando, e agora utiliza todo seu conhecimento e experiência para auxiliar outras pessoas a também se desenvolverem. Portanto, se você quiser ser uma pessoa sábia, comece devorando este livro e muitos outros sobre desenvolvimento pessoal, social e profissional. Ao adquirir esse conhecimento, reflita sobre suas ações, tome uma atitude transformadora, de eliminar os maus hábitos e pratique bastante até formar novos hábitos virtuosos.

Quando você for capaz de se conhecer a fundo, saber o que precisa mudar e finalmente começar a agir, estará dando os primeiros passos de um sábio. Não imagine que será rápido e fácil percorrer esse caminho, mas o bom é que terá toda a sua vida para evoluir!

VIRTUDE 90
« SEGURANÇA »

Qual é o seu nome? Se alguém lhe faz essa pergunta, você responderá o seu nome sem nenhuma dúvida ou receio de errar, com bastante segurança e convicção do que está falando. Por que será, então, que não conseguimos agir assim em todas as situações da vida?

A segurança ou a autoconfiança é justamente a competência que precisamos desenvolver para nos sentirmos confiantes e capazes de falar ou fazer qualquer coisa, seja falar em público, nos relacionar, realizar algum trabalho ou vencer qualquer dificuldade. Ao contrário do que muita gente imagina, para se sentir seguro e demonstrar essa segurança não é necessário já ter, previamente, todo conhecimento necessário para falar ou fazer algo. Exemplificando: ao responder a alguém "não sei, mas irei pesquisar para poder te responder melhor" ou "não sei ao certo, mas na minha opinião...", essa atitude de humildade demonstra que você tem muito mais segurança de si e comprometimento com a resposta que alguém que insiste em falar sem ter propriedade do assunto, fingindo ser conhecedor de tudo, e que pode acabar falando asneiras.

Muita gente deseja demonstrar segurança, principalmente dentro do ambiente de trabalho, e, para que ninguém perceba que não possui conhecimento, acaba se enrolando numa conversa. Não assume que não conhece do assunto e ainda fala coisas erradas pensando que não será descoberto. Tenha em mente que as pessoas valorizam muito mais quem é sincero e verdadeiro, e que não há problemas em deixar claro que não possui certeza sobre um assunto. Pessoas assim são mais valorizadas que aquelas que vivem mentindo e se achando conhecedoras de tudo. Esta é a dica mais valiosa para desenvolver a segurança: seja sempre sincero e verdadeiro. Afinal, quem mente e inventa histórias acaba deixando transparecer sua insegurança no que está falando.

A falta de autoconfiança normalmente nos leva a ter comportamentos autossabotadores ou autodestrutivos, que nos impedem de obter sucesso. Por exemplo, por que uma pessoa se esforçaria se ela mesma não confia nas suas capacidades e acredita que o fracasso é quase certo? É por essa razão que algumas pessoas não se esforçam para estudar para uma prova, para realizar um trabalho desafiador, para emagrecer ou para arrumar um bom emprego, porque, em vez de correr o risco de comprovar a sua incapacidade, ao menos terão a desculpa de que não se dedicaram o suficiente, ou que aquilo não era para elas. Ou seja, a sua falta de segurança faz com que não se esforcem o suficiente, não se dando a chance de subir o próximo degrau da escalada do sucesso.

Isso acontece muito com os adolescentes que estão prestando vestibular pela primeira vez. Porém, ao reprovarem, felizmente, muitos percebem a importância de vencer esse desafio e mudam suas atitudes. Já outras pessoas preferem se contentar com pouco durante toda vida, em vez de se esforçarem até obter o sucesso tão sonhado.

Para quem é seguro de si, os fracassos nada mais são que aprendizados necessários que nos levam ao sucesso. A pessoa confiante, portanto, irá se reerguer quantas vezes precisar, pois acredita em sua capacidade de transformação e de fazer diferente. Além disso, a cada vez que se levantar estará mais forte e confiante de que terá sucesso.

Observe também que para nos sentirmos seguros é preciso trabalhar não só a nossa mente, mas também a postura diante das pessoas. Veja algumas estratégias para se tornar mais confiante:

1. Valorize os seus talentos, suas qualidades e suas virtudes e mantenha o foco apenas naquilo que é positivo em seu comportamento. Quanto mais imaginar que as suas qualidades já são suficientes para se sentir seguro, menores serão os defeitos aos seus olhos, e mais confiante ficará de seguir em frente sem titubear. Por exemplo, para falar em público com segurança, pare de pensar que é tímido ou introvertido, e coloque na mente apenas a sua forte determinação e motivação em estar ali.
2. Entenda que não existe personalidade boa ou ruim, certa ou errada quando se fala de ser introvertido ou extrovertido. Aceite quem você é e aprenda a lidar com o seu perfil comportamental, extraindo o melhor de seu potencial.
3. Estude para adquirir o conhecimento e as competências necessárias para o bom desempenho de sua profissão.
4. Não tenha receio do que os outros irão pensar de você. Normalmente somos muito mais capazes do que imaginamos, portanto, não se menospreze e nem se sinta inferior a ninguém.
5. Assuma seus erros e suas deficiências, afinal, errar é humano. No entanto, não se martirize, em vez disso, busque corrigir seus erros e se desenvolver como pessoa. Quando nos punimos, achando que somos incapazes, estamos reforçando nossos defeitos e assim nos tornamos mais inseguros.

6. Mentalize, enquanto estiver na fase de preparação, dedicação e esforço, como você se sentirá após alcançar algum objetivo. Esse sentimento de sucesso nos motiva a buscar todos os dias a alta performance e ficar mais confiantes de que conseguiremos o que desejamos.
7. Imagine como uma pessoa de referência no assunto agiria nas situações em que você se sente inseguro. Então, inspire-se nessa pessoa e procure agir da mesma maneira.
8. Mantenha uma postura aberta, e não retraída, para demonstrar segurança. Olhe diretamente para a pessoa, não fale de braços cruzados e nem com a mão na boca, não fique inquieto com as mãos ou pernas e sorria com tranquilidade. Um exercício mental que ajuda muito com a postura é se imaginar como o dono do local onde você está.
9. Seja sempre ousado, mesmo diante das dificuldades. Quem vive dentro da zona de conforto, apesar de ter segurança e se sentir confiante naquilo que sempre fez, talvez não tenha essa mesma atitude diante de novos desafios. Portanto, ouse ir além de sua zona de conforto, e mantenha-se na zona de aprendizado.

No início da vida é natural se sentir inseguro com aquilo em que ainda não possui experiência. Mas não se preocupe, nada melhor que um dia após o outro para desenvolvermos novas habilidades. Siga as estratégias que falei anteriormente e aos poucos se sentirá cada vez mais confiante e seguro de si.

VIRTUDE 91
« SIMPATIA »

A palavra simpatia tem origem do grego *sym* (junto, ao lado de) e *pathos* (sentimento, emoção, sofrimento) e significa ser solidário com o sofrimento do outro. Existe também outro significado mais popular para essa virtude, mas falarei sobre ele mais adiante.

O indivíduo simpático, no sentido original da palavra, é quem compreende as emoções das outras pessoas e as auxilia a se sentirem melhor, por meio de suas palavras agradáveis, gestos e ações. É característica da pessoa simpática, por exemplo, em uma situação de sofrimento e dor de outra pessoa, falar que é importante ter paciência e tranquilidade, que já passou por isso e tudo passa que nem fumaça.

Fazendo uma comparação com quem possui empatia, enquanto o simpático dá mensagens de apoio e superação, para acalmar a pessoa em determinado momento, o empático vai mais além e busca as soluções junto com a pessoa, gerando resultados positivos mais duradouros.

Embora a simpatia, como você pode perceber, não seja uma virtude tão profunda quanto a empatia, ela sozinha já faz uma grande diferença em nossas vidas. Muitas pessoas têm dificuldade em praticá-la, e algumas até fogem quando veem alguém precisando de apoio moral. Por isso, a pessoa simpática é tão valorizada, pois não é fácil encontrar alguém assim.

Já a segunda definição de simpatia, que é a mais conhecida e mais utilizada, está relacionada com o sentimento de afinidade e de atração moral. Nesse contexto, a pessoa simpática é quem trata os outros com gentileza, é educada, afável, sorridente e alegre.

Nas duas definições, as ações da pessoa simpática são muito parecidas, a diferença está no objetivo de suas atitudes. Uma é agradável para se solidarizar com os sentimentos alheios, e a segunda é agradável para gerar afinidade.

Existem quatro pilares fundamentais para quem quer ser simpático: sorrir com sinceridade; dar atenção total ao outro durante uma conversa, demonstrando interesse; ouvir ativamente, compreendendo até as entrelinhas; e falar sem julgamentos, respeitando as opiniões diferentes.

Essa quantidade parece pouco para adquirir uma virtude, mas para cada um dos quatro pilares é preciso muita prática até conseguir se tornar um hábito em nossos relacionamentos.

Quem é simpático possui uma grande facilidade em fazer novas amizades, iniciar e manter um relacionamento amoroso e ser benquisto no ambiente de trabalho. Afinal, quem não quer uma pessoa agradável e alegre e que o valorize ao seu lado?

Estas são algumas atitudes que irão te ajudar a trabalhar em cada um dos quatro pilares para adquirir a simpatia:

1. Interaja sempre com alegria, mesmo que alguém esteja de mau humor ao seu lado, e não perca a chance de tornar o dia do outro melhor.
2. Não seja falso nem puxa-saco. Ao dar muita atenção a alguém de maneira forçada, fica facilmente transparecido que não é simpatia, e sim fingimento. Porém, caso não consiga ser verdadeiramente simpático com alguém, ao menos seja cordial e respeitoso, só não seja antipático.
3. Procure repetir o que o outro fala, de forma igual ou com outras palavras, para demonstrar que você está ouvindo, compreendendo sua mensagem, e que está interessado na conversa. Só tome cuidado para não ser chato e redundante.
4. Não fique discordando das pessoas para mostrar que sabe mais. Cada um tem a sua vivência e as próprias experiências, o que faz com que tenhamos opiniões divergentes sobre várias coisas da vida. Portanto, sempre impulsione o seu interlocutor a falar mais sobre a própria opinião. Ele pode perceber sozinho que estava equivocado ou você pode mudar de opinião sobre algo, sem a necessidade de haver uma grande discussão.
5. Compartilhe interesses em comum para gerar uma conexão mais forte, fazendo a conversa fluir de tal modo que você nem perceba o tempo passar.
6. Utilize o contato visual, uma expressão facial de atenção e um tom de voz repleto de entusiasmo.
7. Não seja antipático, provocando repulsa ou aversão às pessoas. E se alguém estiver tentando te irritar, fazendo comentários que apontem problemas, apenas agradeça gentilmente o esforço dela em querer ajudar.

Seja simpático em todos os ambientes em que estiver – em casa, na rua, no trabalho, onde for – e, possivelmente, todos gostarão de ter você por perto. Além disso, você estará expandindo cada vez mais a sua alegria e, consequentemente, alimentando a sua felicidade.

VIRTUDE 92
« SINCERIDADE »

Você tem sido sincero consigo mesmo? E com as outras pessoas? Antes de responder, vamos entender o que é a sinceridade e qual a sua importância em nosso dia a dia.

A sinceridade é a virtude que diz respeito a quem é franco, transparente, autêntico e sem disfarces, fala o que pensa e o que sente, dosando bem as palavras e dando suas opiniões sem ser rude, grosseiro ou intolerante. Em outras palavras, a pessoa sincera é aquela que não mente sobre seus sentimentos, pensamentos e emoções.

Seja com a família, amigos ou colegas de trabalho, a sinceridade é fundamental para desenvolvermos relacionamentos mais profundos e resistentes às dificuldades. Ao mostrar quem realmente somos, mesmo com defeitos, do que gostamos e no que acreditamos, as pessoas irão nos conhecer na essência e saber o que esperar de nós. Lembre-se, no entanto, de que a sinceridade precisa ser bem raciocinada para não agredirmos ninguém com as palavras nem nos prejudicarmos. Não podemos falar exatamente o que vem à nossa mente. Por exemplo, se uma amiga pergunta à outra se a sua roupa está bonita, ela pode pensar "ficou horrível!", mas falar "essa roupa não favoreceu muito bem a sua beleza, acho que aquela outra pode ficar melhor". Ela estará sendo sincera ao falar que não achou a roupa legal, mas não ofenderá a amiga.

Algumas pessoas, que não se importam com o bem-estar das outras, justificam suas grosserias com o argumento de que estão sendo sinceras. Isso na verdade não se chama sinceridade, e sim brutalidade e falta de consideração. Portanto, perceba que a "sinceridade" sem tato não é uma virtude, e sim um defeito. A verdadeira sinceridade só existe em nós quando a usamos com um propósito nobre: ajudar as pessoas, e não machucá-las. Se o que você quer falar não possui uma boa intenção, não gera uma transformação positiva e não acrescentará nada na vida do outro, então é melhor ficar calado e pensar melhor sobre suas reais intenções.

Precisamos, ainda, ser sinceros com nós mesmos. E, nesse sentido, a primeira coisa que devemos fazer é nos conhecermos, saber dos próprios interesses e sentimentos, e não os reprimir, ou seja, ser autêntico, desde que isso não machuque ninguém.

A cada vez que escondemos os nossos sentimentos em relação a alguém próximo, as tristezas e os desgostos podem tomar conta de nós, e em algum momento poderemos não suportar mais e acabar fazendo algo por impulso que possa causar arrependimento no futuro. As consequências podem ser desastrosas para nós e para quem estiver ao nosso lado. Por isso, o desabafo sincero faz parte do perdão e da libertação do que nos faz mal.

Então, se sentir vontade de chorar, chore; se precisar dizer "não" para alguém, diga; se está sofrendo por conta da atitude errada de alguém, fale dos seus sentimentos; se possui sonhos, lute por eles, mesmo que ninguém o apoie. Quando desabafamos, colocando o que nos aflige para fora, as energias negativas represadas são liberadas e nos sentimos mais leves. Portanto, esvazie sempre o seu balão emocional, para que nunca chegue perto de estourar.

A sinceridade, nesse sentido, é uma importante ferramenta para nos valorizar em nossos relacionamentos, principalmente nas situações em que o silêncio e a omissão nos causam sofrimento. Quem aguenta calado todo comportamento errado de um cônjuge, por exemplo, sem utilizar da sinceridade para relatar seus sentimentos, não conseguirá fazê-lo entender que deve mudar para que tenham uma boa convivência.

A pessoa sincera e transparente com o que sente sensibiliza os outros a não querer lhes causar novamente os mesmos sentimentos ruins. Essa é uma importante estratégia para resolver conflitos quando as pessoas tomam alguma atitude que não nos valoriza, nos desrespeita ou machuca nossos sentimentos. Em vez de ficar acusando, brigando, reclamando e gritando, se falarmos sobre como nos sentimos, a discussão não se prolongará e o outro irá refletir sobre suas atitudes para não as repetir mais.

Se a outra pessoa nos ama, possivelmente não terá a intenção de nos causar tristeza ou qualquer outro sentimento ruim, por isso, a sinceridade sobre os nossos próprios sentimentos traz um resultado muito mais positivo que responder com grosseria. Perceba a diferença entre falar "esse tipo de atitude sua me entristece muito, e faz eu me sentir desvalorizado" ou "você não está nem aí para mim, só quer saber das suas coisas". No primeiro caso, a pessoa fala de seus sentimentos, já no segundo caso a forma de falar é acusativa.

No trabalho, muita gente se intimida em ser sincero com o chefe. Porém, devemos entender que a sinceridade pode influenciar diretamente no bem-estar do funcionário, e é exatamente o que precisamos para ter a chance de nos sentirmos realizados. Se o chefe, por exemplo, só delega atividades que o funcionário não gosta e não se sente realizado, mas existem outras atividades no setor que poderiam fazê-lo se sentir mais bem aproveitado, uma simples redistribuição de tarefas poderia resolver seu problema.

Se o funcionário não fala dos seus interesses e das suas habilidades, o chefe não saberá como distribuir as tarefas de modo a gerar maior satisfação dos colaboradores nem como aumentar a produtividade da equipe. Uma opção seria dizer para o chefe que não se opõe à atividade desempenhada, mas, se realizasse outra, poderia gerar resultados melhores. É possível fazê-lo entender que o resultado da redistribuição poderá ser bom para todos.

O importante é que você exprima seus sentimentos com sinceridade e não com frases prontas que não representam o que está sentindo. E, nas situações em que falar o que se pensa pode prejudicar você ou gerar discussão, basta dizer que prefere não opinar sobre o assunto.

VIRTUDE 93
‹‹ SOCIABILIDADE ››

A solidão não é algo natural do ser humano. Embora tenhamos nossa individualidade e necessidade de privacidade, somos seres sociais, precisamos dos outros para sobreviver, procriar, interagir, sorrir e curtir momentos de alegria. A interação social, como já falei anteriormente, faz parte inclusive da equação da felicidade.

A sociabilidade, como o próprio nome já diz, é a virtude de quem tem o interesse de viver em sociedade, ter contato com outras pessoas e participar de grupos sociais, seja da família, do trabalho, da religião, do prédio, etc. Sendo esta virtude uma característica básica de qualquer um que esteja buscando o desenvolvimento social.

Infelizmente, com o aumento das atividades diárias observado nas últimas décadas, que passaram a demandar muito mais de nosso tempo, a interação cara a cara ficou bastante prejudicada. Esse até foi um dos motivos para o surgimento das redes sociais, para facilitar o contato entre as pessoas. A ironia nisso é que as redes sociais e a internet tornaram as amizades muito superficiais, e o que era para ajudar veio com um preço alto para a saúde emocional. Atualmente vemos grupos de pessoas reunidas que, em vez de estarem interagindo entre si, ficam mexendo no celular sem dar atenção uns aos outros. Muitos não se esforçam mais para iniciar conversas, simplesmente pegam o celular e entram num estado de "transe" em que não existe ninguém ao seu lado para dar atenção, transmitindo uma percepção de que o celular é mais importante que a sua companhia.

O ser humano tem ficado cada vez mais fechado para o mundo externo, evitando até mesmo fazer novas amizades. Você já observou que se um desconhecido começa a falar com uma pessoa na rua, no *shopping* ou em qualquer outro lugar, a chance de que ela não queira dar prosseguimento ao papo e ainda fique com a cara amarrada é grande? Nesse sentido, podemos aprender um pouco com as crianças. Perceba que elas possuem muita espontaneidade para falar com as outras, incluindo as que nem conhecem. Isso porque não costumam julgar nem agir com preconceito na seleção dos amigos, qualquer um serve para brincar com elas. E, depois que começam a brincar com uma criança desconhecida, rapidamente se entrosam e parece que são amigas de longa data.

Que tal seguir esse exemplo na vida adulta? Sabemos que a forma mais fácil de fazermos novos amizades é com as pessoas que estão inseridas no mesmo ambiente que frequentamos (no trabalho, no jogo de futebol, na religião, na academia, em cursos) e, como elas possuem pelo menos um gosto parecido com o nosso, esse pode ser um bom ponto de partida para uma primeira conversa.

Para treinar a sociabilidade, desde já você pode buscar ser mais participativo e comunicativo nos ambientes que já frequenta. Além disso, poderá, ainda, criar oportunidades para desenvolver essa virtude participando de novos grupos, como inscrevendo-se em aulas de dança ou de teatro, fazendo cursos ou realizando ações humanitárias. Além do interesse em se relacionar, outras virtudes são igualmente importantes para sermos pessoas sociáveis e nos tornarmos mais agradáveis e benquistos pela sociedade, como a empatia, a simpatia, a educação, o respeito e a cordialidade.

O maior problema de quem costuma passar o dia inteiro sozinho é que, quando está passando por alguma dificuldade, por exemplo, não tem alguém para desabafar e o colocar para cima, muitas vezes acaba se isolando ainda mais, pois não quer mostrar a sua tristeza para os outros. O que pode causar um círculo vicioso, e essa pessoa pode não conseguir ter forças para superar. Portanto, se você está em busca de sua felicidade e saúde emocional, dê uma atenção especial ao desenvolvimento de sua sociabilidade. Porém, não esqueça que devemos ter personalidade para não ir contra os nossos valores apenas para ser aceito nos grupos.

VIRTUDE 94

« SUPERAÇÃO »

Todos nós enfrentamos batalhas internas e externas quase diariamente, mas nem sempre conseguimos vencer ou superar as dificuldades sozinhos. Desde criança, a maioria de nós constrói no seu inconsciente algumas barreiras intransponíveis, conhecidas como crenças limitantes, que nos impedem de ultrapassar certos obstáculos emocionais. Essas crenças podem estar relacionadas com a nossa aparência ("eu sou feio e nunca conseguirei namorar"), com nossas capacidades para realizar algo complexo ou grandioso ("eu não sirvo para nada"), com nossos relacionamentos amorosos ("os homens são todos iguais, então me conformo em ter um que não me respeita"), ou até mesmo com o que achamos que não somos merecedores ("o sucesso não é para mim, vou aceitar qualquer emprego").

Se quisermos eliminar as atitudes de autossabotagem e calar aquela voz interna que nos diz "eu não consigo", "eu não sou capaz", precisamos trabalhar em nós a virtude da superação. É a partir dela que conseguiremos vencer as crenças limitantes, superar as tristezas ou qualquer outro tipo de dificuldade e nos sentir seguros com nós mesmos.

Sabemos que superar uma crença não é algo fácil, já que ela está conosco há muitos anos. Já apresentei a técnica do DCD para eliminar tais crenças (ver "Virtude 36: Disciplina") e falei um pouco mais sobre ela na "Virtude 63: Introspecção" e na "Virtude 84: Racionalidade". No entanto, vou descrever com mais detalhes como gerir nossas emoções, com base no DCD, para libertar nossa mente de uma falsa certeza criada por nós mesmos, e superar as dificuldades.

O primeiro passo para a superação é identificar quais crenças nos impedem de alcançar determinados objetivos e entender qual a causa de sua existência. Por exemplo, uma mulher que gostaria de emagrecer: lá no seu subconsciente pode ter se instalado a crença de que toda mulher linda e magra é burra. Assim, para que não pareça burra, ela não se importa com sua aparência, é desleixada e, toda vez que começa a emagrecer, seu subconsciente a sabota, não conseguindo aguentar as tentações. Talvez essa crença tenha surgido porque costumava ver muitas mulheres lindas e magras na televisão, que, por terem se dedicado tanto ao corpo, não se importaram com os estudos e não desenvolveram muito o seu intelecto.

Após identificar a crença e saber a razão de ela existir, devem-se buscar contraexemplos: "quais pessoas conheço que são lindas e muito inteligentes?". Quanto mais exemplos conseguir, melhor será para quebrar a sua crença. Afinal, se outras pessoas são assim, por que você não pode ser?

O terceiro passo é olhar para si como se fosse uma terceira pessoa: "qual seria a minha percepção de uma pessoa ("eu") que se considera inteligente e conseguiu com muito esforço emagrecer?"; "ela é uma pessoa determinada, persistente, equilibrada e inteligente?". A pessoa verá que as coisas não são exatamente como achava e que de fato é possível ser inteligente e ao mesmo tempo cuidar muito bem do corpo físico.

Em alguns casos, a falta de certas habilidades ou virtudes faz com que seja mais difícil superar algumas dificuldades em nossa vida. Por isso, o quarto passo deve ser focado no desenvolvimento de outras competências necessárias para alcançar seus objetivos, como aceitação, determinação, motivação, paciência, comprometimento, responsabilidade, etc.

Tomando como exemplo uma pessoa que é tímida porque é introvertida e não tem segurança para falar, se desenvolver a segurança e aceitar a personalidade introvertida, poderá superar a timidez. Muita gente que era tímida virou ator ou atriz, um bom orador, um palestrante, porque desenvolveu outras habilidades. Mesmo que ficasse ansioso e nervoso antes de falar, seguia adiante, tinha coragem e não se paralisava.

É muito importante também sermos mais positivos e otimistas, para desenvolvermos a superação. Assim, o quinto passo é inverter as crenças limitantes em crenças positivas e fortalecedoras, e se forçar a agir com base nessas novas crenças. Por exemplo, em vez de pensar "eu não sirvo para nada", pense "eu quero, eu posso, eu consigo", "eu sou capaz", "eu sou esforçado e meu trabalho será recompensado". Com o tempo, seu novo comportamento se tornará um hábito e não existirá mais uma barreira mental o impedindo de seguir adiante.

Resumindo os cinco passos: se você tem algum objetivo no momento e precisa superar alguma dificuldade pessoal, identifique qual é a dificuldade ou a crença limitante, entenda a sua causa, procure contraexemplos, tenha uma percepção sua como se fosse uma terceira pessoa, analise quais habilidades e virtudes precisa desenvolver para obter sucesso e pratique-as, substitua a crença limitadora por uma positiva ou fortalecedora e, por fim, mantenha o novo comportamento até que se torne um hábito.

Quando procuramos vencer diariamente as nossas dificuldades, significa que estamos indo além do que achávamos que podíamos, ou seja, estaremos nos superando, transpondo todas as nossas barreiras mentais.

Os rios só existem porque aprenderam a contornar obstáculos. Supere e contorne também os seus, e se sentirá capaz de ir muito mais além do que estava acostumado.

VIRTUDE 95

« TATO »

Quando precisamos realizar críticas, reclamar, falar em situações delicadas, ou até mesmo conversar com pessoas mais difíceis de lidar, devemos ter tato para não agredir, ofender ou humilhar os outros.

De antemão, saiba que, por mais que tenhamos tato para falar, como se estivéssemos pisando em ovos, certas pessoas não possuem uma boa compreensão das coisas e poderão ter uma reação contrária à que você espera. Se isso acontecer, podemos pedir perdão por tê-la feito se sentir dessa forma, já que não era essa a intenção, mas continuar firmes com o que queríamos lhe dizer, buscando ser mais assertivos, caso seja o mais adequado a ser feito.

Para tratarmos as pessoas com tato, primeiramente devemos compreender os seus sentimentos, e de certa forma prever como seria a sua reação diante de nossa fala, para evitar que se sintam de um jeito que não é o que desejamos. Uma boa dose de empatia e simpatia é o ideal para não fazer algo que não gostaria que fizessem com você. Devemos lembrar, ainda, que cada pessoa é única, e o nosso tratamento depende do quão sensível ela é. Por isso, é preciso muita inteligência emocional para escolher as palavras certas com determinadas pessoas.

Embora não seja uma tarefa fácil, podemos nos condicionar a utilizar certas expressões que não soam aos ouvidos das pessoas como uma agressão ou chamamento para briga. Seguem alguns exemplos:

1. Fale "você nos ajudaria muito se fizesse isso, porque...", em vez de "você deve fazer isso porque eu estou mandando".
2. Fale "o resultado ficou bom, inclusive, se mudasse tal aspecto, poderia melhorar ainda mais...", em vez de "você não faz nada que preste".
3. Fale "quando você age assim, isso me deixa triste e me sinto desvalorizado/agredido/humilhado", em vez de "você é um idiota que só faz besteira".
4. Fale "obrigado por confiar em mim para fazer isso, mas no momento estou com outras atividades que me impedem de assumir mais essa", em vez de "estou sem tempo para isso".
5. Fale "obrigado pelos conselhos, irei analisar e tomar uma decisão", em vez de "eu sei o que fazer, não precisa ficar me dizendo".

Quando somos curtos em nossa fala, podemos deixar uma brecha para a pessoa subentender outras coisas, que não eram exatamente o que queríamos dizer ou dar a entender. É importante que sejamos objetivos, mas sem deixar dúvidas de entendimento, e menos acusativos para que possamos desenvolver essa virtude.

Até mesmo para fazer brincadeiras com as pessoas precisamos ter um pouco de tato para não parecermos ofensivos. Não é todo mundo que possui um bom senso de humor, por isso, é importante conhecer bem as pessoas antes de tentar avançar para esse nível de relacionamento.

Desenvolva o tato para falar, para que depois não se arrependa de perder amizades e criar inimigos. Mas também não tenha a neurose de querer falar de modo formal com todos, visto que a informalidade é muito importante para aprofundar amizades.

VIRTUDE 96
« TERNURA »

Como você trata as pessoas de que gosta? Com carinho ou frieza? Você as respeita ou pisa nelas? Se para as duas perguntas você respondeu a segunda opção, analise bem como desenvolver a ternura para demonstrar cuidado, carinho, amor e afeto.

Podemos agir com ternura na maneira de olhar, falar, tocar e abraçar, mas esse tipo de manifestação de afeto só será percebido positivamente por outra pessoa se tivermos um verdadeiro sentimento de carinho por ela, caso contrário ficará claro que estamos agindo de forma forçada.

Algumas pessoas, infelizmente, não receberam na infância qualquer demonstração de afeto dos pais, mesmo que existisse amor e cuidado. Dessa forma, cresceram com a mesma dificuldade que os pais tinham, sem saber dar um abraço fraterno, olhar sem ódio e falar de maneira carinhosa e suave.

Muitos relacionamentos amorosos são desgastados e se acabam não pela falta de amor, mas pela ausência de ternura para demonstrar esse amor.

Veja algumas formas de como praticar esta virtude:

1. Reafirme sempre o quanto gosta da pessoa, o quanto ela é maravilhosa e faça elogios quando achar necessário.
2. Chame a pessoa por um apelido carinhoso.
3. Dê cumprimentos amigáveis: "bom dia, meu querido!", "tudo bem, meu amigo?".
4. Dê atenção à sua companhia, sem ficar mexendo no celular o tempo todo.
5. Entre em contato com amigos ou familiares com quem não fala há muito tempo para saber como estão e, quando for visitá-los, dê um abraço apertado e diga o quanto sente falta deles.
6. Faça um carinho, no cabelo ou no corpo.
7. Evite falar com raiva ou agressividade, opte sempre por se expressar com brandura e calma.

Não tenha vergonha de desenvolver esta virtude. Você terá uma vida muito mais fácil e tranquila com as pessoas de que gosta, e seu amor será percebido e correspondido da mesma maneira.

VIRTUDE 97

« TOLERÂNCIA »

A tolerância é a virtude necessária para aceitarmos as diferenças, aceitarmos as pessoas como elas são, com seus valores, características físicas ou culturais e suas peculiaridades pessoais. E tal aceitação não significa que devemos ser passivos diante de quem nos quer mal. Tolerar quem é diferente e pensa diferente vai um pouco além de respeitar. O indivíduo tolerante não só respeita como também é compreensivo, paciente, justo, humilde e deseja o bem de todos.

Esta virtude, infelizmente, tem ficado cada vez mais rara de se ver. Nas redes sociais, por exemplo, não se precisa procurar muito para encontrar exemplos de intolerância. Em todo site de notícias que tenha um campo de comentários aberto ao público, vemos pessoas intolerantes reclamando de tudo e de todos, falam mal da ortografia, de quem escreveu a notícia, de quem faz parte da reportagem, dos outros que comentaram, até mesmo quando se retratam bons exemplos de caridade aparece alguém com intolerância religiosa. Muitas pessoas hoje em dia andam por aí com "sangue nos olhos", e uma "faca" na mão, aguardando a deixa para descarregar sua intolerância sobre alguém.

Isso acontece da mesma maneira em relacionamentos. Hoje em dia, é muito difícil casais permanecerem em convivência saudável por muitos anos e cumprirem com o compromisso de ficarem juntos a vida inteira. Por qualquer motivo ocorrem discussões, e, pela facilidade em encontrar pessoas para se relacionar, a exemplo de aplicativos como o Tinder, os relacionamentos estão cada vez mais descartáveis. Inclusive, tem se tornado comum encontrarmos pessoas já em um segundo ou terceiro casamento. Não se faz mais tanto esforço para que um relacionamento dê certo, principalmente por falta de tolerância, paciência e calma.

Certamente, não devemos permanecer em relacionamentos destrutivos e abusivos, com pessoas que nos puxam para baixo e não ajudam em nosso crescimento. No entanto, precisamos aprender a tolerar pelo menos as pequenas coisas do dia a dia, como entrar em consenso nas decisões diárias, sem impor a nossa opinião; aceitar as limitações e as deficiências do outro, pois não podemos exigir que o cônjuge tenha as mesmas habilidades e qualidades que nós temos; praticar o perdão; etc.

A intolerância, assim como a falta de empatia, é uma grande chaga para a humanidade. As pessoas intolerantes, em vez de aproveitarem melhor o seu tempo para realizar atividades construtivas, para si mesmas ou para a sociedade, tentam diminuir o próximo, agredindo verbal ou fisicamente, e se comportam como um elemento destruidor da paz em qualquer ambiente em que estejam inseridas. As pessoas que apresentam um alto nível de intolerância não conseguem ter uma vida alegre e dificilmente são felizes; elas costumam passar dias inteiros de mau humor, procurando algo do que reclamar, e ainda se fazem de vítimas. Portanto, evite isso para a sua vida.

Na família, um pai que não tolera que o filho seja ele mesmo, com seus próprios interesses e particularidades, costuma forçá-lo a ser algo que não é. Assim, estará criando uma pessoa infeliz e entregando para a sociedade uma panela de pressão, que a qualquer momento poderá estourar.

Adquirir a virtude da tolerância é difícil até para as pessoas mais virtuosas, como é o caso dos chamados moralistas. Vemos, por exemplo, muitas pessoas, nas mais diferentes religiões, que desejam impor os seus valores a todos e, por isso, são rígidas, totalitárias e intolerantes. Tais pessoas possuem a sua verdade e não toleram nem respeitam quem possui opinião contrária.

É importante que também ajudemos as pessoas a se desenvolverem, principalmente quem mora conosco, mas sem imposição. Como diz o Dr. Augusto Cury, para influenciarmos as pessoas positivamente, precisamos primeiro agir de forma admirável. E, para conseguirmos isso, antes de tentar corrigir ou orientar alguém, devemos ser o exemplo, praticando nossas virtudes. Além disso, se, em vez de criticarmos os defeitos, exaltarmos as qualidades das pessoas, poderemos motivá-las a fortalecer suas qualidades e eliminar os defeitos.

Veja que existem pessoas que se consideram cristãs, mas não frequentam uma doutrina justamente devido à intolerância que ainda se vê em tantos lugares. Precisamos ser exemplos de bondade, amor e tolerância, e não juízes condenando os outros. Se utilizarmos a técnica de imaginar que todos nós somos irmãos, eternos aprendizes em busca de um mesmo objetivo, de ter uma vida plena e feliz, cada um do seu jeito particular, não agiremos com tantos julgamentos, ódio e intolerância. Devemos tirar o chapéu de juiz e colocar o de aprendiz.

Algumas pessoas só aprendem com os próprios erros, e não adianta que ninguém as alerte. Por mais que falemos, por exemplo, dos malefícios que o fumo e a bebida causam em uma pessoa, talvez ela só entenda que algo lhe faz mal quando tiver alguma consequência danosa, como um câncer, problemas hepáticos, insuficiência cardiorrespiratória, etc. Se ela conhece as consequências, mas mesmo assim não larga seus vícios, e você não aceita conviver com uma pessoa assim, o melhor a ser feito é se distanciar.

Muitas pessoas casadas, que não toleram certas diferenças do cônjuge, acabam tendo uma vida cheia de brigas e ódio até não existir mais o amor e só restar a indiferença. Por isso, é importante se conhecerem muito bem antes de casar, e, quando houver a decisão do casamento, que seja acompanhada da aceitação e da tolerância das opiniões e das atitudes divergentes.

Muita gente demoniza o casamento, só que a culpa não é do casamento em si, mas da intolerância dos casais. Tolerar é um constante exercício de amor. Quem ama, tolera! E como toda virtude é uma moderação, um meio-termo entre o exagero e a ausência, o limite do tolerável é quando sofremos alguma injustiça ou agressão, seja ela física ou verbal. Não podemos permitir que nos tratem como se fôssemos inferiores. Porém, não devemos reagir da mesma forma, nos vingando na mesma moeda, com agressividade, falta de respeito e intolerância. Nessas situações, precisamos manter a calma e, caso o momento exija uma reação imediata, podemos utilizar da assertividade e da sinceridade para gerenciar esse tipo de conflito. Com bons argumentos, sinceridade e serenidade, podemos dobrar até mesmo as pessoas mais agressivas e ignorantes.

Não se torne um problema para a sociedade e para as pessoas que convivem com você. Faça diferente, aprenda a tolerar e tenha aliados em sua escalada, e não rivais.

VIRTUDE 98
« UNIÃO »

A virtude da união pode ser facilmente compreendida por meio da expressão "Um por todos, todos por um", conhecida como o lema dos Três Mosqueteiros, do romance homônimo de Alexandre Dumas.

Em outras palavras, quando existe uma conexão, ligação ou junção de pessoas formando um grupo com o mesmo intuito, somando esforços por um bem comum, como se o "todo" virasse o "um" mais forte e resistente, diz-se que existe uma união nesse grupo. Para que um grupo seja unido, todos devem valorizar a união e serem leais uns com os outros, e, mesmo com os interesses e necessidades pessoais de cada um, todos devem prezar pela prosperidade do grupo, sendo o coletivo mais importante que o individual.

Essa virtude é importante, por exemplo, em um time esportivo, em uma banda musical, no casamento, na família, na realização de um trabalho em equipe, em um grupo de amigos, na comunidade e na sociedade como um todo. Sendo o objetivo em comum de cada um desses exemplos, respectivamente: ganhar um campeonato, fazer um ótimo *show*, nutrir o amor, viver pacificamente, ter bons resultados no trabalho compartilhado, manter a amizade e a diversão entre amigos, cooperar para o bem-estar da comunidade, e contribuir com o desenvolvimento social e econômico da sociedade.

Se em determinado grupo existe um integrante que não se importa em ajudar a cumprir o objetivo em comum, poderá haver problemas para o convívio em harmonia, atrapalhando assim o alcance do objetivo. Esse indivíduo, que podemos chamar de desunido, não se compromete com ninguém, nem com ele mesmo, uma vez que o resultado ruim do grupo também será ruim para ele. Com sua atitude egoísta e autodestrutiva, o maior prejudicado será ele mesmo.

O primeiro passo para praticarmos essa virtude é entender quais são os objetivos em comum dos grupos dos quais participamos, e qual é o nosso papel na busca pelo resultado. Quando temos esse conhecimento e juntamos a ele a nossa vontade de crescer juntos, fortalecemos a união.

Somos uma pecinha do quebra-cabeça chamado sociedade, tão importante quanto qualquer outra peça. Assim, quando vivemos em união, não deixamos ninguém cair, pois cada um é sustentado por quem está ao seu lado. E, da mesma forma, o sucesso de um consequentemente implica o sucesso de todos.

Você já parou para pensar, por exemplo, na possibilidade de existir apenas uma religião no mundo, a do amor? Ou melhor, se todas as religiões se unissem para a realização de obras do bem? Já que o objetivo em comum de todas elas é o desenvolvimento pessoal e a ajuda ao próximo, por que não se unirem? Juntos, somos maiores e mais fortes. Vemos até mesmo inimigos se unirem quando possuem outro inimigo em comum; por que não nos unir, então, pelo bem da sociedade?

Gostaria de convidar você, portanto, a se unir a mim e às milhares de pessoas que desejam mudar o mundo, para fazer a diferença na família, na rua ou no trabalho. Todos nós temos muito a aprender e também a ensinar, portanto o seu papel será se desenvolver e ajudar os outros em seu crescimento.

Vamos construir uma grande corrente do bem e não deixar jamais essa corrente se partir. Vamos puxar para cima e ajudar a ficar de pé quem estiver caído do nosso lado.

Não duvide do poder da união! Seja consciente, engajado e inspire as outras pessoas a fazerem o mesmo por meio dos seus exemplos. Nunca se esqueça de que unidos venceremos.

VIRTUDE 99
‹‹ VERDADE ››

Enquanto a sinceridade está relacionada com a nossa opinião e o que sentimos, a virtude da verdade se relaciona com fatos. Para entender a diferença, veja como exemplo uma possível resposta de uma pessoa sincera e verdadeira para alguém que lhe pergunta se está gorda: "A *verdade* é que você está um pouco acima do peso, mas *sinceramente* eu acho que você está linda". Lembrando que o exemplo é só para entender a diferença, e não uma recomendação de resposta para esse tipo de pergunta, ok?

Muita gente não gosta de ouvir a verdade, pois, como dizem, a verdade dói. No entanto, ela não precisa ser nua e crua, doa a quem doer. Dependendo da pessoa com quem estamos falando, podemos contar os fatos de modo mais brando para não machucar os sentimentos dela.

Ser verdadeiro, portanto, significa não distorcer a realidade dos fatos para ninguém, não mentir para tomar vantagem e não manipular os outros em benefício próprio. Até as "mentirinhas mais inocentes" devem ser evitadas para sermos verdadeiros e termos credibilidade diante da sociedade.

Muitos de nós, quando éramos crianças, costumávamos mentir para os pais para nos livrar das brigas e dos sermões; parecia mais um instinto de sobrevivência, como se fôssemos um animal fugindo do seu predador. As crianças inclusive costumavam falar: "Se meu pai souber, vai me matar!".

Perceba que alguns pais possuem uma parcela de culpa nisso, uma vez que não sabem lidar bem com decepções e frustrações, transformando esses sentimentos em raiva para gritar e bater nos filhos. Logo, a partir do próprio exemplo dos pais, algumas crianças crescem também sem saber lidar com decepções e frustrações, não treinam a assertividade e a comunicação para resolver conflitos e passam a acreditar que mentiras "inocentes" são necessárias para não levar pancada na vida.

A mentira acabou virando um facilitador de convívio social, e a maioria das pessoas já se habituou a ela. Porém, ela nada mais é que um reflexo de uma vida desequilibrada, e o que pode parecer uma coisa boa na verdade impede as pessoas de se desenvolverem. E isso é muito grave!

A pessoa que mente quando faz algo errado, escondendo o que aconteceu, não se mobiliza para mudar e agir diferente na próxima vez, ela se acomoda a sempre mentir e a cada vez dar uma desculpa diferente. Quando somos verdadeiros, estaremos muito mais comprometidos e propensos a não errar e, além disso, a ajudar os outros a também não repetir um mesmo erro.

Ninguém gosta de falar sobre suas falhas, e, como o indivíduo verdadeiro não mente sobre os fatos, ele irá procurar sempre ser uma pessoa melhor. Ou seja, quanto mais verdadeiros somos, menos vontade temos de fazer coisas erradas. Por isso, quem possui essa virtude tende a ser muito comprometido e responsável no trabalho, em casa ou em qualquer atividade que venha a assumir.

Não devemos impedir o nosso próprio crescimento e o de quem convive conosco, alterando a realidade dos fatos. As pessoas, mesmo não gostando, precisam ouvir algumas verdades, pois só assim terão a chance de fazer diferente.

É necessário, para tal, ter coragem e escolher bem as palavras. Lembre-se de que ser verdadeiro não é ser insensível nem grosseiro, e sim respeitar e ter consideração pelas pessoas. Portanto, veja alguns cuidados que deve ter ao treinar essa importante virtude:

1. Fale pessoalmente, em vez de enviar mensagem de texto, para ter certeza de que a mensagem foi compreendida, e, para assuntos mais delicados, converse a sós, para evitar exposição dos fatos e humilhação de alguém.
2. Seja o mais específico possível, para não deixar as coisas subentendidas.
3. Tenha cuidado para não espalhar fofoca. Se for contar algo em particular, tenha certeza de que o que vai falar é verdade.

Há certas coisas que não valem a pena compartilhar com os outros. Ser verdadeiro, por exemplo, não significa contar tudo da sua vida para as pessoas, nem contar tudo que sabe sobre seus amigos.

No mercado de trabalho, a nossa reputação é muito valiosa, assim como também é na família e com os amigos. Mas, principalmente no trabalho, quem é verdadeiro normalmente é visto como uma pessoa íntegra, confiável e digna de reconhecimento e recompensa. Logo, caso queira crescer em qualquer profissão, seja sempre verdadeiro. As pessoas irão reconhecê-lo por isso.

Liberte-se de uma vida de mentiras, não se esconda nem fique receoso de falar sobre os fatos ocorridos. Em algum momento a verdade vem à tona e verá que teria sido melhor contá-la desde o princípio.

VIRTUDE 100
« ZELO »

Após você ter obtido tanto conhecimento e já ter começado a colocar em prática as 99 virtudes necessárias para se ter sucesso na vida pessoal, social e profissional, agora é um bom momento para aprender a zelar por tudo que conseguiu e possui de importante na vida.

Zelar significa cuidar, proteger e dar valor. Ter a virtude do zelo, portanto, nos faz valorizar e dar atenção às coisas e às pessoas que são importantes em nossa vida. Devemos ser gratos por tudo aquilo que já conseguimos alcançar, como aprendemos na "Virtude 53: Gratidão", e nada melhor que demonstrá-la por meio do zelo. Afinal, se não tivermos zelo, poderemos perder tudo: as amizades, a família, o trabalho, o dinheiro, nossa alegria e a felicidade.

Primeiramente, devemos zelar pelo nosso corpo físico, mantendo hábitos saudáveis de exercícios, alimentação e sono; pela nossa mente, ficando atento aos nossos pensamentos, para que sejam sempre positivos; e pelo nosso bem-estar emocional, aplicando diariamente o PDCA (planejar, executar, verificar, ajustar/agir), promovendo a melhoria contínua de nossas virtudes e vivendo de acordo com nossa missão e propósito de vida.

E para zelar por todo o conhecimento que obteve neste livro:
1. Esteja *aberto* às mudanças, que com certeza virão.
2. *Aceite* as coisas sobre as quais não possui controle e reaja positivamente nas que pode controlar.
3. Viva *alegre*, pois a vida é linda.
4. Tenha *ambição* por grandes objetivos de vida.
5. Faça e cultive *amizades* verdadeiras e profundas.
6. *Ame* a todos, incondicionalmente.
7. *Arrependa-se* de todos os seus erros do passado e se permita crescer.
8. Pratique a *assertividade* e não terá problemas em ser compreendido.
9. Esteja *atento* aos detalhes importantes em tudo que se propõe a fazer.
10. Tenha *atitude* para sair da inércia e fazer diferente.
11. Seja *ativo* e deixe toda preguiça de lado.
12. Seja *audacioso* e ouse sempre ir além do que está acostumado.
13. Desenvolva o *autocontrole* e não permita que o ambiente lhe influencie negativamente.

14. Tenha amor-próprio, valorize sua vida e desenvolva a *autoestima*.
15. Identifique a sua âncora e mantenha a *calma* em todas as situações.
16. Pratique a *caridade*, e seus problemas parecerão bem menores.
17. Seja *coerente* e faça com que suas palavras tenham tanto valor quanto suas ações.
18. Tenha *compaixão* por quem precisa e sempre pratique o bem sem esperar nada em troca.
19. Seja *compreensivo* para não ser injusto e precipitado com os outros.
20. *Comprometa-se* com o seu trabalho, com a família, com os amigos e com o seu desenvolvimento, e todo seu esforço será recompensado.
21. Desenvolva uma boa *comunicação* para que seja compreendido e benquisto por todos.
22. Seja uma pessoa *confiável* para que jamais duvidem de você.
23. Pratique a *consciência ambiental* e deixe como legado um planeta saudável para as próximas gerações.
24. Tenha *consideração* pelas pessoas e seja a sua base de apoio quando mais precisarem.
25. Tenha plena *convicção* de que com esforço e dedicação você será capaz de conseguir tudo que deseja.
26. *Coopere* com o desenvolvimento, a harmonia e o bem-estar da sociedade.
27. Enfrente os seus medos com *coragem* e siga sempre em frente.
28. Seja *cordial* com todos, afinal, gentileza gera gentileza.
29. Reaprenda a ser *criativo* como era quando criança.
30. Seja *cúmplice* de quem merece, apoie o seu crescimento e comemorem juntos quando tiverem sucesso.
31. Seja *decidido* e aprenda a escolher sempre o melhor para sua vida.
32. *Desprenda-se* de tudo que seja ruim e que possa impedir o seu crescimento.
33. Adquira a *determinação* e persista até alcançar os seus objetivos, sem desistir jamais.
34. Siga sempre pelo caminho do bem, praticando virtudes, sendo *digno* de respeito por todos.
35. Seja *diligente* e pratique a prontidão em tudo na vida.
36. Tenha *disciplina* para continuar firme com seus objetivos, até mesmo quando faltar disposição.
37. Não seja exibido nem fofoqueiro e pratique a *discrição* para não prejudicar a si nem aos outros.
38. Aprenda a ter percepção do real valor do dinheiro e seja *econômico*.

39. Seja *educado* com as pessoas, praticando as virtudes interpessoais.
40. Mantenha o foco em suas atividades para que seja *eficiente* e tenha dias produtivos.
41. Desenvolva a *empatia* para compreender os sentimentos, pensamentos e emoções dos outros e tratá-los com consideração e respeito.
42. Coloque *entusiasmo* em tudo que fizer na vida e acorde todos os dias com um sorriso no rosto.
43. Busque o *equilíbrio emocional* e se permita ter um bom humor ao longo de todo o dia.
44. Nunca perca a *esperança* por dias melhores, porém tenha atitude para fazer por merecer o que está por vir.
45. Tenha a *ética* de agir sempre dentro das leis universais.
46. Busque diariamente a *excelência* de suas virtudes, praticando a melhoria contínua.
47. Tenha *fé* em Deus e na vida, e assim o universo irá conspirar ao seu favor.
48. Faça-se *feliz* aqui e agora, não espere algo acontecer para ter felicidade.
49. Seja sempre *fiel* ao seu amor, e sincero se o amor deixar de existir.
50. Tenha *firmeza* quando precisar que lhe atendam, porém, sem agressividade e intolerância.
51. Seja *flexível* quando puder, desde que resulte no melhor para todos.
52. Tenha *força* e garra para conseguir enfrentar as dificuldades com coragem e determinação.
53. Seja eternamente *grato* por todas as bênçãos e oportunidades de crescimento que recebe diariamente.
54. Mantenha seus pensamentos em *harmonia*, vivendo em paz consigo mesmo por estar realizando o que realmente lhe importa.
55. Seja cem por cento *honesto* e ajude a acabar com a cultura da corrupção em nosso país.
56. Desenvolva a sua *humanidade*, valorizando o lado humano das pessoas independentemente de quem sejam.
57. Acabe com toda vaidade, orgulho e prepotência que possa existir em você e seja *humilde*.
58. Inspire as pessoas com os seus *ideais*.
59. Utilize a *imparcialidade* para não manipular as pessoas.
60. Torne-se *independente* e passe a ser o autor de sua própria história.
61. Seja uma pessoa de *iniciativa* e se prontifique a ser um solucionador de problemas, mesmo que não sejam de sua responsabilidade.

62. Procure ser sempre correto e *íntegro*, agindo da maneira mais adequada para cada momento.
63. Pratique diariamente o autoconhecimento, utilizando a *introspecção*, para eliminar os maus hábitos e adquirir novas virtudes.
64. Seja *justo* e cale a sua voz interna julgadora.
65. Faça o que ama e ame o que faz, assim a *laboriosidade* virá como consequência.
66. Seja *leal* à sua família e aos amigos, assim como um cachorro é com seu dono.
67. Seja um *líder* e inspire as pessoas a quererem segui-lo.
68. Se possui interesse na *maternidade/paternidade*, desenvolva as suas virtudes para que seja um bom exemplo para seus filhos.
69. Seja *maduro* o suficiente para entender que o mundo não gira ao seu redor e que deve ser uma pessoa independente e responsável.
70. Pratique a *moderação* para evitar exageros na vida.
71. Identifique a sua *motivação* para ter vontade de fazer tudo que precisa ser feito.
72. Busque a *objetividade* em tudo que se dispuser a fazer, sem desperdiçar seu tempo, nem o de outras pessoas.
73. Seja *organizado* com o ambiente em que vive e trabalha e planeje seus dias para que sua vida não vire uma bagunça.
74. Desenvolva o *otimismo* e procure ter sempre emoções positivas diante de seus desafios.
75. Adquira a *paciência* e facilite a vida de quem convive com você, incluindo você mesmo.
76. Seja *patriota* e ame o seu país, atuando sempre em prol do bem comum.
77. Seja *pacificador* e promova a harmonia nos ambientes onde estiver.
78. Tenha o *perdão* no coração e não sofra com o rancor e o ressentimento.
79. Tenha sua própria *personalidade* e não viva de aparências.
80. Seja *precavido* e reduza a probabilidade de falhas.
81. Identifique a sua missão e o seu *propósito* e viva com base neles.
82. Seja *prudente* em suas decisões e terá uma vida longa, com muita saúde e paz.
83. Seja *puro* de coração e nunca mais pratique o mal a ninguém.
84. Aprenda a utilizar a *razão* e o bom senso para ponderar bem uma situação antes de agir ou reagir.
85. Saiba *renunciar* o que for possível para que se dedique mais à realização dos seus maiores objetivos.

86. Seja *resiliente* diante dos problemas e só dê um passo para trás se for para dar um impulso para a frente.
87. *Respeito* é bom e todos gostam, portanto respeite para também ser respeitado.
88. Seja *responsável* por suas decisões, pela sua vida e pelas tarefas atribuídas a você, assim não precisará que ninguém lhe cobre nada.
89. Adquira muito conhecimento e experiência, para que tenha *sabedoria* para compreender o mundo e o seu papel nele.
90. Sinta-se sempre *seguro* do que irá falar ou fazer e esteja confiante de que poderá vencer qualquer dificuldade.
91. Seja sempre *simpático* e nunca terá problemas em ser bem recebido por qualquer pessoa.
92. Utilize a *sinceridade* para demonstrar o que pensa e sente, desde que tenha o objetivo de ajudar as pessoas e não as machucar.
93. Seja uma pessoa *sociável* e estará ajudando você mesmo a ser feliz.
94. *Supere* todas as suas barreiras mentais, e se liberte para seguir finalmente em direção aos seus objetivos.
95. Desenvolva o *tato* ao falar para que não agrida ninguém com suas palavras.
96. Não tenha vergonha de falar e agir com *ternura*, as pessoas precisam amar e se sentirem amadas.
97. Pare de reclamar de tudo e de todos e pratique a *tolerância*.
98. Desenvolva o espírito de *união* e internalize o lema "Um por todos, todos por um".
99. Fale sempre a *verdade* e utilize isso a seu favor, para evitar falhar e não precisar ser cobrado pelos seus erros.
100. E, por fim, *zele* por tudo aquilo que conseguiu e possui de importante em sua vida.

Agora é com você!

Fico muito contente por ter contribuído na sua escalada do sucesso e, com toda sinceridade, espero que você tenha uma ótima vida pela frente!

Caso queira enviar algum elogio, sugestão, crítica, ou simplesmente me contar como tem sido a sua escalada, fico à sua disposição pelo e-mail **ismaelgomesn@gmail.com**. Esta é apenas a primeira edição, e ficarei imensamente grato se você quiser contribuir na melhoria contínua deste livro.

Um forte abraço!

« ESCOLA DA INTELIGÊNCIA »

O autor convida diretores de escolas, coordenadores pedagógicos, professores e pais para conhecerem o programa Escola da Inteligência, elaborado pelo Dr. Augusto Cury há mais de dez anos. Nobres objetivos permeiam esse projeto:

a) Estimular as funções mais importantes da inteligência dos alunos: pensar antes de reagir, colocar-se no lugar dos outros, trabalhar perdas e frustrações, libertar a criatividade, proteger a emoção, gerenciar pensamentos, desenvolver consciência crítica, elaborar sonhos e projetos de vida, adquirir resiliência às intempéries sociais.

b) Estimular o treinamento do caráter: perseverança, honestidade, espírito empreendedor, debate de ideias, disciplina, liderança, capacidade de recomeçar, educação para o trânsito, educação para o consumo.

c) Fornecer ferramentas para prevenir transtornos psíquicos, como insegurança, fobia, ansiedade, agressividade, complexo de inferioridade, sentimento de culpa, falta de transparência, uso de drogas.

d) Enriquecer as relações interpessoais por meio do diálogo, educação para a paz, crítica contra a discriminação, tolerância, altruísmo, compaixão, solidariedade.

O projeto é enriquecido por material de apoio pedagógico, treinamento e acompanhamento de professores-facilitadores. Apesar de sua profundidade, encanta alunos e professores com uma aplicação pedagógica simples e instigante. A Escola da Inteligência é talvez um dos poucos projetos cuja meta é preparar os alunos para serem pensadores, e não repetidores de ideias, educando-os para enfrentar os desafios da vida e equipando-os para serem autores da sua própria história. Deve ser inserido na grade curricular com uma aula semanal.

Para mais informações, entre no site www.escoladainteligencia.com.br ou envie e-mail para contato@escoladainteligencia.com.br.

« REFERÊNCIAS BIBLIOGRÁFICAS »

› Livros e artigos

ALLEN, David. *A arte de fazer acontecer*: Getting Things Done: Estratégias para aumentar a produtividade e reduzir o estresse. Rio de Janeiro: Sextante, 2016.

CHAPMAN, Gary. *As cinco linguagens do amor*: como expressar um compromisso de amor a seu cônjuge. 3. ed. São Paulo: Mundo Cristão, 2013.

COVEY, Stephen R. *Os 7 hábitos das pessoas altamente eficazes*: lições poderosas para a transformação pessoal. 11. ed. Rio de Janeiro: Best Seller, 2009.

CURY, Augusto. *Ansiedade*: como enfrentar o mal do século. São Paulo: Editora Saraiva, 2013.

CURY, Augusto. *Inteligência multifocal*: análise da construção dos pensamentos e da formação de pensadores. 10. ed. São Paulo: Cultrix, 1999.

CURY, Augusto. *O código da inteligência*: inteligência socioemocional aplicada: a formação de mentes brilhantes e a busca pela excelência emocional e profissional. Rio de Janeiro: Sextante, 2008.

DOUGLAS, William; TEIXEIRA, Rubens. *As 25 leis bíblicas do sucesso*: como usar a sabedoria da Bíblia para transformar sua carreira e seus negócios. Rio de Janeiro: Sextante, 2012.

DUMAS, Alexandre. *Os três mosqueteiros*. Rio de Janeiro: Zahar, 2011.

ERIKSON, Erik H. *Identidade*: juventude e crise. Rio de Janeiro: Zahar, 1976.

GARDNER, Howard. *Frames of Mind*: The Theory of Multiple Intelligences. New York: Basic Books, 1983.

GOLEMAN, Daniel. *Inteligência emocional*: a teoria revolucionária que redefine o que é ser inteligente. São Paulo: Objetiva, 1995.

KRZNARIC, Roman. *O poder da empatia*: a arte de se colocar no lugar do outro para transformar o mundo. Rio de Janeiro: Zahar, 2015.

LUFT, Joseph; INGHAM, Harrington, *The Johari Window, a Graphic Model for Interpersonal Relations*. Los Angeles: University of California, Western Training Laboratory for Group Development, 1955.

MANDELA, Nelson. *Longa caminhada até a liberdade*. Curitiba: Editora Nossa Cultura, 2012.

MASLOW, Abraham H. A theory of Human Motivation. *Psychological Review*, v. 50, n. 4, p. 370-396, 1943.

OLIVEIRA, Meire. *Vai com fé que flui*. Guaratinguetá: Penalux, 2015.

ROSSI, Marcos. *O que é impossível para você?* São Paulo: Buzz, 2016.

SAINT-EXUPÉRY, Antoine de. *O pequeno príncipe*. São Paulo: Global Editora, 2017.

SELIGMAN, Martin E. P. *Aprenda a ser otimista*. Rio de Janeiro: Best Seller, 2005.

SILVA, Luiz Caetano da. *O fígado sofre calado*. Rio de Janeiro: Atheneu, 2002.

> **Notícias e reportagens**

BBC News Brasil. Beber moderadamente é seguro? Quatro mitos sobre o consumo de álcool. 20 jan. 2016. Disponível em: <http://www.bbc.com/portuguese/noticias/2016/01/160120_mitos_alcool_ab>. Acesso em: 6 set. 2018.

BRUNA, Maria Helena Varella Bruna. O fígado e o álcool. *Drauzio*, 22 fev. 2012. Disponível em: <https://drauziovarella.com.br/dependencia-quimica/o--figado-e-o-alcool/>. Acesso em: 6 set. 2018.

HAPVIDA. Entenda os efeitos da bebida alcóolica em seu corpo. Disponível em: <https://hapvidaplanos.com.br/blog/entenda-os-efeitos-da-bebida-alcoolica-no-seu-corpo/>. Acesso em: 6 set. 2018.